/re.li.cá.rio/

imperativa ensaística diabólica
infraleituras da poesia expandida brasileira

PATRÍCIA LINO

1unico 1unico 1unico 1unico 1unico

1unico 1unico 1unico 1unico 1unico 1unico

1unico 1unico 1unico 1unico 1unico 1unico

1unico 1unico 1unico 1unico 1unico 1unico

1unico 1unico 1unico 1unico 1unico

1unico 1unico 1unico 1unico 1unico

Neide de Sá

Por que não gosto da poesia
pura? Pelas mesmas razões
pelas quais não gosto do açúcar
"puro". O açúcar é ótimo quando
o tomamos junto com o café,
mas ninguém comeria um prato
de açúcar.

Witold Gombrowicz

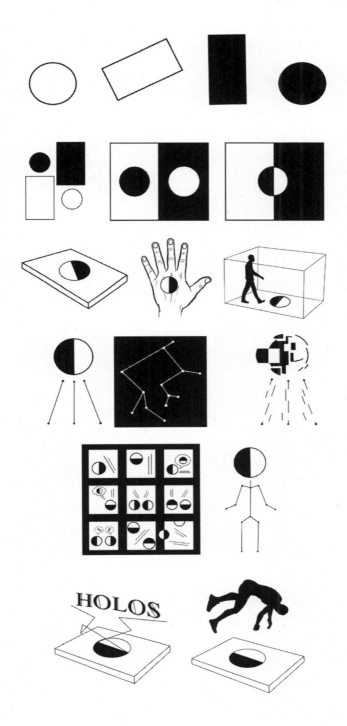

1. Notas possivelmente esclarecedoras
de entrada e também de saída • **13**

2. Quem tem medo da expansão? • **19**

3. Infraleitura 1:
Luís Aranha, poeta praxinoscópico • **37**
    o corpo veio e comeu

4. Infraleitura 2:
Livros de poemas com desenhos · **51**
    a palavra

5. Infraleitura 3:
Augusto de Campos e os 3 lados da recusa • **117**
    a comunicação

6. Infraleitura 4:
Lygia Clark, Ferreira Gullar, Osmar Dillon,
Neide de Sá e a tridimensionalidade • **189**
    a bidimensionalidade

7. Infraleitura 5:
O poema/processo e *A história
da literatura dos sentidos* • **215**
    o poema e, no fim

8. Infraleitura 6:
Eduardo Kac, um caso recente • **253**
    a si mesmo

9. Notas • **267**

10. Videoexpobibliografia • **303**

11. Agradecimentos • **325**

12. Anexo • **327**

13. Sobre a autora • **329**

1. NOTAS POSSIVELMENTE ESCLARECEDORAS DE ENTRADA E TAMBÉM DE SAÍDA

Imperativa ensaística diabólica: infraleituras da poesia expandida brasileira existe entre 3 ambições: por um lado, entender como o poema brasileiro se desenvolveu intermedialmente ao longo do século XX e parte do século XXI; por outro, perguntar, ao fazê-lo, como se *lê* o poema para propor depois a *infraleitura*; e, finalmente, defender que, a par de tudo isto, o desenvolvimento híbrido do poema brasileiro corresponde à também crescente entrada do corpo antropofágico no espaço do *fazer* expandido que, podendo ser o corpo de quem o faz ou o lê, vai *comendo* em termos literais as palavras.

Com a coerência e sistematicidade pioneiras de nenhum outro, e apenas comparável ao argentino e ao chileno no atrevimento formal, o poema brasileiro de vanguarda explorou incontáveis matérias, da visualidade às três dimensões, e inaugurou a possibilidade de praticar recorrente, normalizada e quase implicitamente a expansão.

A poucos surpreenderão, no Brasil, o canto, os gestos ou a dimensão simbólica das vestes da poeta entre a leitura performática dos seus poemas porque o *poema* se transformou, desde do início do século passado, num motor procedimental e coletivo.

Há muito, de fato, que a lógica da sinonímia entre o desinteresse pela *obra de arte* e o fascínio pelo *procedimento* ou a invenção engenhosa e sucessiva de procedimentos, se impôs sobre a lógica criadora e cada vez mais *democrática* do fazer do poema brasileiro e latino-americano.

¿Para qué necesitamos obras? ¿Quién quiere otra novela, otro cuadro, otra sinfonía? ¡Como si no hubiera bastantes ya![1]

◉

A *infraleitura*, tão intermedial quanto coletiva, tão performática quanto decolonizada, tão corporal quanto infinita, rasura, por sua vez, a linha *falsamente* nítida que separa, para regalo dos que, no universo acadêmico, receosamente não criam, análise e criação; porque ela analisa e cria ao mesmo tempo. E o que distingue, portanto, a infraleitura do *fazer* propriamente dito reside tão-só no fato de este novo modo de ler partir, ao contrário do poema, da análise *rigorosa* de um poema que existe.

Contestável? Assim como o alvoroço entre o coro dos discentes, a indefinição agrada muito à infraleitura, que se esclarece e legitima sempre na prática, porque, antes e depois de ser teoria, a infraleitura foi e é prática. Y *la [práctica] es la madre de la retórica.*[2] O indefinível, ou *o que* etimologicamente *não tem um fim* (produtivo) no mundo (capitalista), diz, paralelamente, respeito à poesia,

> *([s]ão poucos os que gostam dela*
> *praticamente nenhuns*
> *menos ainda os que a entendem*
> *ou os que escrevem para melhor entendê-la)*

e à infraleitura:

> *entre os três*
> *estimo sobretudo os últimos*
> *porque mais prescindível do que escrever poesia*
> *é escrever sobre ela.*[3]

1. Notas possivelmente esclarecedoras de entrada e também de saída

Uma e outra são absolutamente inúteis porque resistem. E a infraleitura, concomitante à entrada dos *nossos corpos* na universidade, questiona, por conhecê-lo profundamente, a eficácia e *exclusividade* do modo tradicionalmente acadêmico de, com *lápis em punho e professores na retaguarda comandando*, encarar o literário e *caçar o urso-polar*.[4]

A infraleitura menospreza, de resto, certa inclinação descritiva, cada vez mais comum em espaços acadêmicos de publicação ou exposição, que nada mais faz do que podar criativamente a análise e descartar quase por completo a estrutura formal do texto ou a dimensão semântica da forma.

Patrícia Lino. "Poema visual busca crítico literario para relación seria" foi publicado, pela primeira vez, em inglês, na plataforma norte-americana *Craigslist* e logo depois performado, em espanhol, na cidade de Bogotá durante o mês de junho de 2018.

Antidescritiva e com o humor que a delineia, a infraleitura apresenta-se, diante da ausência quase total de inventividade e a quase correspondência entre objeto acadêmico e *resumo*, o que resulta, por sua vez, na uniformidade mecanicista das vozes ensaísticas, como a reação possível ao quase porvir fim intelecto-social do mundo acadêmico.

Ensaiar é viver num futuro que *ainda* não é o futuro.

Elas e eles, os antropófagos, *[qui] ne portent point de haut-de-chauses*[5] e abocanham, descomedidos, o verbo no espaço, são a antítese dos *[índios] conformados e bonzinhos de cartão postal e de lata de bolacha*[6] e não devem nada a Alencar ou Gonçalves Dias. Muito menos a Rousseau.

Sequestre os membros de uma seita qualquer, corte-os em vários pedaços e sirva-os com maionese.[7]

Quem está comendo quem?

cantar custa uma língua
agora vou-te cortar a língua[8]

As crianças são um dos panos de fundo da coincidência entre, respectivamente, o desenvolvimento indisciplinado e material do poema brasileiro e do corpo antropofágico — a ponto de o caminho sensorial por elas traçado ser, coerentemente, o do fazer antropofágico antilogocêntrico; porque elas olham, escutam, tocam, levam à boca, cheiram e desenham *as coisas* antes de escrever.

O desenvolvimento intermedial, a infraleitura e a devoração não constituem, porém, um ataque ao ver*bo* ou ao ver*so*. Quantas palavras, afinal, grafamos eu e as autoras *infra*lidas neste volume?

No *background* da coincidência entre, respectivamente, o desenvolvimento indisciplinado e material do poema brasileiro e do corpo antropofágico está também, a par da democratização alfabética e autoral, o fim expressivo de 2 autoridades: autor e obra.

O outro *background* é o espaço. Depois do tempo, descobrimos o espaço. E logo depois o corpo.

Quem está comendo quem?

◉

1. Notas possivelmente esclarecedoras de entrada e também de saída

Por ser um ensaio expandido, *Imperativa ensaística diabólica: infraleituras da poesia brasileira* é, ao mesmo tempo, composto por uma parte impressa e uma parte digital. Ambas dependem necessariamente uma da outra.

A parte digital poderá ser acessada através dos códigos QR e endereços disponibilizados no final de cada capítulo ou subcapítulo deste livro.

Todos os desenhos, diagramas, vídeos, animações e músicas, dispostos numa (impressa) e outra (digital), são da minha autoria.

2. QUEM TEM MEDO DA EXPANSÃO?

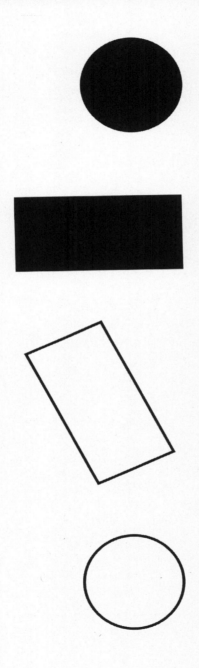

Ὥσπερ τόδε. οἶσθ ὅτι ποίησίς ἐστί τι πολύ· ἡ γάρ τοι
ἐκ τοῦ μὴ ὄντος εἰς τὸ ὂν ἰόντι ὁτῳοῦν αἰτία πᾶσά ἐστι
ποίησις, ὥστε καὶ αἱ ὑπὸ πάσαις ταῖς τέχναις ἐργασίαι
ποιήσεις εἰσὶ καὶ οἱ τούτων δημιουργοὶ πάντες ποιηταί.
[Ἀληθῆ λέγεις.]
Ἀλλ ὅμως, ἦ δ ἥ, οἶσθ ὅτι οὐ καλοῦνται ποιηταὶ ἀλλὰ
ἄλλα ἔχουσιν ὀνόματα, ἀπὸ δὲ πάσης τῆς ποιήσεως ἓν
μόριον ἀφορισθὲν τὸ περὶ τὴν μουσικὴν καὶ τὰ μέτρα
τῷ τοῦ ὅλου ὀνόματι προσαγορεύεται. ποίησις γὰρ
τοῦτο μόνον καλεῖται, καὶ οἱ ἔχοντες τοῦτο τὸ μόριον
τῆς ποιήσεως ποιηταί.

Poesia significa originalmente criação, e a criação,
como sabem, pode tomar várias formas. Qualquer ação
que seja a causa de uma coisa a emergir da não-
-existência para a existência pode ser chamada *poesia* e
todos os processos em todas as matérias são tipos de
poesia e todos aqueles que os fazem são *poetas.*
"Sim." Ainda assim, não são chamados poetas, têm
outros nomes, e, de todo o campo da poesia e criação,
uma parte, que lida com música e métrica, está isolada e
é chamada pelo nome que denomina o todo. Esta parte
sozinha chama-se *poesia,* e aqueles que pertencem a esta
parte são chamados *poetas.*

Platão, *Symposium.* 250b-c.

2.1. Entre o antigo e o novo

A intervenção de Diotima abre espaço para a discussão de várias questões relacionadas com o *fazer* e a análise do poema.

A expansão é anterior à escrita.

Talvez porque, em certo sentido, a expansão do poema seja, ainda e quase exclusivamente, associada à produção das vanguardas europeias e latino--americanas do século XX, ignoramos, por comodidade ou modismo, tanto a etimologia do termo (*poema*) quanto as particularidades do ofício antigo de *fazer* – intermedialmente – poemas; anteriores, por séculos adentro, à "relativamente recente" escrita alfabética, à arte da impressão e à tecnologia moderna do livro. Não só não podemos dissociar "a origem da poesia (...) do seu aspecto pictórico"[9], sonoro e gestual, como temos, pelo fato de o poema prestar-se naturalmente à expansão das faculdades do corpo que o *faz*, de analisá-lo à luz do domínio heterogêneo das matérias e das expressões.

Um oxímoro necessário.

O propósito de expressões oximóricas, como "poema expandido", "poema híbrido" ou "poema intermedial"[10], não diz, como se poderia pressupor, respeito à separação categórica entre *poema expandido* e *poema*, porque o poema é *sempre* expandido, mas à necessidade de relembrar, a quem o esquece, que a dimensão visual, sonora ou gestual se sobrepõe às vezes, no contexto profundamente hierárquico e colonial das expressões, ao verbo, e desarrumar, assim, o conforto imóvel e logocêntrico da página. Estas expressões, que nos obrigam a olhar para trás no tempo, denominam, por isso, poemas *evidentemente* visuais, sonoros, tridimensionais ou performáticos com o objetivo de incluí-los na conversa, acadêmica ou não, sobre a poesia antiga e moderna e descrevem obviamente os trabalhos daquelas que, contra a instituição do poema exclusivamente verbal, abraçam a multiplicidade da origem e *fazem* tão-só *poemas*.

A resistência contra o poema expandido.

O poema exclusivamente verbal, impresso na página ou digitado na tela, concentra na sua forma a ilusão da estabilidade e, ao mesmo tempo, a familiaridade do código. O que quer dizer que, por um lado, recebe a leitora com a garantia de que, formalmente, *tudo acabou* – não há nada a mais nem a menos – e, por outro, o faz através do alfabeto que, em princípio, a leitora reconhece e domina. Indiferente às dificuldades, tumultos e qualidade do poema, a ficção da totalidade monodisciplinar, assombrada pelo autor *genial* e *inspirado*, é automaticamente posta em causa pela possibilidade de expandir visual, sonora ou performativamente o signo, bem como pela multiplicidade de materiais, idiomas e *universalidade*[11] comuns ao fazer do poema expandido. Incompleta e circular, a expansão assenta na promessa de recriação infinita, avessa à imobilidade e favorável à coletividade da própria recriação entre autoras – e autoras e leitoras.

Além disso, por contrariar a inclinação logocêntrica da análise tradicional do poema, o diálogo colaborativo contra o fim e a individualidade assusta tanto a leitora quanto a crítica ou professora de poesia. Afinal de contas, a fantasia monodisciplinar do poema de código convencional acompanha a monodisciplinaridade do sistema *ocidental* de educação. E vice-versa.

A análise da perda, a perda da análise.

Apesar de isto poder generalizadamente aplicar-se ao *poema*, o poema evidentemente *expandido*, em que a dimensão visual, sonora ou performática rouba, muitas vezes, o protagonismo à dimensão verbal da composição, põe a descoberto as fragilidades do discurso analítico linear-lógico-discursivo ao escapar visual, sonora e performativamente à intervenção crítico-literária ou acadêmica. Não se pode então, perante tal tropeço metodológico, esperar da ensaísta que *escreva* o seu ensaio em coerência com o corpo múltiplo e inalcançável do poema? E perca, à visto disso, o controle parcial do espaço da análise para, em primeiro lugar, expandir-se à medida que o objeto de estudo se expande e, mais tarde, insistir na prática interpretativa de *criação*?

O problema do rigor.

Sabemos que o desenvolvimento do *fazer* evidentemente expandido do poema não corresponde ao desenvolvimento crítico ou acadêmico da leitura que, apoiada sobretudo em instrumentos e técnicas elaboradas com base

2. Quem tem medo da expansão?

no poema de código convencional, pouco se desdobra ao nível da visão, audição, musicalidade ou performatividade. Ou: o risco em que o corpo da poeta incorre ao expandir-se não pressupõe que o corpo da leitora se amplie sincronizadamente para analisar, com o olho, o ouvido ou a mão, as dimensões visual, sonora e performática do poema ou sequer conceba o trabalho da palavra como o trabalho pleno e transmedial destas 3.

Apesar de não limitar ou barrar, em ponto absolutamente nenhum, o ofício de quem *faz* o poema, isto explica, por exemplo, por que razão um número considerável de poemas expandidos, excluídos, regularmente, dos currículos tradicionais de literaturas afro-luso-brasileiras, continua por analisar, ou tão-só o fato de, entre os estudos sobre tais objetos, encontrarmos sobretudo aqueles que se debruçam linear-lógica-discursivamente sobre a visualidade ou a sonoridade do texto.

Parece-me que, no universo acadêmico, a resistência à abordagem expandida do poema assenta, sobretudo, em 2 princípios. O da falta de rigor e o do *não-saber*. Em relação ao primeiro, e porque o ensaio expandido exige de quem o escreve não só as palavras mas também as imagens, os sons e os gestos para melhor entender o objeto em análise, constato que, de certo modo, muitos pensam ainda à sombra daquilo que, por exemplo, T. S. Eliot escreveu em 1923. Depois de definir a criação como um processo autotélico, Eliot conclui que a crítica não pode ser criativa por existir com o propósito de explicar, avaliar ou descrever *rigorosamente* outro objeto;[12] o que, com base na suposta *originalidade* da criação, nega muito depressa à apropriação ou à tradução o seu estatuto *criativo* e exclui, mais generalizadamente, a ideia de criação como reciclagem ou convívio assumido com um ou mais trabalhos de uma ou mais autoras. Põe igualmente em causa o próprio ensaio, que se escreve idealmente para dizer algo *novo* sobre o poema.

No que diz respeito ao segundo, e porque nos ensinam a pensar essencial e colonialmente por e com palavras, há o receio de *não-saber* pensar por e com imagens, sons, cheiros ou gestos e, a seu lado, o desânimo em *competir* com quem pensa por e com imagens, sons, cheiros ou gestos e, por sua vez, o pavor de não dar conta das imagens, sons, cheios ou gestos do poema. Ambos se agarram, de bom grado, ao aconchego institucional – perder o medo corresponderia à ressignificação e à revitalização necessária e cada vez mais urgente da academia.

Um espaço primário de solidão.

Quem *faz* poemas evidentemente expandidos cruza-se, portanto, com o impasse: ao antecipar tanto a plataforma (corpórea, tridimensional ou virtual) quanto a interpretação de uma leitora *des*educada para ler de modo expandido, a autora existe, por consequência, num espaço primário de solidão. À sua semelhança, e no contexto de um sistema educativo escasso em exercícios interdisciplinares e devido à recente e, por isso, não muito desenvolvida análise expandida e *criativa* do poema, também a ensaísta parte, consciente da lacuna, do mesmo lugar inabitado: como pode, afinal, o modelo contíguo do ensaio conviver com a iconicidade do pensamento do *fazer* indisciplinado?

2.2. A poesia brasileira expandida

A indisciplina marca, como se poderia dizer de poucos, o *fazer* do poema brasileiro do último século. Afirmá-lo não diz unicamente respeito ao *fazer* do poema assumidamente expandido dos anos 1950 e, de resto, o mais internacional até hoje, mas, de modo amplo, a uma sequência consideravelmente longa de eventos que, entre meios, matérias e corpos, resistiu, antes e depois, à predisposição generalizadamente logocêntrica, vergada e descritiva da poesia institucional.

Refletir, portanto, sobre o desenvolvimento da expansão corresponde, em primeiro lugar, a repensar a série de decisões tímida e gradualmente revolucionárias que precede, ao abrir um século de experimentação e irreverência, a verbivocovisualidade e suas demais radicalizações.

Depois de exercícios visuais e pré-concretos assinados pontualmente por Gregório de Matos,[13] Oswald de Andrade e Inácio Ferreira da Costa,[14] a *métrica de câmara* dos *poemas-olho* de *Cocktails* (1922-1924) de Luís Aranha, que vinha, por sua vez, fazendo desenhos verbais no espaço (Infraleitura 1), antecipa os desenhos *literais* com que Tarsila do Amaral participa em *Pau Brasil* (1925). *Pau Brasil* e *Quelques Visages de Paris* (1925), de Vicente do Rego Monteiro, estão, ao mesmo tempo, na retaguarda da atual linha brasileira de *livros de poemas com desenhos* e na raiz das possibilidades estéticas e formais que a inclusão do desenho, do ritmo do desenho e do poema *desenhado* impuseram ao modelo tradicional e supostamente inviolável do livro (Infraleitura 2). O *Primeiro caderno do alumno de poesia Oswald de*

2. Quem tem medo da expansão?

Andrade (1927), *O mundo do menino impossível* (1927), *Álbum de Pagu* (1929), *Dia garimpo* (1939) e o mais tardio *Oswald psicografado* (1981) materializam, desde o crescente atrevimento gráfico à diversificação dos materiais, as primeiras das inúmeras possibilidades deste novo gênero híbrido.

À frente do processo de espacialização do poema brasileiro, o poema *desenhado* aponta, em simultâneo, para 2 tempos: o das crianças, que desenham antes de escrever, e o de outro modo, não necessariamente linear, de ler e, por consequência, de interpretar. Ao não se desdobrar apenas sobre a palavra, a interpretação passa mais evidentemente a não se referir, de modo exclusivo ou em absoluto, ao que *a autora está querendo dizer*.

O que a autora está querendo fazer?, ou a pergunta que substitui automaticamente a (quase inquestionada) suposição, vai não só ao encontro da análise da disposição formal (e desenhada) do texto, mas também da indissociabilidade entre significado e experiência, e a experiência é sempre corporal.

Não surpreende, então, que o desenho como projeção das *coisas* no espaço, o interesse pela experiência não verbal do *fazer* e da interpretação e a exploração da imagem adiantem tanto a renúncia em comunicar com recurso único às regras da comunicação *escrita* quanto a transformação do poema na própria *coisa* expandida, praticamente indecifrável e produtora contínua de tombos interpretativos.

A opacidade expandida, anticolonial e necessariamente interativa destes exercícios desenvolver-se-á, logo depois, com a proposta verbivocovisual dos poetas concretos e, a longo prazo, com Augusto de Campos – que a aprofundará a partir da repetição pungente e poliforme do *não* (Infraleitura 3). Manifestamente político, sintético ou codificado, o *não*-poema exige à leitora que intervenha *diretamente* na composição, e intervir nos *não*-poemas de Augusto corresponde a *não* entender para lá do verbo, com o *olhouvido*, a decifrar a composição que *não diz* e a apreciar, não sem certa ironia, o tombo.

Às vezes massificante, às vezes universal, a entrada expressa do olhouvido na leitura do *que não se diz* e tão-só do *que se faz* levará, a par do processo de espacialização do poema, à necessidade de ampliar a experiência crescente do corpo: o poema que escapa às garras do *logos ocidental* e se inflete, condensado e paralisante, para não comunicar, ganha, pouco mais tarde, uma terceira dimensão.

Além de ver e escutar, a leitora terá, à semelhança dos corpos que entram nos objetos relacionais de Lygia Clark e Lygia Pape, de tocar forçosamente com as mãos os livros-poema e poemas espaciais de Ferreira Gullar, Osmar Dillon e Neide de Sá para *ler*. E ler refere-se mais ao conjunto de movimentos e sensações não verbais que circunda a palavra do que à palavra propriamente dita.

Trata-se, na verdade, de uma enorme brincadeira: assim como desenham antes de escrever, as crianças também tocam (e comem e cheiram) as coisas para *não* entender as coisas. Por essa razão, do mesmo modo que ampara os livros de poemas com desenhos, a infância ou a ideia do regresso à infância decolonizada e coletiva da nação também perpassa, desde os ventres metafóricos de Lygia Clark até o regresso gullariano do corpo *todo* à terra, estes não objetos tridimensionais anticapitalistas.

A tridimensionalização do poema, que resulta na entrada tridimensional do corpo da própria leitora ou coautora no espaço do poema, coincide no tempo com a igualmente tridimensional proposta de Wlademir Dias-Pino n'*A ave* (1953-1956). *A ave* está, além do mais, na origem da mais radical das vanguardas intermediais do século XX brasileiro.

Ao desobedecer às leis do sistema alfabético e profundamente avesso ao sucesso individual e corporativo do *autor*, o poema/processo distingue-se por trazer 3 enormes questões para este debate sobre o *fazer*. A dos poemas não verbais em quadrinhos, ao encontrar na estrutura sequencial, massificante e variável dos quadrinhos um lugar para o poema que, em silêncio, se desenrola pelo infinito (Álvaro de Sá, *12 x 9*, 1967). A dos poemas comestíveis, radicalização direta da tridimensionalidade dos poemas espaciais neoconcretos e a materialização do desejo infantil de levar coisas à boca – o poema ganha 3 dimensões, é digerível e entranha-se no corpo ("Poema-pão de dois metros", Feira de Arte do Recife, 1970). E, finalmente, o poema-corpo que carrega o alfabeto (Paulo Bruscky e Unhandeijara Lisboa, "Poesia viva", 1977) e prediz o que atiça as normas da escrita (Lenora de Barros, "Poema", 1979) e da categorização (Ricardo Aleixo, "Meu negro", 2018).

*In*categorizável é também o corpo *queer* e *pornô* de Eduardo Kac, que, como a versão mais desnuda e desbundante de Flávio de Carvalho e o seu traje executivo tropical,[15] sai às ruas do Rio de Janeiro nos anos 1980.

Não espanta, aliás, que Kac tenha concebido o seu primeiro holopoema na mesma década ("HOLO/OLHO", 1983) e chegado, com base na sua quarta dimensão, ao poema do espaço 2 décadas mais tarde. Uma, a holopoesia, e outra, a *space poetry*, dependem, respectivamente, da tridimensionalização do significante, um corpo tão vivo como o que o lê noutro

2. Quem tem medo da expansão?

tempo, e à ocupação *humana* e poética do espaço extraterrestre a partir da reinvenção do próprio corpo – sem nacionalidade, gênero ou gravidade e antítese da definição.

2.3. 9 Passos antropofágicos ou mordidas no espaço

A reinvenção do corpo que, ao flutuar antigravitacionalmente com o poema,[16] abandona as restrições do *logos* e, sobretudo, da *escrita* alfabética romana, diz, em primeiro lugar, respeito à antropofagia. Com efeito, o que acontece entre o verso praxinoscópico de Aranha, que quis saltar *visualmente* para fora da página, e o poema palpável, segue coerentemente a lógica da devoração. À medida que a palavra desce na hierarquia para encontrar a imagem, o som, o gesto, o palato e desaparece em quantidade do poema, o corpo antropofágico emerge gradualmente para apoderar-se deste novo quadro poético-anárquico de expressões.

E vice-versa.

À medida que, ao assumir várias formas não verbais, o corpo antropófago vai *comendo* a palavra, ou descobrindo o *todo* que a imposição da palavra encobre, o poema vai, pouco a pouco, transformando-se no organismo que dá mordidas *estrategicamente* violentas no espaço.

Esta forma de violência, tão provocadora quanto humorística, que, *também ao devorá-lo*, amplia técnica e socialmente um conceito caro à cultura brasileira, não podia não ser exclusivamente corporal – à violência exercida sobre os corpos das colonizadas, reduzidos a corpos não pensantes e classificados discriminada e verbalmente por gênero, animalidade ou raça pela entidade cerebral e abstrata do colonizador, responde-se com a violência da mordida do corpo indefinido que se exibe e rebela contra a imposição do sistema comunicativo de poder.

A correspondência entre o desenvolvimento do poema expandido brasileiro e 9 passos antropofágicos por mim formulados lembra-nos, além disso, que, apesar de muitas vezes associada a um capricho estético *difícil de ler* e *ensinar*, a intermedialidade, que afronta espaço-temporalmente as leis do Ocidente, é sempre política.

Primeiro passo antropofágico: poema-olho.
Segundo passo antropofágico: desenho-ilustração.
Terceiro passo antropofágico: poema-desenho.

Quarto passo antropofágico: poema verbivocovisual.
Quinto passo antropofágico: poema tridimensional.
Sexto passo antropofágico: poema não verbal em quadrinhos.
Sétimo passo antropofágico: poema comestível.
Oitavo passo antropofágico: poema-corpo.
Nono passo antropofágico: poema no espaço.

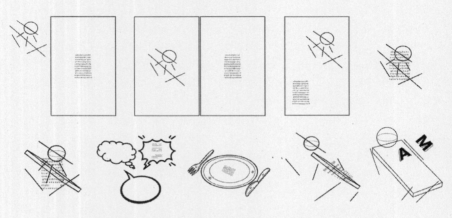

Patrícia Lino. 9 passos antropofágicos ou Mordidas no espaço.

2.4. A infraleitura

Como *colocar*, então, *em pânico*[17] a perspectiva linear da análise, bem como os seus alicerces diacrônicos, e a própria matéria ensaística?

Falo de um novo tipo de ensaio acadêmico, a "infraleitura", que, a par do desenvolvimento modernista espaço-temporal da poesia brasileira, se posiciona engenhosamente perante o objeto de estudo, ao recusar um procedimento "meramente temporístico-linear"[18] e manipular criativamente a qualidade *plúrima* do poema. Este segundo plano ensaístico de criação transgride e entorta, à semelhança da tradução ou tradutora haroldiana que, ameaçando "o original com a ruína da origem",[19] reencena o começo, o corpo retilíneo da leitura analítica e interpretativa normatizada. E fá-lo, neste caso, com base na propriedade pluridimensional do *fazer* expandido com o objetivo de valorizar e esclarecer criticamente a expansão.

2. Quem tem medo da expansão?

Memória, limitação, começo.

Quadro 0: lembro-me de ilustrar, em 2007, "Sobre um poema" (2004) de Herberto Helder durante uma aula que me aborrecia. Como o poema, o desenho crescia indestrutível para fora dos limites da página.

Quadro 1: em 2009, organizei, como estudante graduada da Faculdade de Letras da Universidade do Porto, a exposição *Vinte passos para o verbivocovisual*, em que, além dos trabalhos de Augusto de Campos, Haroldo de Campos e Décio Pignatari, incluí os trabalhos de, por exemplo, Ana Hatherly, Alexandre O'Neill, E. M. de Melo e Castro, Salette Tavares ou Edgard Braga. Por ser difícil, custoso ou até mesmo impossível acessar reproduções de qualidade de vários dos poemas destas autoras, acabei reproduzindo eu mesma as composições com vista a imprimi-las em grandes dimensões. O gesto de entrar ativamente no poema para desenhá-lo fez com que entendesse melhor cada uma das composições.

Quadro 2: em 2012, ilustrei, como estudante de mestrado da mesma faculdade, e enquanto escrevia uma tese sobre os seus trabalhos completos, vários poemas de Manoel de Barros. O processo de ilustrar estes textos não só acompanhou o processo de escrita como, mais tarde, se transformaria em livro, e também o influenciou – a ponto de destravar, algumas vezes, a escrita e colocar em prática, com formas e cores, o que o ensaio defendia. Entre outras questões, a infância ou inversões humorísticas de tamanho entre corpos *humanos* e *não-humanos*.

Quadro 3: entre 2015 e 2018, dirigi várias oficinas de poesia e ilustração em 5 países diferentes (Estados Unidos, Brasil, Portugal, México e Colômbia). Em cada uma delas, foi pedido às participantes, cujas idades variaram entre os 6 e os 70 anos de idade, que ilustrassem um poema. Apesar de todas conhecerem os textos previamente, o exercício de enfrentar corporalmente o poema permitiu-lhes *ver* o que nunca tinham visto durante uma e outras leituras convencionais.

Quadro 4: em 2017, escrevi, pela primeira vez, sobre "Código" de Augusto de Campos. Até aqui, as análises que existiam, e que variavam entre artigos e capítulos de tese, encaravam verbalmente a *enigmagem*[20] de 1973 ao descrever, limitadamente, a disposição das letras (C-Ó-D-I-G-O) incluídas na composição. Foi só depois de *infral*er "Código" que reparei na correspondência perfeita entre a sua organização visual e a sua organização sonora e *vi*, com base na etimologia do título, um tronco de árvore decepado. À decifração de "Código", que consistiu na escrita de um pequeno ensaio

Imperativa ensaística diabólica

sobre as minhas conclusões, seguiu-se a criação de um vídeo. "Caudex" transpõe para uma linguagem audiovisual as conclusões do ensaio e é, ele mesmo, parte fundamental do ensaio sobre "Código".[21] Pus, de imediato, métodos semelhantes em prática durante a análise de outros poemas de Augusto, como "Viva vaia" (1972) ou "Pentahexagrama para John Cage" (1977),[22] e de textos exclusivamente verbais. Entre eles, "Caracol" (1905) de Ruben Darío, "El viaje" (1925) de Salvador Novo, o primeiro verso de "Jandira" (1941) de Murilo Mendes, "For the White Person Who Wants to Know How to Be My Friend" (1978) de Pat Parker ou "Cierra los ojos" (1988) de Idea Vilariño.

Quadro 5: estes exercícios de leitura intermedial antecederam a redação da minha tese de doutorado, *Concentric Strike. Inter-semiotic and Interdisciplinary Relations in Brazilian Poetry of the 20th Century* (2018), que, ao dedicar-se à análise e resgate dos trabalhos híbridos de várias autoras brasileiras, veio expor, de modo sucessivo e perante tais objetos de estudo, as limitações da análise logocêntrica.

Quadro 6: experimentar, uma vez mais, as limitações do ensaio tradicional, cujas regras não me permitiam entender realmente a riqueza indisciplinada do poema evidentemente expandido, conduziu-me não só à criação da infraleitura como termo e prática, mas também ao estudo ainda mais aprofundado do desenvolvimento da expansão da poesia brasileira dos séculos XX e XXI. Um e outros complementaram-se porque a infraleitura acompanha metodologicamente a entrada das faculdades do corpo autoral e coautoral no poema no *fazer* intermedial das vanguardas no Brasil ou, como gosto de chamar-lhes, os 9 passos antropofágicos ou mordidas no espaço.

Quadro 7: além de ser ditada pela forma *original* do ποίημα, a infraleitura obedece a um princípio democrático. O que quer dizer que, assim como se amplia para testar a matéria com o propósito de ler, este modo expandido de enfrentar o texto adapta-se igualmente à diversidade da recepção. Antes de nomeá-la ou estabelecer (humoristicamente) os seus princípios, pedi, como professora de poesia e cinema, vários exercícios de infraleitura às minhas estudantes. Sobre estes exercícios, devo notar que

a) foram sempre recebidos, nas 2 universidades onde ensino e ensinei (UCLA e Yale University), com entusiasmo tanto por estudantes graduadas quanto por estudantes da pós-graduação.

2. Quem tem medo da expansão?

b) todos foram, sem ressalvas, antecedidos pela apresentação, discussão e contextualização do tema. Por exemplo: a infraleitura de um ou mais poemas tridimensionais foi sempre e não só antecedida por uma ou mais aulas sobre a própria questão da tridimensionalidade, mas também sobre o percurso poético que explica gradualmente e abre portas à tridimensionalização do poema na América do Sul ou em Portugal.

c) nunca foram sinônimo do fim dos exercícios pedagógicos mais tradicionais (comentários, apresentações ou ensaio final). As estudantes trabalharam, na verdade, consideravelmente mais do que trabalhariam numa aula que inclui apenas exercícios tradicionais.

d) podem servir-nos analiticamente em relação a vários objetos literários. Mas revelam-se forçosos no caso daqueles que são evidentemente expandidos.

e) através deles, as estudantes, que, como todas nós, se expressam de modos diferentes, puderam, *enfim*, expressar-se.

f) fizeram com que as estudantes lessem *efetivamente* os textos em análise. Sabemos que qualquer uma pode vir para a aula sem ler ou ver o filme em discussão, o que muitas vezes resulta na descrição do próprio texto pela professora e na consequente perda do próprio tempo de aula, mas ninguém produzirá uma infraleitura sem ler com atenção, provavelmente mais de uma vez, o objeto em análise e os seus paratextos.

g) permitiram-nos, sem dificuldades e mais depressa, fazer da sala de aula um ambiente de partilha e colaboração.

h) foram sempre, e sem prerrogativas, acompanhados da exposição das próprias estudantes, que explicaram – sem cair na tentação de explicar *tudo* – a(s) ideia(s) por trás da infraleitura e o processo da sua execução.

i) foram avaliados segundo os mesmos princípios com que avalio os exercícios mais tradicionais; centrados, acima de tudo, na originalidade, no esforço, na ousadia, na conveniência em relação à proposta inicial e no prazo acordado entre todas.

j) as infraleitoras desenvolveram uma relação notavelmente mais compreensiva, íntima e prazerosa com o objeto de estudo.

k) as estudantes tomaram a iniciativa de fazê-los naturalmente sem que eu o exigisse.

l)   em alguns destes encontros, algumas estudantes também produ-
ziram voluntariamente infraleituras das infraleituras feitas pelas
colegas ou por mim.

O estabelecimento (maleável) dos seus princípios.

A infraleitura deverá
1) desenvolver-se sempre desde um ou mais impulsos intermediais.
2) partir do pressuposto de que todo ensaio é um tropeço para a
incompletude, e tropeçar.
3) apoiar-se nas ideias de *universalidade* e multilinguismo que guiam
o *fazer* do poema expandido.
4) responder à dúvida das mais céticas através da relação exclusiva,
não original e híbrida que a análise estabelece com o poema[23] e
lembrar que o ensaio amplia a natureza expandida do poema.
5) expandir-se até outras matérias quando o recurso a estas matérias
for tão ou mais adequado e frutífero do que a palavra.
6) fazer uso de materiais e técnicas visuais, videográficas, sonoras,
performáticas ou da junção de duas ou mais técnicas entre as
referidas.
7) para lá da impressão, acontecer performaticamente num ou mais
espaços públicos.
8) *espantar* a leitora ou a ouvinte durante o processo de assimilação
do poema.
9) construir-se sobre o *estatuto do insubstituível*: o ensaio acadêmico
tradicional jamais poderá *dizer* tão claramente o que a infraleitura
não diz.
10) fundar-se a partir do seguinte pressuposto: a qualidade do *espanto*
ou do *pasmo* define a qualidade e a conveniência da análise
11) evitar ser adulta sem continuar a ser criança.

Nome.

Do prefixo grego, *infra-*, que nomeia em grego antigo a ação de ir "por
debaixo" de alguma coisa, + *leitura*, a infraleitura diz respeito, antes de mais
nada, à ação de infiltrar-se *por debaixo* do objeto de análise. Diz também

respeito, e não sem ironia, a um método analítico assumidamente *inferior* ao método analítico tradicional.

Inque tuo sedisti, academiae, saxo.

Senta-te tu também, ó academia! sobre o pedregulho. O prefixo *infra-* também faz referência ao inframundo, ao que foi, existe e vem *debaixo*, e, em particular, a um novo *canto órfico* que, contra a repetição, circularidade e mecanização da academia, se impõe para deter-nos por instantes; e, como interrompeu as penas eternas dos castigados, permitindo a Sísifo sentar-se na sua enorme pedra e descansar ao fim de tantos e longos séculos,[24] nos liberta *diabolicamente* das rédeas verbais da interpretação.

A *utilidade espantosa*.

Oblíquo e paramórfico, este novo ímpeto ensaístico, que sequestra as possibilidades comunicativas do poema e desenvencilha a análise acadêmica de um sufoco historicamente discursivo, depara-se, em primeiro lugar, com outro obstáculo circular: se o ensaio logocêntrico valida academicamente o poema híbrido, o que validará academicamente a infraleitura?

De fato, as mais céticas desconfiarão, ao perguntar o que traz de realmente útil esta forma de análise híbrida, da validade e do propósito do ensaio expandido, e nada o poderá justificar tão completamente como a *utilidade espantosa*.

Espanto, performance, coletividade.

Sirvo-me, em primeiro lugar, do significado duplo de *espanto* que, em espanhol, *assusta* e, em português, *surpreende*. Ao infiltrar-se *por debaixo* do poema, a infraleitura, que existe precisamente entre o susto e a surpresa, deverá *espantar* a leitora ou audiência com o propósito de transportá-las até a um espaço pré-poético de silêncio. Lá, e à semelhança da poeta e da ensaísta, a leitora ou ouvinte cruzar-se-á com a pluralidade desierarquizada das faculdades do corpo.

Além de transgressiva, a origem do *espanto* distingue-se por ser não verbal e vem evidenciar o desconforto causado, em primeiro lugar, pela diversidade e enfoque anárquico-expressivo das matérias que compõem o poema. Este lugar de silêncio é antecipado pela mudez que circunda, nos primeiros instantes, o poema, e, ao mesmo tempo, pela prática camuflada da própria infraleitura.

Por não se limitar ao espaço da página e acontecer *corporalmente* no espaço público de um colóquio ou de uma aula, a infraleitura poderá ser descrita como uma performance que se desenvolve coletivamente. São, aliás, a performance da infraleitura e a recepção da infraleitura num espaço coletivo que definem e, muitas vezes, enriquecem pedagogicamente a sua qualidade e conveniência; que parte da infraleitura surpreendeu mais as ouvintes? Qual das infraleituras foi mais rapidamente compreendida pelas estudantes?

Uma forma decolonizada de ler.

Se, por um lado, me surpreende que o estudo inclusivo dos corpos e das formas de expressão colonizadas nem sempre corresponda, no universo acadêmico, ao questionamento *criativo* e sensorial da inclinação ocidental para categorizar, descrever e explicar exaustivamente *todas as coisas*, por outro, surpreende-me que tal inclusividade não conduza naturalmente a academia ao questionamento da sua própria metodologia e, acima de tudo, da escrita como forma única do conhecimento; e, consequentemente, à integração de outras formas do saber no espaço da universidade. Mais do que alçar como categoria a bandeira dos estudos queer, feministas, animais ou raciais e incluí-la no currículo, ler *decolonialmente* tudo *com o corpo*.

E uma forma interventiva de ler.

O que quer dizer, ao mesmo tempo, que, em casos extremos, a infraleitura poderá, ao recriar para *não* entender, intervir politicamente sobre o objeto em análise. Como, por exemplo, no caso de *Oswald psicografado* de Décio Pignatari, em que, ao cruzar-me regularmente com passagens evidentemente misóginas, decidi fazer, com recurso aos mesmos materiais que Décio usou em 1981, *Décio psicografado*.[25]

O que tem propriamente de rigorosa esta versão parodicamente feminista e decolonizada de *Oswald psicografado*?

A transformação de uma expressão como "— Devo tudo à carne dela" em "Lhes devemos tudo a elas", do desenho de "país/ coração/ e o saco" em "um país/ um coração/ e uma xoxota [...]/ (dos três, a última e mais desconhecida)" ou, à semelhança do humor de Edgardo Antonio Vigo em "Latin American Cult — European Version" (1975), de "meu nome diz:/ nasci na selva brasileira/ (mas preferia ser franco-alemão)" em

> meu nome diz:
> nasci na Europa
> (mas queria ter nascido
> na América do Sul)

propõe, sem grandes aparatos, outro modo de *interpretar* e, acima de tudo, partilhar a *interpretação*.

Há, certamente, algo de tão corporalmente exigente na mão que *não* entende quanto no exercício paródico que, para recriarem o objeto em análise, se entregam à técnica e à manipulação do conteúdo para, sem cair no erro de o cancelar, conversar com Décio. Para lá de qualquer processo de resistência ser concebido justamente com base no *erro*, a conversa interessa efetivamente muito à infraleitura, que encontra na prática do diálogo um modo coletivo de pensar sobre o *fazer* do poema.

Tocar o quadro (infinito) no museu, ou A conversa grande.

O diálogo forma-se, além disso, com base no prazer, na democratização da leitura e, finalmente, na dessacralização do estatuto das suas intervenientes: Augusto toca o *intocável* Catulo, eu toco os *intocáveis* Augusto e Catulo.[26] Se pensar sobre o *fazer* expandido como a recriação infinita e acrônica, direta ou indireta, de outros poemas, ou sobre a leitura como uma forma válida e naturalizada de coautoria (possibilidade levantada com mais clareza a partir dos anos 1950 com o poema verbivocovisual) supõe desarmar a individualidade, o estatuto e a *originalidade*[27] do autor tradicional e, consequentemente, da *obra*, infraler suporá, por sua vez, o desmantelamento do autor tradicional, da obra e do ensaísta tradicionais. Sem fim, uma "dobra de dois"[28] – 3 ou 4 –, a infraleitura poderá ser *variada* de modo inesgotável e beneficiar da potência inequívoca da *diferença* da própria repetição.

Imperativa ensaística diabólica

Patrícia Lino. Infraleitura. Diagrama.

A multiplicação intertextual das intervenientes que se juntam para conversar deverá, portanto, estar por trás da infraleitura e da variação da infraleitura: ler decolonialmente Augusto significa ler decolonialmente Catulo e ler decolonialmente a infraleitura de Patrícia significa ler decolonialmente Augusto e Catulo.

Ainda: a variação da infraleitura poderá ser feita por aquela que a escreveu em primeiro lugar ou, obviamente, por outra ensaísta, e ganhará muito, pela sua dimensão ilimitada, com o formato digital que, sem recorrer a uma nova impressão, garante à(s) ensaísta(s) a rapidez e o conforto propícios ao exercício de repetição.

3. INFRALEITURA 1:
LUÍS ARANHA, POETA PRAXINOSCÓPICO

Com franqueza São Paulo – Você, Oswald e Luís Aranha. Há muito tempo andava de expectativa com o Luís Aranha. Não achava graça no que conhecia dele. A sua admiração, porém, e aquele ar de passarinho estupefacto que via na sua casa me impunham respeito. Hoje posso dizer que é um poetão pois li a "Drogaria de Éter" e achei estupendo (alguma influência sua, mas que não desmerece em nada o valor do poema que me pareceu personalíssimo). A propósito, quando estiver com ele, dê-lhe um grande abraço de minha parte.

Carta de Manuel Bandeira para Mário de Andrade.
7 de outubro de 1925.

3.1. O poema-olho

Após a conferência de Menotti del Picchia sobre a estética moderna, Luís Aranha leu, no dia 15 de fevereiro de 1922, alguns dos seus poemas na Semana de Arte Moderna. Publicou, pouco tempo depois, 4 poemas na *Klaxon* ("O aeroplano", "Paulicéia desvairada", "Crepúsculo", "Projetos") e, em julho do mesmo ano, o *Jornal do Brasil* divulgava a leitura pública dos seus trabalhos no âmbito de um "vesperal de arte moderna, promovido por um grupo de intelectuais".[29]

Foram várias as vezes em que Sérgio Milliet, o primeiro a escrever sobre os trabalhos de Aranha ("La poésie moderne au Brésil", *Revue de l'Amérique Latine*, 1923),[30] Oswald de Andrade ("L'effort intellectuel du Brésil contemporain", 1923)[31] e Manuel Bandeira, que redigiu uma pequena nota sobre dois dos seus poemas para a *Antologia de poetas brasileiros bissextos contemporâneos* (1946), referiram o nome do poeta mais jovem entre as modernistas.

"Luiz Aranha ou a poesia preparatoriana" (*Revista Nova*, n. 7, 15 de julho de 1932) de Mário de Andrade é, porém, entre o que se disse sobre o autor na época e pela posição privilegiada e igualmente controversa das suas observações, o texto que mais se destaca.[32]

Mário recebeu o manuscrito de *Cocktails*, primeiro e único livro de Aranha, no começo dos anos 1920, e uma das cartas que o mais jovem lhe escreveu, a 7 de março de 1923, atesta, pela menção ao projeto de um segundo livro jamais concretizado (*Poemas do rio Macuco*), que os 22 poemas de *Cocktails* foram provavelmente escritos logo depois de *Pauliceia desvairada* (1922), *Era uma vez...* (1922) de Guilherme de Almeida ou *Epigramas irônicos e sentimentais* (1922) de Ronald de Carvalho e certamente antes de *Pau Brasil* (1925) de Oswald de Andrade e Tarsila do Amaral ou *Vamos caçar papagaios* (1926) de Cassiano Ricardo.[33]

> Eu aqui não posso inventar nada. Minhas aventuras procuro escrevê-las nos *Poemas do Rio Macuco* que planejo. Este Macuco é um rio que explorei das cabeceiras até a foz quando ele se lança no Paranapanema. Se as maleitas deste último rio não me matarem talvez venham à luz os *Poemas do Rio Macuco* e V. terá ainda por muito tempo um amigo
> que o abraça
>
> Luís Aranha[34]

Entre anotações mais generosas, as críticas de Mário à poesia de Aranha parecem estar intrinsecamente ligadas, como nota Marcia Regina Jaschke Machado, à "busca pela personalidade na escrita e [à] tentativa de evitar a imitação",[35] traço que, a julgar pela correspondência entre as modernistas,[36] marcava uma das maiores preocupações autorais e estéticas da época.

Parece-me que o afastamento repentino e mudo de Aranha do meio que frequentava com tanta assiduidade em São Paulo não pode ser dissociado destes comentários menos favoráveis e da sua possível repercussão entre as demais colegas. Como nota Eduardo Coelho,[37] o poeta, numa atitude muito semelhante àquela que teve perante as vaias da plateia do Teatro Municipal de São Paulo ("Sofro a vaia da locomotiva como no Theatro/ Municipal"),[38] abandona discretamente a cena literária em 1926. *Cocktails* não foi lido até Nelson Archer e Rui Moreira Leite publicarem uma versão ligeiramente diferente do manuscrito original[39] em 1984 pela Editora Brasiliense. E apesar de esta primeira edição tardia não ter recebido a atenção da maioria das críticas, a urgência da iniciativa de Archer e Moreira Leite foi elogiada, no mesmo ano, por Ruy Castro ("Luís Aranha sai do passado como poeta do futuro", *Folha de S.Paulo,* 24 de novembro) e José Paulo Paes ("O surrealismo na literatura brasileira", *Folha de S.Paulo,* 30 de dezembro; *Gregos e Baianos*, 1985).[40] Foi também graças à iniciativa de Archer e Moreira Leite que os trabalhos de Aranha passaram a integrar as revisões históricas mais recentes do Modernismo brasileiro sob todo o tipo de formas – ensaística, jornalística ou editorial.[41]

Mais do que a posição cronológica de *Cocktails* ou a quantidade de poemas produzidos por Aranha, importa reconhecer a sua originalidade em justapor *ideias* e *imagens* de modo absolutamente uno e o impacto desta justaposição no desenvolvimento visual dos livros de poemas que seriam publicados imediatamente depois pelas suas contemporâneas.

A "paisimagística dinâmica",[42] expressão usada por José Lino Grünewald para referir-se aos trabalhos de Aranha em 1972, condensa a relevância que a industrialização da cidade de São Paulo tinha para o jovem modernista e prediz a ótica multidimensional do seu projeto. De fato, em *Cocktails*, a barafunda atraente da metrópole confunde-se quase totalmente, com a base temática de um autor empenhado em representá-la com palavras. E precisamente por não se resumir a uma simples e passageira tendência imagista, a poesia de Aranha carrega a premissa de que o desenvolvimento interdisciplinar do verbo assenta, em primeiro lugar, na metamorfose do tempo em espaço.

O mundo é estreito para minha instalação industrial!...[43]

A capa de *Cocktails*, desenhada pelo próprio autor,[44] anuncia, de resto, a dimensão visual dos poemas. A versão de 1984, recriada por Ettore Bottini, que respeita e segue a linha gráfica do esboço feito por Aranha em 1922, é coerente com o tom inquieto e galopante do livro. A disposição assimétrica e aparentemente desorganizada da tipografia, a desproporção de tamanho entre as letras, a variação das cores entre letras, fundo e tipografia digital, assim como o arranjo desordenado de 7 notas musicais saindo improvisadamente de um trompete, que lembram o tabloide de um bar noturno ("HOTEL RESTAURANTE BAR/ A cadeira guincha/ Garçon"),[45] apresentam um volume marcado pela tecnicização e variedade harmônica e jazzística do seu tempo.

Claramente influenciados pelos trabalhos de Apollinaire, Cendrars, Pound, Rimbaud, Maiakovski e muito semelhantes, nos temas e no ritmo, às composições de Cesário Verde, Sá-Carneiro e Álvaro de Campos, os poemas de Aranha, dos quais destacarei, em termos de qualidade, "Poema Pitágoras", "Poema giratório", "Drogaria do éter e da sombra" e "Poema pneumático", apostam nas sequências nominais, nos cortes abruptos da forma e da sintaxe, na vertigem melódica de certas passagens, na ausência de pontuação, no verso telegramático ou tabloide poético ("VIM telegrafar/ Devo partir/ O telégrafo bate/ Na estação"),[46] na sobreposição de imagens e de cores e na execução precoce de certos rasgos surrealistas. São, por outras palavras, uma explosão desenfreada, solitária e impressionista da cidade.

> Máquinas a mugir em movimentos loucos
> Vozes trepidações campainhas
> Baques gritos sereias alarido
> Rouquejos e tropel
> Relógios a compassar nessa luta insofrida
>
>
> O ritmo frenético da vida!...
> Americanamente[47]

A espacialização da palavra, que nos transporta de grande metrópole em grande metrópole na companhia de um autor que se multiplica pela agitação industrial e tecnológica, precede tanto a cesura antilírica com o verso parnasiano, uma das principais inclinações estéticas deste período, como influencia evidentemente o *fazer* técnico e a predisposição plástica do poema. Também estende à poesia o gesto de *flanar* introduzido na vida cultural brasileira, anos antes, pel'*A alma encantadora das ruas* (1908) de João do Rio,[48] enlamando, a partir do cruzamento democrático de várias formas de comunicação pós-modernas e precursoras do design como disciplina, a aura e o verso imaculados[49] ("Há liras de Orfeu em todos os automóveis").[50]

Propõe ainda, ao antecipar a crítica de Jauss e Haroldo de Campos à leitura benjaminiana de Baudelaire,[51] o caráter transformador e profético do poema como testemunho histórico e multidimensional da vida moderna e da modernidade.

> Sou o centro
> Ao redor de mim giram as estrelas e volteiam
> os celestes
>
> [...]
> Meu coração é uma esponja que absorve toda a
> tristeza da Terra[52]

3.2. "Poema pitágoras", a mão que desenha

Como nota Júlio Bernardo Machinski a propósito de "Poema Pitágoras", terá sido o "entusiasmo em relação a conteúdos e conhecimentos adquiridos no contexto escolar pelo poeta-estudante"[53] que levou, entre outras passagens, Mário de Andrade a definir os trabalhos de Luís Aranha como "preparatorianos". O jogo referencial e intertextual não retira, contudo, valor e originalidade a um dos seus poemas mais extensos.

Por entre o que parece ser uma visita ao museu, "Quisera ser pintor!",[54] a primeira exclamação de "Poema Pitágoras" e a versão derrotista da afirmação de Apollinaire,[55] começa por aproximar ambos os ofícios que, logo depois, se confundem. E além de desenhar,

> Circunferência
> O círculo da lua
>
> De Vênus traço junto a ela uma tangente luminosa
>   que vai tocar algum planeta ignorado[56]

o pulso escrevente anima, de modo sequencial, o próprio desenho que, para lá de geométrico, se transforma, à medida que o texto progride, numa série de objetos móveis e tridimensionais cujo progresso figurativo no espaço corresponde ao movimento seriado da mão.

(1) Uma linha reta
(2) Depois uma perpendicular
(3) E outra reta
(4) Uma secante
(5) Um setor
(6) Um segmento
(7) Como a Terra que é redonda e a lua circunferência há de haver planetas poliedros planetas cônicos planetas ovóides[57]

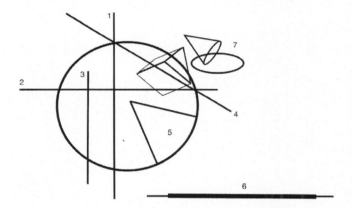

Patrícia Lino. Representação de Poema Pitágoras.

A preferência por este tipo de composição geométrica explica um dos versos anteriores, "Somos os primitivos de uma era nova", e anuncia o pitagorismo como uma das bases do ofício poético. O verso, que parafraseia uma das passagens do "Prefácio interessantíssimo" de *Pauliceia desvairada* de Mário,[58] condensa, num oxímoro, uma das missões estéticas e políticas mais importantes do início do século XX europeu e latino-americano: destroçar as boas maneiras do "adulto, branco e civilizado".[59] O primitivismo ou, nas palavras de Lévy-Bruhl, o regresso à "mentalidade pré-lógica"[60] partem de um princípio de totalidade. Retornar à infância da terra pré-colonial, à semelhança de uma criança ou de um louco,[61] com o propósito de contornar as limitações impostas pelo processo de colonização europeu, a validação

Imperativa ensaística diabólica

racista e infundamentada dos imperialismos e uma versão redutoramente ocidental e pretensiosamente manipuladora do "pensamento selvagem".[62]

A associação entre passado e absoluto servirá de entrada à personagem de Pitágoras, útil para entender este poema e uma das mais importantes linhas conceituais de *Cocktails* – escrever primitivamente corresponde à escrita do poema caótico, *universal* e impossível.

O que passa por ser incoerente, inclusive para o próprio primitivismo dos anos 1920 do século XX[63] (quer dizer, o *fazer* do poema primitivo ou anticolonial à luz da Grécia), não o é a 3 níveis: 1. Quantas Grécias há? De que Grécia falam exatamente os primitivos modernos quando falam da Grécia? Dionisíaca ou órfica, renascentista ou nietzschiana? 2. Apesar de a Grécia ter sido, por muitos séculos, o molde e o centro da criação literária e artística europeias, a Grécia não pertence, como origem e miscelânea, nem à Europa nem ao Ocidente.[64] Reclamá-la, portanto, a partir do poema brasileiro ou latino-americano, pode muito bem coadunar-se com a práxis da resistência e da apropriação que marcam o movimento primitivo. 3. E, mais tarde, com o movimento da antropofagia cultural cunhado e teorizado por Oswald de Andrade desde 1928.

O Pitágoras de Aranha materializa o projeto ambicioso de abranger e compreender tudo e, ao mesmo tempo, a impossibilidade moderna de abranger e compreender tudo: "Não posso matematizar o universo como os/ pitagóricos/ Estou só/ Tenho frio/ Não posso escrever os versos áureos de Pitágoras!...".[65] Aranha tem claramente em vista a dimensão místico--doutrinária dos *pythagoreíoi* (pitagóricos) e a ascese anímica[66] como um dos princípios e objetivos da *bíos pythagorikós* (vida pitagórica) ao usar o termo "matematizar" (*methematiké*). Além de "ciências" (Τῶν τεσσάρων μαθημάτων), "*methematiké*" ou "*mathémata*" significam "a apreensão de muitas coisas por experiência direta ou através do ensinamento",[67] o que explica, por extensão, a necessidade de cruzar desordenadamente várias formas de conhecimento, objetos concretos, referências culturais ou práticas artísticas. Vamos efetivamente do Antigo Egito ou da Grécia Antiga a sugestões cristãs ("Estou crucificado no Cruzeiro/ No coração/ O amor universal"),[68] à Idade Média, ao sabá das bruxas (possível alusão ao conhecido quadro homônimo de Goya?), à biblioteca de Alexandria ou aos trabalhos do egiptologista Gaston Maspero.

O emaranhado referencial, coincide, por sua vez, com a interseção não pontuada arrebatadora, quase alucinógena, das imagens[69] ("Os crânios antigos estalam nos pergaminhos/ que se queimam/ [...] os crocodilos os papiros e/ as embarcações de sândalo").[70] E no delírio assenta, por seu lado, a base de uma cosmogonia individual ou, porque irrealizável, de um exercício cosmogônico apontado ao fracasso ("Não descobriram nem o elixir da longa vida/ nem a pedra filosofal")[71] que vem, além do mais, acompanhado, em "Poema Pitágoras", da descrença na ciência ("Todos os químicos são idiotas"),[72] no próprio ofício e do apelo à destruição ("Só os pirotécnicos são inteligentes/ São mais inteligentes do que os poetas pois encheram/ o céu de planetas novos").[73] O ímpeto de assimilar o tudo e o todo não corresponde, por isso, à mecanicidade camoniana, mas à constatação pré-drummondiana do fiasco perante o movimento ininterrupto e avassalador do mundo moderno.

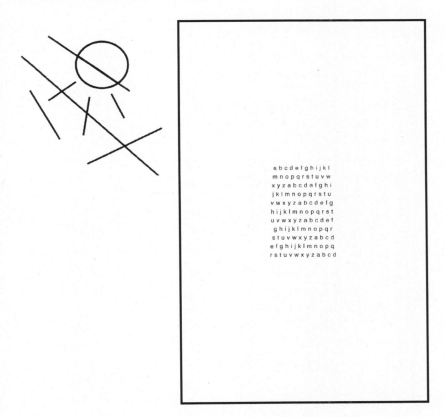

Patrícia Lino. Primeiro passo antropofágico.
Organização gráfica da página de *Cocktails* (1923-1924) de Luís Aranha.
Poema-olho. Anos 1920.

3.3. A interdisciplinaridade ou *a vontade física de comer o universo*

Condenada ao insucesso, *a vontade física de comer o Universo* conduz Aranha à prática interdisciplinar do poema, e a interdisciplinaridade traduz, por sua vez, uma das consequências práticas da ambição cósmica ou totalidade pitagórica – reter o possível *através de* tudo.

De fato, ao ler, por exemplo, "Poema Pitágoras", percebo que a palavra de Aranha insiste em sair, através do exercício enumerativo, da página bidimensional como se, justamente, o autor pintasse.

> Glóbulos de fogo
> Há astros tetraedros hexaedros octaedros dodecaedros
> e icosaedros
> Alguns globos de vidro fosco com luzes dentro
> Há também cilindros
> Os cônicos unem as pontas girando ao redor do eixo
> comum em sentido contrário[74]

Ou filmasse.

Justifica-se, com efeito, incluir Aranha na categoria cinética ou videográfica,[75] no grupo, aliás, das precursoras de tal demanda no poema moderno brasileiro, e considerar a possibilidade de ler os seus textos à maneira de desenhos em movimento ("Multiplicação dos espelhos que se reproduzem/ a si mesmos/ Como retinas penetram retinas").[76]

O jovem poeta alcança a cinesia, resultado da ausência de pontuação e da associação contínua entre substantivo + adjetivo, pelo domínio e alternância, em primeiro lugar, entre verso longo e verso curto ("As nuvens apagaram minha geometria celeste/ No quadro negro/ Não vejo mais a lua nem minha pirotécnica/ planetária").[77] O verbo e os seus tempos, que tampouco se repetem, simulam os cortes ou a transição entre os múltiplos *frames* verbais, que rapidamente se transformam, como num praxinoscópio volante, em formas geométricas e cores.

3. Infraleitura 1: Luís Aranha, poeta praxinoscópico

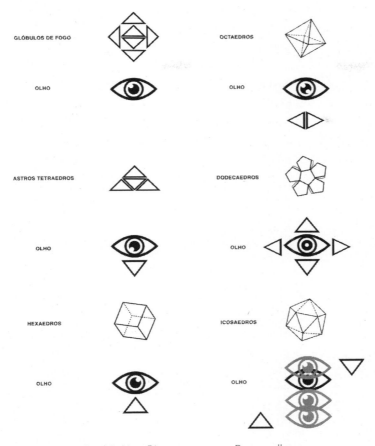

Patrícia Lino. Diagrama 1 para o Poema-olho.
Baseado nos desenhos de Vlada Petric.[78]

Prismas truncados prismas oblíquos e paralelepípedos
    luminosos
Os corpos celestes são imensos cristais de rocha
    coloridos girando em todos os sentidos[79]

Nem sempre vérsica, a mudança dos planos faz-se também, como acima, pelo uso hiperbólico do adjetivo dentro do próprio metro (truncados – oblíquos – luminosos; celestes – imensos – coloridos) ou pela reincidência anaforística do mesmo sintagma, próxima, como um mecanismo ilusório, do movimento vertical da tela ou da rotação contínua da câmera ("Nem mesmo a Paulo Afonso/ Nem mesmo a de Iguaçu/ Nem mesmo a Sete

47

Quedas"),[80] e coincide com a excentricidade das transições que, de segundo em segundo, se encerram para dar lugar à seguinte e estender à leitora a perda da própria interpretação.

O avanço psicodélico dos seus quadros inspira-se, além disso, nas imagens ofuscantes da drogaria, uma "gruta de sombra" ("Tuas pupilas pegaram fogo/ E ardiam em tuas órbitas como duas brasas/ em turíbulos..."),[81] e, na prática, "*cocktails*" parece referir-se, ao mesmo tempo, à mistura de vários tipos de álcool, impulsionadora do atropelo embriagante da vida urbana, e à mistura de vários tipos de elementos químicos em "procriação e desenvolvimento (...)/ na prateleira".[82]

> Eu era poeta...
> Mas o prestígio burguês dessa tabuleta
> Explodiu na minha alma como uma granada.
> Resolvi um dia,
> Incômodo mensal das musas,
> Ir trabalhar numa drogaria
> E executei o meu projeto.[83]

O fabrico de tais alucinações, que se assemelham, em certo sentido, às experiências narcóticas de Gautier (*The Club des Hashischins*, 1846) ou Baudelaire (*Les Paradis Artificiels*, 1860), é o produto aparentemente fortuito de um exercício minucioso de observação: ainda que ao ser bombardeada pela rapidez das transições e inúmeras referências culturais, a leitora perca o sentido do enorme desenho abstrato de Aranha, a leitora também reconhece, por verossimilhança e no contexto de uma *teoria* [verbal] *dos intervalos*,[84] os pontos constelares da composição.

Aranha não subestima, efetivamente, o poder da realidade citadina e farmacêutica, e o poema, que existe, pungindo no início do século entre os limites da palavra e os limites do exercício imitativo, semelhante a um "movimento perpétuo" de onde se vê

> [...] tudo
> Faixas de cores
> Mares
> Montanhas
> Florestas
> Numa velocidade prodigiosa[85]

surge, no papel, como um cine-olho.[86] Indiferente à narratividade e, por isso, enfocado no *frame* ou cinelíngua urbana, Aranha transpõe para o texto, além de vários outros tipos de corte (*cutting on action*, *match and invisible cut*), procedimentos teorizados, poucos anos antes, por Max Wertheimer (*Experimental Studies on the Seeing of Motion*, 1912) e explorados pelo próprio Vertov em *Man With A Movie Camera* (1929).

Entre elas, por exemplo, 2 movimentos, Phi (φ-*phenomenon*) e Beta (*beta movement*), que, como ferramentas interpretativas, ampliam a sensação ótica arquitetada pelo corte acelerado do verso.

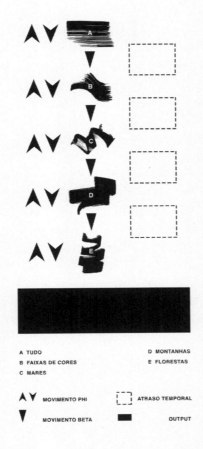

Patrícia Lino. Diagrama 2 para o Poema-olho.

Se, por um lado, o verso isolado concentra, através de uma imagem, a deslocação estática associada ao movimento Phi – imagino, por exemplo, a variação cromática das "faixas de cores", a oscilação dos "mares", a estatura desigual das "montanhas", o embalo arbóreo das "florestas" –, por outro, a combinação dos versos e, por sua vez, das imagens, estabelece a dinâmica transitiva, associada ao movimento Beta, entre os quadros (de "tudo" para as "faixas das cores", das "faixas de cores" para os "mares", dos "mares" para as "montanhas", das "montanhas" para as "florestas").

A lógica acidental da composição, em que "a impressão da imagem anterior se funde com a percepção da seguinte",[87] fixa, através da sucessão rápida dos *shots* e da sua sobreposição icônica, a aparência simultânea[88] do poema ao defini-lo, no espaço, como uma montagem coesa e, paralelamente, multiforme de dissidências.[89]

Coerente com a azáfama tecnológica do seu tempo, a composição espacialmente antagônica de Aranha adianta, deste modo, entre o alcance da câmera e a insuficiência do olho, tanto a linha *propagandística* da cidade brasileira, que dá a ver o *invisível* e educa a visão para o novo mundo das décadas de 1920 e 1930 a partir de uma experiência corporal, quanto o desenvolvimento técnico do poema.

A experiência corporal diz igualmente respeito à leitora que, ao ampliar os sentidos por dentro da vida prolífica da cidade, se verá, não muito depois, perante a regularização do exercício da cesura fotográfica com o verso oswaldiano ("E agora/ Nesta hora de minha vida/ Tenho uma vontade vadia/ Como um fotógrafo").[90] E se não resta dúvida de que o corte, também enumerativo, de Oswald é herdeiro dos "canhões gigantes" de Aranha, "telescópios [que] apontam o céu",[91] tampouco surpreende que a disposição, ainda que tímida, do autor de *Cocktails* para abandonar a página marque decisivamente a abertura interdisciplinar de *Pau Brasil*.

patricialino.com/imperativa-ensaistica-diabolica

4. INFRALEITURA 2:
LIVROS DE POEMAS COM DESENHOS

A praça pública está cheia
E a execução espera o arcebispo
Sair da história colonial

Oswald de Andrade

4. Infraleitura 2: Livros de poemas com desenhos

4.1. A recusa antropofágica do livro tradicional

A transgressão dos limites das disciplinas e da matéria corresponde à aplicação prática do propósito central do primitivismo nativo, o de rever culturalmente, desde o início pré-colonial e mitológico dos inícios, a nação ("Precisamos rever tudo – o idioma, o direito de propriedade, a família, a necessidade do divórcio –, escrever como se fala, sinceridade máxima").[92] A revisão que deve ser, além de *infantil*, total, assenta, segundo o comportamento das crianças, *que veem* justamente *pela primeira vez*, na interdisciplinaridade. E a interdisciplinaridade não só funda, no sentido de uma ou mais ausências disciplinares, o espaço indisciplinado e livre, anterior à categorização hierarquizada e ao estabelecimento das regras trazidas pela disciplina, como também garante à autora a oportunidade de questionar a homogeneidade verbal do próprio livro.

A performance do primitivo, que consiste, em primeiro lugar, na corporalização do retorno à origem acriançada, conduz, por isso, à abolição da hierarquia dos métodos expressivos, em que, tradicionalmente, a escrita ocuparia o topo, e à reavaliação dos conceitos que *podem* compor o espaço onde o poema existe.

Um deles, o desenho.

Com efeito, será a dimensão intermediária[93] do encontro entre poema e desenho que permitirá a Tarsila do Amaral e a Oswald de Andrade dispor, de modo orgânico, texto e imagem em *Pau Brasil* (1925) e dar, junto a Vicente do Rego Monteiro (*Quelques Visages de Paris*, 1925)[94], o primeiro grande pequeno passo com vista à ampliação verdadeiramente interdisciplinar do livro de poemas brasileiro.

O passo é simultaneamente arriscado e sutil. Se, por um lado, introduz no mercado a colaboração de 2 intelectuais unidos por 2 ofícios[95] e resgata a iniciativa estética das duplas Delaunay-Cendrars em "La prose du Transsibérien et de la petite Jehanne de France" (1913)[96] e Tarsila-Cendrars em *Feuilles de Route. Le Formose* (1924)[97], por outro, fá-lo estrategicamente a partir do livro verosímil e familiar para a leitora de 1925. A verossimilhança do objeto, bem como a condição referencial e não plástica[98] do desenho, que se aproximam, de modo evidente, da referencialidade da palavra a duas dimensões, carregam, além disso, o projeto ambicioso de desmantelar o poder da escrita impressa com recurso à montagem espacial da página – para lá de *escrever como fala*, a autora infantilizada desenha o que a rodeia.

Imperativa ensaística diabólica

A ameaça interdisciplinar ao estatuto aparentemente inatacável e central da palavra – posterior a "O pirralho antropophago" (*O pirralho*, 1912), publicado 10 anos antes da Semana de Arte Moderna, e paralela à "Carta-Oceano"[99] (1925) – também adianta a formulação da antropofagia como uma "reflexão metacultural"[100] brasileira e um processo seletivo e transformador *não-criativo*[101] "(...) do velho em novo, do alheio em próprio, do *déjà vu* em original".[102]

Este mecanismo de apropriação verbo-visual, mostra embrionária do "Manifesto antropofágico" (1928), acompanha, coerentemente, a lógica subtrativa[103] da composição do novo livro de poemas, em que, à medida que a inclinação palimpséstica engole o *literário*, a então digerida novidade *não-original*[104] se destaca pela concisão do verso e pela expansão corporal e, por isso, visual, da palavra; que, no lugar de uma expressão cognitiva e distintivamente inspirada, se converte no apoderamento político da norma logocêntrica prescrita pelo Ocidente e na destituição do estatuto tirânico do alfabeto no espaço do poema.

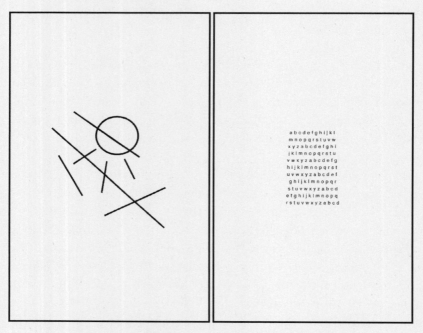

Patrícia Lino. Segundo passo antropofágico. Organização gráfica da página de *Pau Brasil* (1925) de Oswald de Andrade e Tarsila do Amaral. Desenho-ilustração. Anos 1920.

4. Infraleitura 2: Livros de poemas com desenhos

4.2. *Pau Brasil* (1925) de "Tarsiwald"

Apesar de cair no embelezamento colonial da América e na "ânsia de euro-peização"[105] que guiam verbal e visualmente a colaboração de Cendrars e Tarsila, *Pau Brasil* assenta num acordo estético diferente daquele que fazem as 2 primeiras e que, a longo prazo, ditará a grande diferença entre ambos os trabalhos[106]. Enquanto Cendrars, nem suíço nem brasileiro,[107] propõe a Tarsila reunirem em *Feuilles de Route* os poemas e os desenhos que ambas produziram, respectivamente, durante a viagem que, na companhia de Oswald e Mário de Andrade, fazem por Minas Gerais,[108] Oswald propõe a Tarsila a *iluminação*[109] dos poemas de *Pau Brasil*.[110] Esta forma continuada de criação, em que a imagem se baseia diretamente no texto, dá a ver um sentido de unidade que *Feuilles de Route* não alcança.

A irreverência de *Pau Brasil*, precedido não por acaso pela timidez verbo-visual d'"O Alto" de Mário de Andrade[111] ou pela cinematografia verbal de *Memórias sentimentais de João Miramar* (1924), reside precisamente na lógica da *contaminação*. Evidentemente não lineares e telegráficos, os poemas, *contaminados* pelo sintetismo de peças anteriores,[112] *contaminam*, por seu lado, os desenhos a nanquim de Tarsila, que, auxiliada pela densi-dade do material, enche, ao estilizá-lo, o traço prévio de *Feuilles de Route*. Em *Pau Brasil*, os desenhos, antítese da decoração ou do acaso, são tão imprescindíveis quanto os poemas.[113]

A par da coluna pré-concreta impressa na página de rosto e da capa, são 10 os desenhos que abrem, à exceção do primeiro (disposto na página anterior à dedicatória), cada uma das partes do volume.

Idêntica ao formato de um rótulo ou anúncio comercial, a coluna pré-concreta agrupa, na forma de um retângulo composto por 12 linhas, as informações gerais sobre o livro ("Cancioneiro de Oswald de Andrade prefaciado por Paulo Prado iluminado por Tarsila 1925") e as primeiras 10 linhas, de 7 letras cada uma, terminam nas 2 últimas seções, formadas por, respectivamente, um e 4 caracteres. O que, graficamente, pode afastar-se da sofisticação aos olhos da leitora de hoje, a não ser pela divisão estraté-gica e quase não linear dos elementos,[114] rompe, como nota Yone Soares de Lima, com a diagramação da página de rosto dos anos 1920.[115] A coluna também associa ao *fazer* do livro de poemas a produção em série – indus-trial, massificante.

A originalidade da capa, apropriação direta da bandeira nacional do Brasil e a única ilustração a cores do "livro de ideogramas",[116] começa na

Imperativa ensaística diabólica

substituição da conhecida inscrição "Ordem e Progresso" pela nova e provocadora "Pau Brasil".[117] Sem limite delineado, a composição, que inclui um losango, um círculo e um retângulo proporcional ao último, inverte a lógica da leitura. Ao mover a posição original da bandeira do sentido horizontal para o vertical, Tarsila interfere com a dimensão solene e inviolável do símbolo pátrio de expropriação colonial portuguesa, tão familiar, corriqueiro e moldável como um brinquedo, e insinua, neste *ready-made pop* antropofágico,[118] o tom transgressivo, lúdico e nacionalmente reformador do livro.

Após a capa, segue o desenho de uma figura pouco detalhada, "Iluminura", versão aparentemente estilizada e coroada d'*A Negra*, que lembra estilisticamente, através da sobreposição de 2 elementos contextuais distintos (a flor-de-lis, símbolo da heráldica e o rosto da mulher negra), o formato de um emblema ou insígnia. Além de se assemelhar aos elementos que decoram as 2 cabeças em "Carnaval", o desenho antecipa, ao fazer uso da representação afrodisíaca e questionável do corpo negro,[119] a paródia da oração católica em "Escapulário".

Em conjunto com "História do Brasil", que substitui o Monte Pascoal pelo Pão de Açúcar, todos os desenhos seguintes exploram, ao desafiar enfaticamente a imposição realista das academias do início do século XX, a brevidade e a simplicidade do traço. E é Tarsila que, servindo-se do domínio absoluto da linha e da escolha do nanquim sob qualquer outro material ou técnica, ativa o processo de simplificação ou desaprendizagem colonial com vista à reconstrução estética e literária do país.

A representação estilizada do touro de "Poemas da colonização", que voltaria a aparecer em *Paisagem com touro* (1925) ou *Touro na floresta* (1928), da Fazenda São Martinho, onde Cendrars ficou hospedado em 1924, do trem de "RP1", versão depurada do desenho do trem de *Feuilles de Route*, da pomba que transporta um bilhete de amor ("Secretário dos amantes"), da cidade cosmopolita ("Postes da light"), precedida pelos quadros *São Paulo* (1924) e *São Paulo – Gazo* (1924), da serra mineira ("Roteiro de Minas") ou do navio "Loyde brasileiro", onde da Europa se regressa ao Brasil, nomeadamente a São Paulo ("Não permita Deus que eu morra/ Sem que volte pra São Paulo"),[120] suprime tanto o detalhe quanto a profundidade, e recicla, qual colagem ameninada, referências visuais de um ou mais mapas turísticos.

O desenho *que sugere* e não imita, sinônimo visual da estrutura fragmentada dos poemas, também define e controla o ritmo descontínuo da leitura, marcado por 10 paragens correspondentes a cada uma das 10 ilustrações ou iluminuras no começo de cada uma das partes do texto. Este percurso intermitente, em muito influenciado pela apreensão cubista da realidade e similar ao de um caderno de figurinhas ou álbum de memórias, acompanha o interesse da época no tempo psicológico e na narrativa multi-seletiva, através da sobreposição intertextual, babélica ou interartística dos planos sobre o mesmo esquema, e une os vários pontos desta constelação política.

De fato, ao pôr em causa a assimilação e a existência do conhecimento absoluto, a digressão, voluntária e involuntária, da leitora *desintegrada* pelos estilhaços do passado da nação brasileira subverte a validade da versão oficial da História do Brasil, cujas múltiplas versões suprimidas ou anuladas pelo processo de colonização europeu não têm como não se apoiar no recorte, na indistinção entre cultura de elite e cultura popular e noutros meios de comunicação incompatíveis com a formalidade do registro escrito.

Este movimento, feito temporalmente para trás e materializado pela simplificação do desenho e coloquialidade do poema, quebra igualmente o valor linear e ilusório do próprio tempo, porque, afinal, qual é o tempo *certo* do mundo e o tempo, se o há, do poema? E que tempo há para o poema de uma comunidade colonizada senão, em primeiro lugar, o da infância?

Também por isso, ao reservarem, no livro, uma área para a imagem e outra para o texto, atribuindo, assim, ao desenho a função tradicional de ilustrar o poema, Tarsila e Oswald incluem ironicamente *Pau Brasil* na tradição do livro infantil e inauguram, ao mesmo tempo, outra tradição. Livros *infantis* para adultas ou livros para adultas *infantis*[121].

4.3. Humor, paródia e interdisciplinaridade

O gesto não pode, ao mesmo tempo, ser dissociado da estratégia humorística que perpassa todo o livro, porque, assim como a união de 2 disciplinas põe em causa a monodisciplinaridade e a linearidade lógico-discursiva do livro a partir da espacialidade e fragmentação do desenho e do poema fotográfico, o humor desafia a seriedade que os sustenta.

Além de representarem simbolicamente os mecanismos do poder colonial ou da falsa superioridade intelectual europeia, a monodisciplinaridade, a linearidade lógico-discursiva e a seriedade são também os instrumentos originais a serem parodiados pelo *fazer* interdisciplinar da dupla Tarsila-Oswald. A unidade estética corresponde, portanto, a uma unidade crítica que, como nota Haroldo de Campos, Cendrars e Tarsila tampouco desenvolveram em *Feuilles de Route*.

[A] câmara portátil dos poemas oswaldianos tinha um dispositivo a mais, que faltava à *kodak excursionista* com que Cendrars fixou suas 'fotografias verbais' pau-brasileiras: a visada crítica.[122]

Motor principal desta unidade crítica, a paródia, que começa por apropriar a reza católica ("Escapulário") e propor o poema mestiço e polifônico ("Falação"), alarga-se, logo depois, até a primeira variação da **H**istória do Brasil e depende, ao mesmo tempo, da desobediência socioliterária e da apropriação devoradora dos textos originais parodiados. Entre eles, a conhecida carta de Pero Vaz de Caminha ao Rei português Manuel I e diversas passagens de Pero de Magalhães Gândavo, Claude d'Abbeville, Frei Vicente do Salvador, Fernão Dias Paes, Frei Manoel Calado, J.M.P.S. e do Príncipe Dom Pedro.

Contrário às descrições minuciosas, realistas e factuais dos autores portugueses deste período,[123] o exercício paródico não só assenta, à semelhança da própria estrutura dos desenhos e dos poemas, na prática da seleção, do recorte e da colagem, mas também expõe caricaturalmente as inconsistências e, neste caso, a crueldade dos colonizadores durante o processo de dominação europeia ao deformar o discurso do poder.

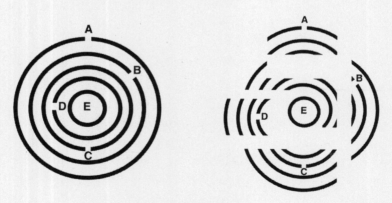

Patrícia Lino.
Relações em *Pau Brasil*.
A. Desmantelamento da História oficial do Brasil. **B.** Fragmentação narrativa.
C. Interdisciplinaridade ou ausência disciplinar. **D.** Exercício paródico.
E. Infância.

4. Infraleitura 2: Livros de poemas com desenhos

O seu enfoque descerimonioso, que contrapõe sempre um ou mais elementos doutrinários e a distorção clara e veloz do seu aparato, não acrescenta simplesmente à descontinuidade da leitura a experiência palimpséstica.[124] Mais do que uma técnica ou *hipertexto*, Oswald e Tarsila constroem um aparelho cômico com dispositivos e mecanismos próprios que, à medida que o livro avança, variam em estratégias e modos de apropriação.

Se, por exemplo, em "Os selvagens", Oswald avista na leitora um sorriso ao trabalhar o contraste entre o título e o poema, em que o texto não faz jus à selvageria prometida pelo nome, mas, antes, ao comportamento pacífico e inofensivo das nativas,

Mostraram-lhes uma galinha
Quase haviam medo della
E não queriam pôr a mão
E depois a tomaram como espantados[125]

na série "GANDAVO", Oswald tece, com base nas passagens detalhadas e ingênuas de Pero de Magalhães Gândavo, uma lista sarcasticamente otimista e mesclada das condições da vida na colônia e alheia à violência exercida sobre os corpos das colonizadas. A invisibilização da brutalidade do processo de colonização europeia percorre, com efeito, a primeira parte de *Pau Brasil* ("O capuchinho Claude D'Abbeville", "Frei Vicente do Salvador", "Fernão Dias Paes", "Frei Manoel Calado", "J.M.P.S. [da cidade do porto]", "Príncipe Dom Pedro") e sustenta o procedimento seletivo de Oswald que, ao *não dizer*, denuncia. A ironia da operação paródica reside igualmente no desmantelamento da narrativa, precisa e autêntica, e na constatação da legitimidade do retalhe que, dentro da sua não linearidade ou pré-lógica, revela as imprecisões e os lapsos da *verdade*.

Este exercício paródico *não-original*,[126] em que o elemento parodiado se expõe quase autonomamente sob a forma de poema-colagem vanguardista,[127] entrevê a mudança de perspectiva, paralela à condição fragmentária da composição, e a agressividade fotográfica de "Poemas da Colonização". Sugerindo, assim, que o início atropelado da colonização portuguesa, longínquo e ficcional, foi apenas o começo da estruturação de uma sociedade estratificada religiosamente segundo a raça, o gênero, a classe e a heteronormatividade:

O Jerônimo estava numa outra fazenda
Socando pilão na cozinha
Entraram
Grudaram nele
O pilão tombou
Ele tropeçou
E caiu
Montaram nele[128]

São justamente o corte acelerado dos versos, didascálias *ready-made* captando sequencialmente os planos, e o aparente desapego pelo episódio, que importunam a harmonia da análise e, por extensão, da identidade. A naturalização da violência contra o corpo negro ("O canivete voou/ E o negro comprado na cadeia/ Estatelou de costas/ E bateu coa cabeça na pedra"),[129] narrada anedoticamente, explica, sem grandes rodeios, a própria violência ("o Ambrósio que atacou Seu Juca de faca/ E suicidou-se/ As dezenove pretinhas grávidas").[130] E a atenção do procedimento divide-se em 3: a sugestão da denúncia e a gargalhada acontecem no silêncio, e o silêncio lê-se, por sua vez, nos espaços imaginários abertos pela visualidade que, por seu lado, assegura a interpretação do pastiche anticolonial e, consequentemente, o desconforto da leitura.

4.4. Visualidade e colagem

O ataque à linearidade do poema tradicional, a insistência no valor do "balbuciamento infantil",[131] assim como a aposta na visualidade do verso sintético, valeram a Oswald um inventário recheado e variado de críticas menos favoráveis.[132] As farpas ("Pau Brasil é uma espécie de esquema a ser desenvolvido"; "mal construído") que, ironicamente, identificam com maestria a afronta premeditada do seu projeto, detêm-se, acima de tudo, no "prosaísmo", como a apropriação indiscriminada de todo o tipo de textos não literários e a anulação de "todo esforço poético",[133] e na antierudição muitas vezes arbitrária e sempre dessacralizante, dos poemas e da reabilitação *universal*[134] dos símbolos nacionais. Têm em conta, porém, a funcionalidade verbal da obra e, ao não concordarem ideologicamente com a premissa primitiva, ignoram, porque a análise tampouco previa ou

4. Infraleitura 2: Livros de poemas com desenhos

amparava criticamente a interdisciplinaridade do programa de Tarsila-Oswald, a premissa *lisual*[135] e psicanalítica dos poemas – e a própria inclusão dos desenhos no livro.

Não seria, ao mesmo tempo, exagerado afirmar que, com a exceção da leitura concreta dos poemas oswaldianos nos anos 1950,[136] o estudo e a canonização do objeto literário não garantem nem o reconhecimento da sua dimensão interdisciplinar nem um trabalho editorial que dê a ver, com cuidado e evidência, os desenhos que, neste caso, o compõem. Assim como a vasta maioria das edições de *Pau Brasil* não inclui a totalidade dos desenhos meticulosamente dispostos na publicação original, são, por exemplo, ainda poucos os estudos que se debruçam minuciosamente sobre a matéria não verbal de *Pau Brasil* ou do *Primeiro caderno do alumno de poesia Oswald de Andrade* (1927).

Parte considerável dos estudos que se dedicam à lógica da visualidade em Oswald, fazem-no com base na montagem ou nas múltiplas relações que o próprio cinema desenvolveu, mais tarde, com as suas obras. Entre os mais recentes, a já referida análise de Maite Conde (2020) e os artigos de Ivan Marques (2019) ou Marcus Vinicius Soares (2011).[137] Mas são, até agora, pontuais os estudos que, ao ler *Pau Brasil* ou o *Primeiro caderno*, discutem as particularidades da colagem como um dos elementos centrais dos poemas e dos desenhos.[138]

Isto deve-se, parece-me, ao fato de a colagem ser um dos vértices de uma discussão academicamente mais tardia, desenvolvida sobretudo a partir dos anos 1990 e 2000 com os estudos de Frederic Jameson (*Postmodernism, or, The Logic of Late Capitalism*, 1991), Julie Sanders (*Adaptation and Appropriation*, 2006), Linda Hutcheon (*A Theory of Adaptation*, 2006), Marjorie Perloff (*Unoriginal Genius: Poetry by Other Means in the New Century*, 2010) e Kenneth Goldsmith (*Uncreative Writing. Managing Language in the Digital Age*, 2011), ou ainda com a publicação de um trabalho ensaístico nacional como *Escrever sem escrever. Literatura e apropriação no século XX* (2019) de Leonardo Villa-Forte.

Coerente com o "objetivismo e [a] redução verbal próprios das vanguardas",[139] as colagens ou *mash-ups* do verso curto de *Pau Brasil* dividem-se essencialmente em 3 métodos. O primeiro deles, e, dentre todos, o mais perceptível, diz respeito ao primeiro conjunto de poemas, "História do Brasil", e consiste, como já escrevi, no recorte e na colagem intertextual[140] de várias passagens dos cronistas europeus com vista à exposição do absurdo da fantasia colonial em terras americanas.

FESTA DA RAÇA

Hu certo animal se acha também nestas partes
A que chamam Preguiça
Tem hua guedelha grande no toutiço
E se move com passos tam vagarosos
Que ainda que ande quinze dias aturado
Não vencerá a distância de hu tiro de pedra[141]

A mão que recorta, recicla e cola de modo engenhoso é também a mão que se estende à participação direta da leitora ou usuária.[142]

Oswald espera efetivamente de mim, leitora, que reconheça a passagem original ("Um certo animal se acha também nessas partes a que chamam preguiça [...], o qual tem um rosto feio e umas unhas muito compridas"),[143] e desconstrua, também, as teorias devaneadoras coloniais portuguesas para chegar finalmente à crítica: por que julga o europeu a ignorância da nativa ("Os selvagens") quando o europeu desconhece tanto a cultura dela como a nativa a dele?[144]

Outras das aplicações da colagem em *Pau Brasil*, um "trabalho contra o detalhe naturalista",[145] recai sobre os múltiplos jogos de tamanho elaborados por Oswald. Metonímico, sugestivo e desviante, o poema traz para o seu centro os elementos do mundo vegetal e as suas especificidades que, como numa colagem em composição, vão do pequeno ao ínfimo.

BUCÓLICA

Agora vamos correr o poema antigo
Bicos aéreos de patos selvagens
Tetas verdes entre folhagens
E uma passarinhada nos vaia
Num tamarindo
Que decola para o anil
Árvores sentadas
Quitandas vivas de laranjas maduras
Vespas[146]

A preferência pelo mínimo ou insignificante amplia outras das idiossincrasias estéticas e políticas da performance do primitivo, porque, assim como não distingue hierarquicamente as formas de comunicação, a autora *acriançada* tampouco ordena categoricamente os objetos. E ao não o fazer, decide enfatizar intencionalmente o que, no contexto extrativista e ultramarino, não sobressairia por motivos de valor – como um *punctum* meticulosamente selecionado[147] ou "uma nova perspectiva".[148] A montagem dos remendos, que se mesclam de modo enredado e revolto, acompanha, ao rebobinar a experiência das imagens, a ação encenada de ver desorganizadamente pela primeira vez.

Trata-se, aliás, de regressar a um lugar não categorizado, sem classificação, para, mais tarde, entrar na grande cidade ("RP1"). Do ínfimo vegetal ou animal ao grande urbanizado. Sem esquecer, porém, a presença ininterrupta do primeiro que, gradualmente, se cola sobre o segundo com o propósito único de engoli-lo.

CAPELA NOVA

Salão Mocidade
Hotel do Chico
Uma igreja velha e cor-de-rosa
Na decoração dos bananais
Dos coqueirais[149]

Esta troca de valores ou a própria anulação do valor colonial levam-me até o terceiro tipo de colagem, o que, seguindo os critérios de uma sintaxe aparada, subverte por completo, durante a disposição dos excertos visuais, o tamanho das coisas. E é no espaço de todas as coisas que as árvores, as plantas e os animais, enfim, o *não-humano* se destaca e sobrepõe, desde uma perspectiva ocidental, ao *humano*.

Bananeiras monumentais
Mas no primeiro plano
O cachorro é maior que a menina
Cor de ouro fosco[150]

Os desenhos de Tarsila são também muito claros neste ponto, porque, além de seguirem a transformação urbana dos poemas, põem, ao mesmo tempo, em causa o comprimento, a altura e o volume dos motivos representados. Os coqueiros mais altos do que a minúscula caravela portuguesa ("História do Brasil"), do que as casas ("Poemas da colonização"), do que a Casa-grande ("São Martinho"), do que os prédios paulistanos ("Postes da light"), do que o navio Lóide Brasileiro ("Lóide Brasileiro") ou o protagonismo do corpo negro em "Iluminura" e "Carnaval" e do pombo-correio em "Secretário dos amantes" ilustram a visibilidade desarmônica que Oswald lhes dá no texto. E, não por acaso, as árvores, as plantas, os animais, os corpos indígenas e negros compõem a lista do que foi imediatamente classificado, acomodado e racializado pelo olhar branco, europeu e *humano*.

Exibir o fim do catálogo significa *des*catalogá-lo.

A seleção do pequeno e do não categorizável, bem como a inversão paródica ou humorística dos valores de tamanho, estão na base da originalidade da obra de Manoel de Barros, que levará ambas as premissas ao limite em trabalhos como *Livro sobre nada* (1996) ou *Ensaios fotográficos* (2000), e também antecipam de imediato, pela pluralidade de "materiais sortidos"[151] e pelo atrevimento *infantil* da composição, o *Primeiro caderno do alumno de poesia Oswald de Andrade*.

4.5. *Primeiro caderno do alumno de poesia Oswald de Andrade* (1927) de Oswald de Andrade

Publicado em 1927, o *Primeiro caderno do alumno de poesia Oswald de Andrade* amplia o estatuto autoral de Oswald de Andrade e recupera a audácia gráfica e recreativa, praticamente caligramática, do poema carimbo "Miramar",[152] composição feita a 4 mãos com Inácio Ferreira da Costa em 1918, ou das restantes colagens e desenhos de *Perfeito cozinheiro das almas deste mundo (Diário de Garçonnière)* (1918-1919).

4. Infraleitura 2: Livros de poemas com desenhos

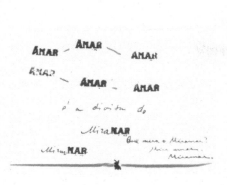 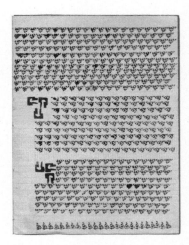

ESQ. Oswald de Andrade e Inácio Ferreira da Costa. Poema Carimbo Miramar. 27 jul. 1918. *Perfeito cozinheiro das almas deste mundo (Diário de garçonnière)*. 1918-1919.
DIR. José Cláudio. Livro de carimbos n. 3. 1968. Instituto Paulo Bruscky.

Produzido por Oswald de Andrade em conjunto com Daisy e os frequentadores da garçonnière[153] da rua Líbero Badaró, em São Paulo, o *Perfeito cozinheiro das almas deste mundo* preconiza, além das técnicas interdisciplinares de escrita *não-criativa* e da reciclagem de materiais variados, a escrita coletiva como o fim da figura hierática do gênio que, afastado de tudo e todas, cria originalmente a sós.

Semelhante às colaborações poéticas grupais dos cubo-futuristas e construtivistas russos, como Maiakóvski ou Malevich, ou à estética de *Klaxon* (1922-1923) que, por sua vez, seguia o design arrojado de *Pervyi Zhurnal Russkikh Futuristov* (1914), *Blast* (1914-1915) ou *L'Italia Futurista* (1916-1918),

> [trata-se de] um enorme caderno, escrito de tinta roxa, verde e vermelha, ou a lápis às vezes, há de tudo: pensamentos, trocadilhos (inúmeros), reflexões, paradoxos, pilhérias com os *habitués* do retiro, alusões à marcha da guerra, a fatos recentes da cidade, a autores, livros, leituras, às músicas ouvidas (das eruditas às composições populares americanas), a peças em representação nos palcos de São Paulo, às companhias francesas em tournée pelo Brasil.[154]

Este processo de desconsagração autoral, um dos princípios dos 11 conjuntos de poemas de *Pau Brasil* e da regularização do *fazer* infantil, ou um exercício prático como "Miramar", cuja disposição e técnica constelares me lembram o poema labiríntico de Gregório de Matos[155] e influenciam, mais tarde, autores como José Cláudio, Marcus do Rio, Edgard Braga, Carmela Gross ou Paulo Bruscky,[156] estão na base da indisciplina material e diagramática do *Primeiro caderno*, cujos desenhos, impulsivos e desajeitados, conferem à provocação oswaldiana um impacto visual tão desconhecido quanto encenado e estendem à cultura brasileira não só o gesto de algumas vanguardistas europeias, como o de Aliágrov[157] e Olga Rozanova, ou o perfil híbrido de Jean Cocteau, mas também abrem portas à tradição do livro de artista brasileiro.

Patrícia Lino. Terceiro passo antropofágico. Organização gráfica da página do *Primeiro caderno do alumno de poesia Oswald de Andrade* (1927). Poema-desenho. Anos 1920.

4.6. O fim da ilustração imitativa

Herdeiro do "absoluto desprezo pelos valores 'artísticos'",[158] o *Primeiro caderno* inclui, além do desenho da capa, feito por Tarsila do Amaral, 24 desenhos de Oswald.

A capa, que simula a entrada de um caderno tradicional escolar, dispõe, nas 17 partes de uma coroa que decora a totalidade da composição, 17 nomes de lugares ou rios brasileiros ("San Paulo", "Amazonas", "Rio Parahiba"), produtos nacionais ("Goyabada"), ou canções populares ("Na Bahia tem"). Contextualiza, também, a página de identificação do livro ("escola: Pau Brasil; classe: primária; sexo: masculino; professora: a poesia" e, grafado manualmente como as respostas, "viva o ano de 1927").

Uma e outra anunciam que um livro como o *Primeiro caderno* levará às últimas consequências a performance da autora *acriançada* que regressa, agora, às cadeiras da escola primária para reaprender a escrita ("Há poesia/ Na dôr/ Na flôr/ No beija-flor/ No elevador")[159] e a(s) história(s) do Brasil ("Lá vem uma barquinha cheiinha de indios/ Outra de degradados/ Outra de pau de tinta").[160] Oswald, que se senta para recomeçar, funde-se com a nação e, em certos momentos, com o próprio mapa ("Era uma vez/ O mundo"),[161] indefinido e mítico ("nunca soubemos o que era urbano, suburbano, fronteiriço e continental"),[162] num processo em que o poema *individualmente* infantil vem corrigir, incompleto e despretensioso, a impossibilidade de recuperar e reconstruir a herança das comunidades originárias ("O contrapeso da originalidade nativa para inutilizar a adesão acadêmica").[163]

Os seus desenhos, consideravelmente mais defeituosos do que os de Tarsila, rabiscados às escondidas do olhar professoral, articulam, com maior efetividade, a prática do traço inacabado, caricatural e desprendido da infância e a sua reacomodação, em conjunto com o texto, contraria o arranjo graficamente limpo de *Pau Brasil*. O desenho, que antes marcava e abria as seções do livro, abandona, no contexto da diagramação, o seu estatuto ilustrativo e pendente para ocupar o espaço tradicionalmente reservado ao poema.

Ao não separar ambos, Oswald trucida o que restava da hierarquia entre verbo e imagem, e o risco desta nova decisão gráfica não linear faz com que a ação de desenhar se assemelhe, como uma tipografia ritmada, à ação de escrever.

A tentativa antropofágica de confundir as matérias, em que o traço *devora* timidamente o espaço da palavra, afasta, além do mais, o propósito central dos desenhos e dos poemas do seu dever mimético. Ou: o projeto de Oswald larga a sugestão da realidade e aproxima-se, por dentro de um processo voluntário de *analfabetismo*, da concretude e da tridimensionalidade da obra de arte.

Por isso, o que começa, em *Pau Brasil*, num estímulo mimético simplificado do "coqueiro" ("Postes da light") ou do "touro" ("Poemas da colonização"), termina, com o *Primeiro caderno*, na materialidade expandida da palavra "amor" ("Amor") ou "elevador" ("Ballada do Esplanada").

Os poemas e os desenhos do *Primeiro caderno* são as *coisas*, e não a *representação* das coisas, porque, enquanto estendem respectivamente o sentido visual dos poemas e o sentido verbal dos desenhos como uma "reação à cópia",[164] rematam, ao mesmo tempo, que a poesia não se funda necessariamente na imitação.

Ao assentar a disposição livre e não linear de ambos os objetos na atemporalidade (os poemas e os desenhos não precedem nem se sucedem, fizeram-se e existem simultaneamente), Oswald também trabalha a partir do uso do espaço e da própria ideia de espacialidade, e une, assim, os vértices de uma das estratégias literárias mais sugestivas do século XX, a *forma espacial*, apontada, mais tarde, por Joseph Frank no seu conhecido e polêmico ensaio "Spatial Form Modern Literature"[165] (1945).

É sobretudo da definição poundiana de imagem, dos trabalhos de Eliot e Joyce, bem como das considerações de Ephraim Gotthold Lessing em *Laocoonte ou Sobre os limites da pintura e da poesia* (1766) que Joseph Frank parte para descrever uma nova tendência literária espacial, em que, segundo o autor, a sequência narrativa (*narrative sequence*) e a linearidade da história, bem como o seu estatuto indisputável, são substituídos, através de jogos disjuntivos constantes, pela *simultaneidade mítica* da prosa.

As considerações de Frank sobre esta última ajustam-se perfeitamente ao plano oswaldiano de reelaboração genesíaca do país que, pelo propósito de resgatar a "estrutura inicial"[166] da nação e regressar ao ludismo do começo indisciplinado, subverte a continuidade do texto literário tradicional e reinventa, ao mesmo tempo, outro sentido de tempo.

De fato, ao contrário do que Frank sugere sobre o afastamento desta tendência espacial da noção de tempo, não há como separar a linguagem, mesmo intermitente, das imagens mentais e, por esta razão, não fosse o espaço a base perceptiva da nossa noção de tempo,[167] o desenho oswaldiano tanto põe em causa quanto altera o ritmo tradicional da leitura. A própria palavra "ritmo" pode, aliás, aclarar a impossibilidade de dissociar o progresso e a cadência atípicos de o *Primeiro caderno* de um tempo incontínuo e entrecortado. Apesar de raramente usado nos debates relativos ao desenho e à pintura, ῥυθμός (*rhythmós*) deriva da raiz *ery* que, em grego, diz, ao mesmo tempo, respeito à ação de desenhar e ao próprio desenho.

4.7. Análise de 14 poemas de *Pau Brasil* e *Primeiro caderno do alumno de poesia Oswald de Andrade* + 1

4.7.1. "Vício na fala", ondas sonoras

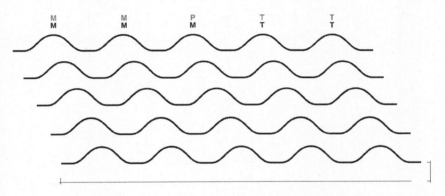

Patrícia Lino. Desenho simplificado das semelhanças entre a forma do telhado e a representação visual da fala ou das ondas sonoras.

"Vício na fala" é o único poema da seção "J.M.P.S. (da cidade do porto)". Entre várias críticas às nativas do Rio de Janeiro, J.M.P.S., autor do ensaio "Definição da amizade, seu aumento no tempo da felicidade e diminuição total no da desgraça" (1816), desaprova e deslegitima o modo como falam o idioma luso.

Ao apropriar algumas das passagens deste folheto de 32 páginas lançado em Lisboa, Oswald evidencia a severidade com que J.M.P.S. descreve o processo de aprendizagem das nativas e a falta de rigor com que sustenta, ao mesmo tempo, o ataque, porque, ao falar de purismo e normatividade, J.M.P.S. parte, sem hesitar, do princípio de que toda falante portuguesa fala *bem*, segue as mesmas regras e de que, além disso, as regras do *falar bem* são indiscutíveis.

Oswald serve-se da anáfora durante os primeiros 5 versos ("Para") e cria, com base nela, 5 comparações sonoras e gráficas (milho/ mio; melhor/ mió; pior/ pió; telha/ teia; telhado/ teiado) que contrapõem o registro escrito *correto* ao registro falado das nativas. O som de cada par, que se assemelha ao som dos 4 pares restantes, prepara gradualmente a quebra ou pontapé final: "E vão fazendo telhados".

4.7.2. "Caso", ininterrupto e circular

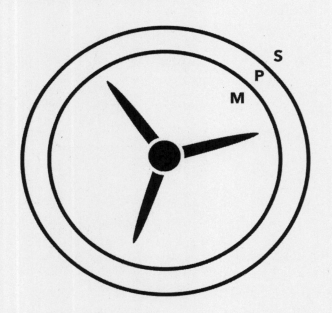

M = MOINHO   P = PILÃO   S = SOM

Patrícia Lino. Desenho simplificado da propagação do som do pilão segundo o movimento circular do moinho.

Em "Caso", um dos poemas mais curtos de *Pau Brasil*, o protagonista elidido aparece, depois da morte da "mulatinha", "Berrando no moinho".[168] Enquanto grita, soca o pilão.

4. Infraleitura 2: Livros de poemas com desenhos

Oswald começa por aproximar a estrutura do moinho e o formato arredondado do pilão para cruzá-los, mais tarde, a partir do movimento. Assim como o moinho gira constantemente, o protagonista soca o pilão de modo ininterrupto e circular.

4.7.3. "O gramático", os erros de português não são erros de português

expavēre
sipantarrar > ● < expaventāre
espantar

Patrícia Lino. Aproximação entre as 2 formas do verbo *espantar*, "espantar" (escrita) e "sipantarrar" (falada), e as 2 formas do verbo latino *expavēre*, "expavēre" (clássico) e "expaventare" (vulgar).

Ao contrário de "Vício na fala", Oswald não contrapõe, n'"O gramático", a grafia *correta* do idioma português à *incorreta*. Limita-se, com o objetivo de grafar a própria oralidade, a dispor 2 conjuntos gráficos *incorretos* na página ("sipantou"; "sipantarrou"). A escolha destas formas verbais não é, contudo, aleatória.

"*Expaventāre*", que deriva, para o latim vulgar, de "*expavēre*", está na raiz, por exemplo, do espanhol "*aspaviento*" que, por sua vez, deriva respectivamente da palavra castelhana mais antiga, "*espavento*", e do italiano "*spavento*". Logo, além de se aproximarem sonoramente do verbo *correto*, "sipantou" e "sipantarrou" não se afastam tanto do caminho etimológico percorrido pela liberdade da fala de, pelo menos, 2 línguas românicas.

Ao mesmo tempo, a recriação oral da língua imposta funda-se na acumulação e cresce, independentemente de ser validada ou não pelo registro escrito, em termos silábicos. Assim como "*expaventāre*" soma 3 elementos a "*expavēre*", "sipantarrar" soma 3 elementos a "espantar" ou a "sipantar". E é precisamente o acréscimo que suscita a gargalhada: "Mas o que mais sabia/ Disse que era/ Sipantarrou".[169]

4.7.4. "Noturno", grande plano/*close-up*/grande plano

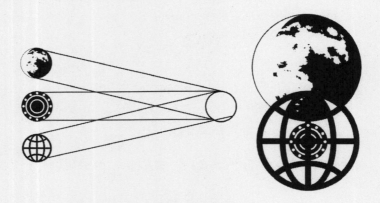

Patrícia Lino. **ESQ.** Desenho simplificado da circularidade comum à lua, à parte frontal do trem e ao globo. **DIR.** Desenho em perspectiva dos 3 objetos segundo a ordem do poema.

"Noturno" assenta, em primeiro lugar, no formato circular dos três objetos que correspondem, estrategicamente, a cada um dos 3 versos: "Lá fora o luar continua/ E o trem divide o Brasil/ Como um meridiano".[170] O corte marca o plano: luar (grande plano), trem (*close-up*), meridiano (grande plano). O salto veloz do plano aproximado do trem para o último grande enquadramento, bem como a ordem em que os elementos são enumerados, fazem com que o trem se mova sob o meridiano abaixo do luar.

4.7.5. "Bucólica", inversão de tamanho

Patrícia Lino. Desenho simplificado e desproporcional de alguns dos objetos de Bucólica.

4.7.6. "O violeiro", a lua e o violão

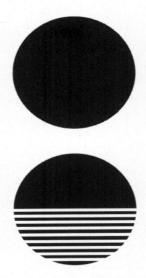

Patrícia Lino. Representação simplificada da relação entre os formatos da lua e do violão.

4.7.7. "Relógio", poema-pêndulo

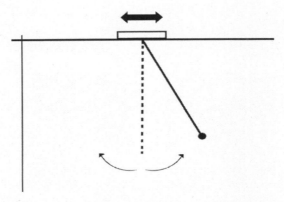

Patrícia Lino. Representação visual do movimento pendular que perpassa todo o poema.

4.7.8. "DITIRAMBO", *A CONDITION OF COMPLETE SIMPLICITY*

Patrícia Lino.
ESQ. Desenho simplificado da relação metonímica entre o largo, o sino, o lápis e a sensualidade a partir da leitura de Haroldo de Campos (1965).
DIR. Aproximação entre a forma da letra "S" e a forma do rabisco.

Representativo da precedência da imagem sobre a mensagem[171] que percorre os poemas de Oswald, "Ditirambo" contraria, através do recurso à metonímia em 3 dos 5 versos, o plano da contiguidade metafórica do poema tradicionalmente discursivo. A sua singularidade reside, além do mais, na falta de contextualização do próprio exercício metonímico, porque, ao incluir os termos "lápis" e a "sensualidade" no texto, Oswald não se limita a dar-nos a parte pelo todo. Oferece-nos, como numa colagem, algo menos *eloquente* e imprevisto – a parte sem o todo.

> Meu amor me ensinou a ser simples
> Como um largo de igreja
> Onde não há nem um sino
> Nem um lápis
> Nem uma sensualidade[172]

A *simplicidade*, ou o resultado do *amor puro*, que lembra os versos mais tardios de Eliot ("*A condition of complete simplicity/ [Costing not less than everything]*"),[173] é associada ao desaparecimento absoluto do som e do toque do "sino" e do "lápis". Daí, a fórmula negativa de Haroldo ("cena sem vibrar de sino, paisagem sem toque de lápis = não sensualidade"),[174] em que baseio a primeira parte desta leitura gráfica (L = largo; S = sino e sensualidade; L = lápis).

Ao opor-se ao tamanho decrescente dos objetos, do maior para o menor e do maior para o mais abstrato (sino – lápis – sensualidade), o "largo de igreja", que existe *simples* e intocado na página branca (ou no círculo negro), apodera-se também, num sentido inverso, de todo o quadro.

A circularidade ou semi-circularidade perpassa e une, além disso, todos os pontos. Da forma arredondada do largo, do sino e da extremidade do lápis ao desenrolamento sibilante em "sensualidade" que, em conjunto com "sino" e "lápis", encerra a sugestão sequencial de um corpo ausente que não toca o sino, não usa o lápis e não existe, presente e concreto, como um corpo.

Mais: o título, "Ditirambo", exemplifica uma das estratégias humorísticas mais comuns do Oswald de *Pau Brasil*. Se o texto sugere a anulação de um amor impuro, sensual e físico, o título, que resgata, apenas referencialmente, a composição grega dedicada ao mais sensual dos deuses pagãos, promete, pela sua etimologia e história, o contrário.

A segunda parte desta leitura visual de "Ditirambo" diz respeito à própria letra S que, além de aproximar sonoramente "sino" e "sensualidade", se parece, de todas as perspectivas, com o rabisco do lápis. Este último vem insistir, por sua vez, numa das ideias-chave de *Pau Brasil*, a mescla indiferenciada entre os componentes do alfabeto latino e o traço intermediário do desenho.

4.7.9. "Pronominais", espelho anticolonial

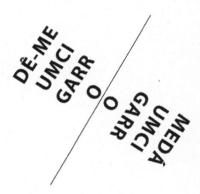

Patrícia Lino.
Desenho simplificado da estrutura simétrica que abre e encerra o poema.

4.7.10. "Longo da linha", um coqueiro, dois coqueiros

Patrícia Lino.
Substituição dos versos originais pela imagem dos coqueiros.

4.7.11. "Amor", rumor

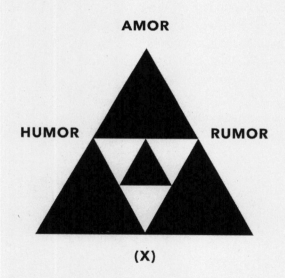

Patrícia Lino. Representação do jogo sonoro entre amor, humor e rumor com base em Lima Mendonça e Sá (1983).

A leitura mais completa de "Amor", poema de abertura de o *Primeiro caderno do alumno de poesia Oswald de Andrade*, foi feita por Antonio Sergio Lima

Mendonça e Álvaro de Sá em 1983,[175] que, apoiados na morfologia dissilábica do conjunto, começam por apontar que "os componentes do binômio *amor-humor* irão se tornar dessacralizadores das expectativas geradas pela metáfora romântica".

A possibilidade da queda do *h* aspirado, gerada pela semelhança fonética entre amor-(h)umor, permite colocar, no mesmo plano, "amor" e "umor", e constitui o primeiro grande passo deste exercício metonímico de desmistificação. Ao aglutinar "amor" e "umor", a leitora chega até "rumor", o terceiro elemento da composição. Começado por "r" que, na "concepção romântica", "enfeiava o poema",[176] "rumor" sugere sinteticamente, a partir do que resta da diferença do binômio, o desmantelamento da estrutura tradicional e simétrica do amor romântico ou cortês, estendendo, assim, ao *Primeiro caderno* a ideia do amor bruto e selvático cujas grosserias que já perpassavam "Secretário dos amantes" em *Pau Brasil* ("Beijos e coices de amor").[177]

O menino de o *Primeiro caderno*, cujo percurso escolar começa na bifurcação de 2 *topoi* da literatura ocidental, o amor (= sério, linear, extenso) e o humor (= cômico, não linear, curto),[178] estuda a tensão e a desigualdade de tratamento que há muito existia entre eles na literatura luso-brasileira para optar pelo segundo, menos clássico, trabalhado e generalizadamente avesso à percepção unilateral do mundo.

Oswald resgata a seriedade cômica ou o cômico sério dos antigos ou do próprio Gregório de Matos que, ao não separar o tema do amor do juízo satírico, se especializaram na seriedade do chiste, com o propósito assumido de reverter o encadeamento temático do amor-Amor e de evidenciar a validade do rumo irreverente, mordaz e humorístico de certa e subversiva tradição literária.

O estatuto invisibilizado deste tipo lúdico e cínico de criação é, além disso, sugerido pela disposição formal e tipográfica do poema. "Amor", que abre, como título, o texto, não só aparece grafado a vermelho, mas também sobressai, em tamanho e espessura, comparativamente ao primeiro e único verso da composição ("humor"). "Humor", impresso a preto e itálico abaixo do título, bem como o estímulo visual do processo de multiplicação semântica da estrutura, materializa, em simultâneo, a condição periférica do riso e a persistência com que a gargalhada se foi e vai desdobrando por dentro e, sobretudo, por fora do circuito poético.

Há, porém, um detalhe que parece passar despercebido aos olhos da maioria das críticas. À semelhança de todos os poemas de o *Primeiro caderno*, Oswald também inclui, a par do texto, um desenho. O desenho, no mínimo, enigmático "(cogumelo? árvore? roda-gigante?)"[179] e tão inacabado quanto vago, em que Rudá de Andrade vê, horizontalmente, um canhão,[180] assemelha-se, para mim, a uma roda de bicicleta invertida. Esta, por sua vez, lembra-me a primeira peça *ready-made* de Marcel Duchamp, *Roda de bicicleta* (1917), e expande justamente, caso imaginemos uma roda de bicicleta rodando ininterruptamente, o movimento imaginário da propagação circular do "rumor".

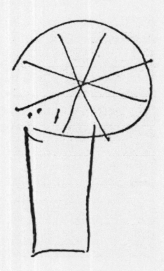 

ESQ. Oswald de Andrade. *Primeiro caderno do alumno de poesia Oswald de Andrade.* 1927.
DIR. Marcel Duchamp. Roda de bicicleta. 1917.

4. Infraleitura 2: Livros de poemas com desenhos

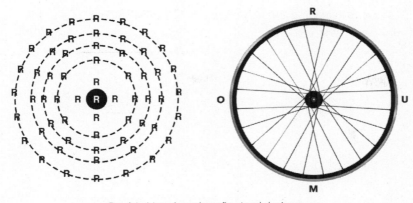

Patrícia Lino. Aproximação visual de Amor e Roda de bicicleta (1917) de Marcel Duchamp.

A associação entre Oswald e Duchamp não espanta, porque, afinal, Oswald vinha fazendo exercícios *ready-made* verbais, como quem devora o estabelecido, desde a publicação de *Pau Brasil*. Mas amplia consideravelmente as possibilidades de interpretação do poema. Assim como apropria simbolicamente "Amor" (= tradição literária ocidental prestes a ser subvertida), Oswald apropria metonimicamente uma das partes da bicicleta (= objeto familiar prestes a ser ressignificado).

A inversão do desenho precede, por outras palavras, a inversão do conceito.

Oswald voltará a fazer uso, mais tarde, da morfologia dissilábica e da diferença fonológica, com a intenção de criar metonimicamente outras mensagens e significados. Como, por exemplo, no poema pré-concreto "Hip! Hip! Hoover!" (*Poemas menores*, 1945), em que, ao experimentar todas as combinações possíveis,

> América do Sul
> América do Sol
> América do Sal[181]

compõe "um ideograma do subdesenvolvimento latino-americano, tropical e dependente de exportações de matérias-primas e produtos alimentares".[182]

E o que, na verdade, condensa a crítica indireta, "que não se comunica rapidamente",[183] ao então Presidente dos Estados Unidos, Herbert Clark Hoover (1929-1933), também depende, de modo quase exclusivo, da ampliação visual e crescentemente impalpável das palavras.

79

4.7.12. "Hip! Hip! Hoover!", apropriação ideogramática

AMÉRICA DO SΠL
AMÉRICA DO S☼L
AMÉRICA DO S𝒶L

Patrícia Lino. Apropriação ideogramática de Hip! Hip! Hoover!. *Poemas menores*. 1945.

4.7.13. "Velhice", há nos poetas uma aura de ralo

Patrícia Lino. Desenho simplificado dos óculos na latrina.

"Velhice" resume alguns dos princípios do projeto oswaldiano e pode ser efetivamente lido de 2 modos praticamente contrários.
1. Os óculos, associados à figura da velha, representam a velha guarda literária, colonial e ultrapassada, e o menino, que, por seu lado, representa a geração nova e experimental, vem jogá-los na latrina.

2. O menino, que representa a geração nova e experimental, mostra à velha as vantagens da latrina, materialização satírica do poema, lugar de onde agora se vê, e que influenciará futuramente o ralo de Manoel de Barros ("Há nos poetas uma aura de ralo?").[184] O funcionamento da latrina e do ralo depende, além disso, da centrifugação, cujo movimento sugador e circular sugere o desejo de mudança trazido, neste caso, pelo agente.

4.7.14. "Fazenda", a personificação do mandacaru

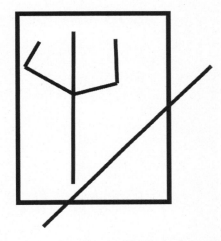

Patrícia Lino. Desenho simplificado do desequilíbrio causado pela entrada bathética da figura *humana* no cenário.

Considero "Fazenda", pela influência que teve no *fazer* das décadas subsequentes, um dos poemas mais importantes de Oswald. Despido de técnica, tão curto quanto simples, carrega o feio e o ordinário, elementos de um "realismo grotesco"[185] que, em clara sintonia com a estrutura visual e cômica da cultura popular, desestabilizam humoristicamente o quadro vegetal ("O mandacarú espiou a mijada da moça").[186]

A personificação do mandacarú, que *espia a moça que mija*, evidencia, ao substituir outra figura *humana*, a insignificância do episódio. E é precisamente o interesse pelo pequeno, irrelevante e asqueroso, ou, ao contrário, a noção de beleza ampliada, que instigarão grande parte das decisões estéticas das poetas da geração seguinte, como, por exemplo, Carlos Drummond de

Andrade, Vinicius de Moraes, João Cabral de Melo Neto ou, manifestamente, o já mencionado Manoel de Barros.

4.7.15. "Ballada do esplanada", para cima e para baixo

Patrícia Lino. Representação visual do movimento do elevador, de cima para baixo e de baixo para cima, e, consequentemente, de ambas as possibilidades de leitura (por exemplo: 1. "Ha poesia/ na dôr/ na flôr/ no beija-flôr/ no elevador"; 2. "No elevador/ no beija-flôr/ na flôr/ na dôr/ ha poesia").

patricialino.com/imperativa-ensaistica-diabolica

4. Infraleitura 2: Livros de poemas com desenhos

4.8. *O mundo do menino impossível* (1927) de Jorge de Lima

Não procureis qualquer nexo naquilo
que os poetas pronunciam acordados
pois eles vivem no âmbito intranquilo
em que se agitam seres ignorados.

Jorge de Lima

A composição d'*O mundo do menino impossível* assinala, em 1927, a reviravolta formal e conteudística na obra de Jorge de Lima que, até hoje, parece não poder dissociar-se criticamente, pela variedade dos seus temas e formas, da religiosidade, do conservadorismo[187] e de uma ideia de mutabilidade organicamente lírica, "enraizad[a] na própria afetividade, mesmo quando aparenta dispersar-se em notações pitorescas, em ritmos folclóricos, em glosas dos clássicos".[188]

O que poderia cair, portanto, na superficialidade gerada pelo câmbio formal e temático do poema, move-se a partir da inteligência e do aprofundamento dos caminhos abertos não só pelo experimentalismo da época, mas também pela interdisciplinaridade e diversidade material que guiaram continuamente o percurso do autor.

Com efeito, Jorge de Lima dedicou-se, entre outras áreas, ao desenho, à pintura e à fotomontagem, sem os quais não poderíamos realmente entender o valor do seu projeto poético, e também foi romancista (*Salomão e as mulheres*, 1923; *O anjo*, 1935; *Calunga*, 1935; *Mulher obscura*, 1939; *Guerra dentro do beco*, 1950), ensaísta (*A comédia dos erros*, 1923; *Dois ensaios*, 1929) e autor de livros infantis (*História da terra e da humanidade*, 1935) ou de teor religioso (*Vida de São Francisco de Assis*, 1942; *Anchieta*, 1935).

A sua insatisfação perante as idiossincrasias e as limitações da linguagem, o seu temperamento inquieto e as suas qualidades camaleônicas assinam e explicam um itinerário poético que tanto se estreia com *XIV Alexandrinos* (1914), acabando, depois, no tecnicamente assombroso *Invenção de Orfeu* (1952), quanto produz *O mundo do menino impossível*, que, em concordância com a explosão do romance nordestino e o diagnóstico de uma identidade socialmente marginalizada pelo desenvolvimento industrial e devorador cada vez mais evidente de São Paulo, se propõe *recomeçar*.

Imediatamente anterior a *A bagaceira* (1928) de José América de Almeida ou a um livro como *Menino de engenho* (1932) de José Lins do Rego, e profundamente marcado pela necessidade de regressar a um passado avesso às limitações da construção histórica do poder hegemônico, *O mundo do menino impossível* começa por entregar-se, num movimento contrário ao do verso isocrônico parnasiano, às "lembranças infantis".[189]

O tratamento da lembrança, base temática deste trabalho interdisciplinar ou o centro de um volume mais tardio como *Minhas memórias* (1952-1953), corresponde ao processamento poético da imagem que se desdobrará, em Jorge de Lima, na prática simultânea do verso naturalmente falado e do desenho propositadamente ingênuo.

À semelhança do que comentei acerca do projeto oswaldiano, Lima associa ao tempo da infância o espaço da ausência disciplinar, e é precisamente a liberdade garantida pelas mãos indisciplinadas e expandidas da criança que fará com que o autor desenhe, a partir de *O mundo do menino impossível*, o conteúdo ou a capa de 3 outros livros: *Essa negra fulô* (1928), *Vinte sonetos* (1949) e a *Invenção de Orfeu* (nomeadamente, "As ilhas", poema VI do Canto IV, "As aparições"). *O mundo do menino impossível* também explica as fotomontagens surrealistas posteriores, reunidas em *A pintura em pânico* (1943)[190] e estimuladas tanto pelo trabalho de Max Ernst (*La Femme 100 Têtes*, 1928; *Rêve d'Une Petite Fille qui Voulut Entrer au Carmel*, 1930; *Une Semaine de Bonté ou Les Sept Éléments Capitaux*, 1934) como por Murilo Mendes, que publica, 5 anos antes, *A poesia em pânico*, cuja capa ilustra o interesse que ambos partilhavam pela colagem.[191]

O gesto poético interdisciplinar de Lima diferencia-se, porém, do de Oswald num ponto fundamental.

O que, para Oswald, envolve arriscar-se no desenho, um ofício que não domina, equivale, para Lima, a permanecer num lugar onde sobressai tecnicamente ao lado das suas contemporâneas. Além da mão por trás do traço tecnicamente desenvolvido de *Vinte sonetos*, Lima também é o autor de vários quadros a que passa a dedicar-se em 1939 e exibe-os pelo menos 10 vezes.[192] Para pintar, Lima inspira-se, como nota Ana Maria Paulino,[193] em Giorgio de Chirico e na leitura de Sigmund Freud e Carl Jung.

As pinturas de Lima partilham com as suas fotomontagens as qualidades plásticas da época e destacam-se pela sobreposição de perspectivas (*Marcha épica*, 1946; *Menina*, 1951), algo que a fotomontagem ensina ao pintor, pelo tratamento onírico e assimétrico dos corpos em que, temática e formalmente, se aproximam da linguagem de Marc Chagall (*Cavalos alados*, 1940), pela religiosidade dos episódios (*Nascimento de João Batista*, 1944), pela intemporalidade da narrativa e pelo domínio experimental

4. Infraleitura 2: Livros de poemas com desenhos

da linha que, assim como o verso, varia entre a regra clássica (*Retrato de Maria Thereza*, s/d) e a deturpação proposital e surrealista da realidade (*Figura de mulher*, 1939).

O traço depurado e performaticamente infantil dos desenhos d'*O mundo do menino impossível* antecede, numa cronologia inventada, o percurso material e tecnicamente variado de Jorge de Lima.

Editado pela Rio Typographia em 1927, com uma tiragem de 300 exemplares numerados e rubricados,[194] o livro inclui capa, poema e desenhos de Jorge de Lima coloridos por Hildebrando de Lima. Até hoje, as suas reedições não seguiram, contraditoriamente, o formato e a diagramação da edição original.

A capa, que, à semelhança de o *Primeiro caderno do alumno de poesia Oswald de Andrade*, adianta a infantilização do poema, compreende, à esquerda, o desenho do protagonista. O *menino impossível*, contemporâneo do *aluno de poesia* e antecessor do *menino experimental* de Murilo Mendes e do *menino* de Manoel de Barros,[195] encara, flutuando de braços abertos sobre uma mancha negra, a leitora e, além de jogar visualmente com a tipografia arredondada e sortidamente colorida do título, abre espaço para a provocação do desenho sequente, disposto na página de rosto – um sol, rodeado por círculos de várias cores primárias, a pôr a língua de fora.

Este sol travesso, assim como o herói acriançado, ou "as duas únicas/ cousas novas deste mundo", são, logo depois, enumerados durante a abertura do texto.

> Lusco-fusco.
> As primeiras estrellas
> vêm ouvir
> os derradeiros sinos
>
> As velhas luas
> Vêm chorar
> com os últimos poetas...
>
> Os ninhos vão dormir
> Os pintinhos vão sonhar
> O senhor D. Gallo
> deixa de galantear.

E as duas únicas
cousas novas deste mundo:
o sol e as crianças,
vão deitar-se.[196]

A coerência sequencial dos elementos estende-se também até as páginas seguintes.

Os desenhos que, como no *Primeiro caderno do alumno de poesia Oswald de Andrade*, ocupam o espaço reservado tradicionalmente para o poema, vão, à medida que o texto avança, representando os brinquedos elencados pela palavra e são, como ela, metonímicos ("O urso de Nurenberg/ O velho barbado yugo-eslavo/ [...] A caixa de música checo-eslovaca/ [...]/ O trem de ferro de U.S.A./ e o macaco brasileiro/ de Buenos Ayres"). O uso da metonímia, que começa a manifestar-se na fala, através da imaginação e do sonho *pictórico*, desde os 10 ou 11 anos de idade, casa, além disso, com as múltiplas tentativas de Hildebrando em colorir *bem* os contornos infantilizados de Lima, que, como nota Edmundo Lys,[197] fazem com que a criança, apesar de ausente e fictícia, surja e se materialize no defeito e no excesso. Entra, igualmente, em diálogo com um protagonista que, ainda avesso ao divórcio entre o simbólico e a vida, pensa e age mais do que fala ("O menino impossível// brinca com sabugos de milho,/ caixas vazias,/ tacos de pau,/ pedrinhas brancas do rio...// 'Faz de conta que os sabugos/ são bois...'/ 'Faz de conta.../ 'Faz de conta...'").

Enunciador de um discurso "pseudo-infantil",[198] o menino impossível distingue-se de "todas as crianças" pelo fato de, ao contrário delas, permanecer acordado ("Mas ainda vela/ o menino impossível/ ali do lado"), e pela violência com que destrói os brinquedos importados ("destruiu até/ os soldados de chumbo/ de Moscou/ e furou os olhos de um 'Papá Noel'").

Cara ao vínculo aparentemente indiscernível entre a infância do país e a infância individual, a destruição do brinquedo estrangeiro pelo menino alagoano foi, é e continuará a ser lida, num primeiro momento, como a recusa da influência internacional sobre a cultura brasileira e o plano de substituir totalmente a primeira pela segunda ("E os tacos que deveriam ser/ soldadinhos de chumbo são/ cangaceiros de chapéu de couro...").

Contudo, esta interpretação de pendor nacionalista, que se apoia sobretudo no emprego do verso livre e na diferença entre esta composição formal e a que a precede (*XIV Alexandrinos*, 1914) e que leva, segundo Gênese

4. Infraleitura 2: Livros de poemas com desenhos

Andrade, à associação entre a escrita d'*O mundo do menino impossível* e a entrada oficial de Jorge de Lima no Modernismo, descarta a análise do modo como, a par da formação rigorosa do som, a inclusão livre do desenho na página influencia a acomodação visual do verso e da mancha gráfica.

Tão sensível à distribuição métrica, Lima passa, a partir da incorporação do desenho no espaço do poema, a repensar visualmente o corte com base no significado. O "Lusco-fusco" que, disposto mais à esquerda, sugere a transição de luz entre a caligem e "As primeiras estrellas", disposto, por sua vez, mais à direita, o regresso ao interior da casa, alinhado de novo à esquerda, onde as "crianças,/ vão deitar-se" e o menino impossível "ainda vela", a deslocação gradual da repetição "Faz de conta.../ Faz de conta..." para a direita, indicando a entrada da leitora na imaginação do protagonista ou a colocação de "longes das mães" no centro dos 2 versos que o precedem e sucedem respectivamente,

> Coitadinhas das ovelhas mansas
> longes das mães,
> Presas nos curraes de papelão![199]

insinuando um movimento de câmera do mais perto ("Coitadinhas das ovelhas mansas") para o mais distante e principal ("mães"), são apenas exemplos da lógica visual da linguagem discursiva d'*O mundo do menino impossível*.

Tal interpretação ignora, também, o enorme passo visual que, ao lado de o *Primeiro caderno do alumno de poesia Oswald de Andrade*, este livro representa não só para o percurso individual de Lima, cujo trajeto poético-artístico se expandirá no sentido da visualidade até *Invenção de Orfeu*, mas para o próprio contexto da poesia brasileira que, perante a inclusão do desenho na página, a óbvia relação do desenho com a disposição visual dos versos e a influência da sua disposição visual sobre o ritmo da composição, se predisporá ao aprofundamento do jogo interdisciplinar.

Posteriores ao risco visual algo mínimo de *Klaxon* (1922-1923),[200] o *Primeiro caderno do alumno de poesia Oswald de Andrade* e *O mundo do menino impossível* desenvolvem, com efeito, o dilema ideogramático dos anos 1950 motivado, entre aplausos e reprovações, pela devoração verbivoco-visual da palavra, do seu princípio comunicativo e da própria *comunicação*, e abrem igualmente portas à tradição do livro de artista no Brasil.[201] Os seus herdeiros diretos são *Álbum de Pagu. Nascimento vida paixão e morte*, escrito e desenhado em 1929 por Patrícia Galvão, dedicado e oferecido a Tarsila do Amaral, descoberto, mais tarde, por José Luiz Garaldi e publicado em 1975 no número 2 da revista *Código* com apresentação de Augusto de Campos, *Dia garimpo* de Julieta Barbara, publicado em 1939[202] pela Livraria José Olympio Editora, e *Oswald psicografado* (1981) de Décio Pignatari.

Álbum de Pagu e *Dia garimpo* alargarão o pressuposto interdisciplinar e colaborativo dos livros anteriores ao refutar o formato monodisciplinar do *fazer* com base no gênero de quem *faz* e no fato de este novo *fazer* não poder ser desassociado da exposição livre e *autoral* do corpo da mulher que, vibrante e inédito, é desenhado e estende visualmente as provocações do texto, tão sexuais (vinheta XXVI) quanto raciais ("Mãe gentil"), à verbalidade inerte da página.

A hibridez de ambos os volumes ajusta-se, em outros termos, ao propósito feminista dos trabalhos de Pagu e Julieta, cujos perfis, avessos, na identidade e na matéria, ao do que *escreve* tradicionalmente, se destacam, num contexto em que a mulher não deveria sobressair em nenhuma disciplina, pelo domínio polivalente do desenho e do verbo. Inauguram, ao mesmo tempo, o processo figurado de infantilização do corpo material feminino que, como a nação e o indivíduo, se lança, decolonial e pelado, ao futuro.

patricialino.com/imperativa-ensaistica-diabolica

4.9. *Álbum de Pagu* (1929) de Patrícia Galvão

na linhagem de artistas revolucionárias
como anita malfatti e tarsila
mas mais revolucionária
como mulher

Augusto de Campos

Álbum de Pagu. Nascimento vida paixão e morte (1929)[203] foi precedido pelos desenhos de *Caderno de croquis*,[204] pelo desenho com que a autora participou na segunda dentição da *Revista de Antropofagia* (24 de março de 1929) e pelo retrato que fez de Tarsila no mesmo ano.

Mais críticos e humorísticos e menos técnicos do que os de Tarsila, os desenhos de Patrícia Galvão destacam-se por serem tão íntimos quanto inacabados, e, assim como o inacabado não se desconecta do cômico, o cômico apoia-se nas provocações feministas de protagonistas que desafiam a validade dos papéis de gênero e, a serviço das primeiras, na exposição desinibida e sexual do corpo da mulher. É, além do mais, a nudez explícita de parte considerável das representações que anula, ao normalizar e normatizar a própria nudez, o processo de objetificação da(s) personagem(ns) femininas.

O *Álbum* divide-se em 4 partes, Nascimento – Vida – Paixão – Morte, que correspondem, nesta ordem e segundo as indicações da autora, aos Salmos 1, 7, 13 e 1. Estas 4 divisões, que a autora designa de "psalmos",[205] correspondem, por sua vez, em conjunto com a capa, a página do subtítulo e a página da dedicatória, às 26 páginas ou vinhetas.

À semelhança do desenho que Pagu publica na *Revista de Antropofagia*, no qual vemos 2 personagens femininas em redor de uma fogueira, a mulher ocupa, do início ao fim, o centro do quadro. Além de o livro abrir com o autorretrato de Pagu junto de um gato preto, os Salmos de o *Álbum*, que não coincidem com os da versão vulgata da Bíblia, invertem o foco de gênero das passagens originais ao, por exemplo, representar, invés do "homem bem-aventurado" ("beatus vir") dos Salmos 1 e 112, o nascimento da

> filha da lua...
> Era filha do sol...
> Da lua que aparece serena e suave no céu, amamentando eternamente o
> Cavaleiro de S. Jeorge... Barrigudinha...
> Do pae sól, amado D. decorador dos quadros futuristas...

O pae dela gosta de bolinar nos outros...

E Pagú nasceu...

IV

A ironia paródica da passagem, que cresce à medida que Pagu concentra progressivamente a atenção sobre si mesma ("de olhos terrivelmente molengos/ e boca de cheramy...// [...] Pagú era selvagem/ inteligente/ E besta...// Comeu da mandioca braba.../ E fez mal", V), desenrolar-se-á, como a reverberação do anti-herói de Mário, por meio de alfinetadas críticas, até o fim da narrativa. Da mulher que não obedece, com irreverência e humor, às regras ("Tia Babá disse que sineiro/ pode pecar.../ ... toco à finados como/ ninguem...", VIII), fitando a igreja de longe sem intenções de entrar (VII),[206] à mulher que não cabe na pequenez dos bons costumes da cidade pequena ("O retangulo insensivel de cabreuva recolhe/ o deleite vulcanico de minha vitalidade.../ quero ir bem alto... bem alto... numa/ sensação de saborosa superioridade", IX), vamos acompanhando a odisseia "diabólica" de Pagu, que, ao voltar "pra casa sem batom" (X), se metamorfoseia em outras ("Quando eu era avaiana tomava éter", XV).

E não só. O seu corpo esguio que, às vezes, se assemelha ao de uma sereia (XVIII), ao de um pássaro (XXIII) ou ao de uma Maria Madalena prestes a descolar (XXIII), é também o que, nu, recorda os frutos proibidos que comeu no Jardim do Éden ("era a fruta quieu mais gostava", IXX), passeia descoberto pelas ruas ("Va e ver si estou na esquina...", XX), namora em bancos de jardim ("O meu primeiro amor/ que acabou com o segundo",[207] IXXV) e faz sexo com um "galam" perto da inscrição tumular "vítima de sífilis" (XXVI).

As consequências punitivas de tais comportamentos estão concentradas no mais cruel dos 26 desenhos, a vinheta XXII, incluída em "Paixão" e dividida excepcionalmente em 2, onde, controlando, através do corte, o movimento do olho entre o primeiro e o segundo quadros, Pagu nos coloca, de modo tão automático quanto explícito, perante um episódio de violação. E a dúvida que se segue aumenta consideravelmente o desconforto de quem lê: a mulher violada no primeiro quadro é a mulher grávida ao lado da figura autoritária que segura o chicote no segundo?

Pagu conecta discretamente as 2 cenas ao desenhar 3 pênis, símbolo do poder opressor fálico, no lugar dos 3 pares de botões da farda da personagem masculina. Disposto estrategicamente abaixo, o verso "Dentro da lei...nha", "dentro da linha", "dentro da lei" ou, no diminutivo, "dentro da leinha", firma verbalmente a tirania do açoite e remata, por último, a brutalidade do fragmento.

Pagu. Duas vinhetas de *Álbum de Pagu*. 1929.

Abundantes tanto em significado quanto em possibilidades interpretativas, os desenhos de Pagu compensam a elementaridade do traço com a carga icônica e, ao mesmo tempo, sugestiva das composições. Disto é exemplo a vinheta XVIII, em que a protagonista, de costas voltadas para um conjunto de degraus em forma de pirâmide e ao lado do que parece ser uma lanterna japonesa, flutua como uma gênia[208] da lâmpada multicultural entre pelo menos 3 símbolos orientais: a própria lanterna, o Oṃ (ॐ), desenhado, junto de outros rabiscos, sobre a lanterna e, por fim, a lâmpada que, sobre o plinto, larga a fumaça pela composição.

A relevância da carga oriental de um episódio como este, incomum, aliás, na esfera ocidentalizada modernista, diz, acima de tudo, respeito à substituição da figura masculina do gênio pela figura feminina da Pagu que, levitando, se transforma, desta vez, numa entidade sobrenatural pré-islâmica e muçulmana.

A sensibilidade do exercício de assimilação cultural decai, porém, quando Pagu se propõe representar o corpo da mulher negra na vinheta XXV. Assim como algumas das representações hiperbólicas do corpo negro

Imperativa ensaística diabólica

esboçadas e pintadas pelas suas contemporâneas são discutíveis e contro-
versas,[209] a autora tropeça em rasgos humorísticos, textuais e visuais, mini-
mamente infelizes ao objetificar sexualmente a negritude ("Lá em casa tem
uma negra.../ a rapinhenta e de 'rizo safado'/ Doidinha por joias/ Maravilha
o carteiro/ Uma fugida de gratificação para ver o/ sexo dos pintos...").

Álbum termina com a morte da protagonista (XXVIII). Tal qual uma
bruxa, Pagu arde, sob a vigilância de um anjo, na fogueira e, aguilhoada por
2 tridentes, um de cada lado do quadrado, sustém, contraditoriamente, uma
cruz sobre o peito. A fumaça, antes sobre-humana, prediz, agora, as cinzas.
E, ao contrário da ordem seguida até aqui, o fim desta estória burlesco-fe-
minista em quadrinhos não honra o final da versão bíblica.

Pagu não ressuscita.

Quando eu morrer não quero que chorem a minha morte.
Deixarei o meu corpo p'ra vocês...

4.10. *Álbum*, na retaguarda do poema em quadrinhos

A representação livre e inédita do corpo da mulher acompanha, igualmente,
o primeiro passo para a criação, consciente ou não, do formato do poema
em quadrinhos. Apesar de Pagu não definir *Álbum* como um conjunto de
quadrinhos e nem a crítica o tratar assim, a separação do desenho (topo) e
do texto (centro), indicada pelo quadrado, que corresponde à organização
de um álbum de fotografias, vai ao encontro da relação da fotografia com os
quadrinhos (os fotoquadrinhos ou *Fumetti*) e desconstrói, imediatamente
depois, a comparação ao desenhar a própria fotografia. A insistência em
preencher o espaço fotográfico com o desenho constitui o primeiro passo
no sentido da elaboração assumida da premissa interdisciplinar, dramática e
sequencial que abre e cerra este pequeno livro cômico-trágico de desenhos
enquadrados, poemas e textos poéticos em prosa, e define, paralelamente,
o princípio intermedial que distingue os quadrinhos de outros gêneros
narrativos.

4. Infraleitura 2: Livros de poemas com desenhos

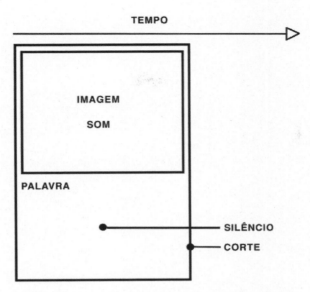

Patrícia Lino. Disposição gráfica da página de *Álbum de Pagu*.

    A limitação quadrangular do desenho antecipa timidamente a linha seriada dos quadrinhos cuja quantidade, incompletude e rapidez ampliam o propósito estético e antiautoral de um livro como o *Primeiro caderno do alumno de poesia Oswald de Andrade*. Assim como nenhuma *vinheta* é, no contexto da sequência narrativa, mais importante do que as restantes, aquela que as *faz* tampouco se destacará autoralmente pela singularidade ou *perfeição* de uma delas. Tal postura, em que a prática experimental, contrária à *originalidade* e à obra-prima, se aproxima do *descuido* infantil, diz respeito ao bumerangue criativo da criança: a multiplicidade define a experimentação – a experimentação define a multiplicidade.
    Para a criança, o *desenho mais importante* é o que ela *está fazendo* até começar o desenho mais importante *seguinte*.
    O teste interdisciplinar não se fica, aliás, pela imagem. O próprio texto, quase sempre disposto abaixo da *vinheta*, segue, não raras vezes, a inclinação visual, ou até mesmo cinematográfica, do narrado: ao corte do verso ou à pontuação ritmada, Pagu faz corresponder, respectivamente, a mudança de plano. E em certos casos, à mudança de plano de *close-up* em *close-up*, ao repetir a mesma expressão ou, por exemplo, ao criar jogos de contraste de tamanho entre os objetos.

NACIMENTO

Psalmo 1

Alem... muito alem do Martinelli... [**plano 1**]
... marlinellamente escancara as cento e cinquenta e quatro guelas... [**plano 2**]
Era filha da lua.... [**plano 3**]
Era filha do sol... [**plano 4**]
Da lua que aparece serena e suave no ceu, amamentando eternamente o
Cavaleiro
de S. Jeorge... [**plano 5**] Barrigudinha... [**plano 6**]
O pae dela gosta de bolinar nos outros... [**plano 7**]
E Pagú nasceu... [**plano 8**]
de olhos terrivelmente molengos [**plano 9, close-up**]
e boca de cheramy... [**plano 10, close-up**]
E o guerreiro branco cantou. [**plano 11**]
E Freud desejou... [**plano 12**]
Mandioca braba faz mal. [**plano 13**]
Pagú era selvagem. [**plano 14**]
Inteligente
E besta...

Comeu da mandioca braba... [**plano 15**]
E fez mal. [**plano 16**]

IV-V

4. Infraleitura 2: Livros de poemas com desenhos

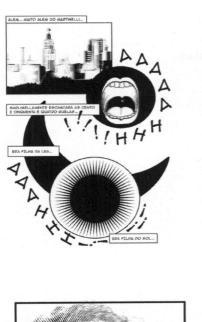

Patrícia Lino. Transformação do texto da parte I de *Álbum de Pagu* em quadrinhos. 1.

Imperativa ensaística diabólica

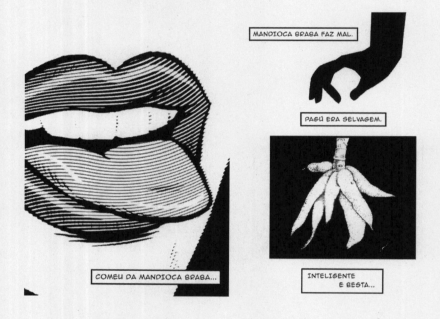

Patrícia Lino. Transformação do texto da parte I de *Álbum de Pagu* em quadrinhos. 2.

4. Infraleitura 2: Livros de poemas com desenhos

Patrícia Lino. Transformação do texto da parte I de *Álbum de Pagu* em quadrinhos. 3.

    O *Álbum* será, por isso, o que, a par do desenho que Pagu incluiu em 1930 numa carta para Guilherme de Almeida,[210] estará na base das 8 tiras que a autora publicará, logo depois, n'*O homem do povo* de março a abril de 1931. Estas 8 tiras lançam-na oficialmente no mundo dos quadrinhos e marcam, à semelhança de Nair de Tefé e Hilde Weber na charge e na caricatura, a entrada autoral da primeira mulher na história dos *comics* brasileiros.[211]

Imperativa ensaística diabólica

A par dos primeiros quadrinhos brasileiros – *As aventuras de Nhô-Quim ou impressões de uma viagem à corte* (*A vida fluminense, 1869*) e *As aventuras de Zé Caipora* (*Revista Ilustrada*, 1883; semanário *Don Quixote*, 1895-1903) de Angelo Agostini,[212] ou da primeira revista de quadrinhos do país, *O Tico-Tico* (1905-1957) –, *Álbum* também estará, ao adaptar o poema ao registro sequencial da vinheta, na base da inclusão dos quadrinhos nos materiais concretos e neoconcretos,[213] e, a um nível mais profundo, da criação do objeto poético visual e seriado das autoras do poema/processo.[214]

4.11. *Dia garimpo* (1939) de Julieta Barbara

Eu gosto de pintar.
Não sei, são as cores que levam a gente, né?

Julieta Barbara

Sobre o fato de *Dia garimpo* (1939), único livro de Julieta Barbara, não ter recebido a atenção das suas e dos seus contemporâneos[215] num ano sem grandes sobressaltos e ser, até hoje, desconhecido por boa parte das leitoras e leitores brasileiros, Mariano Marovatto escreve: "1) Julieta era uma poeta estreante mulher em 1939; 2) Julieta era uma poeta estreante mulher em 1939, casada com Oswald de Andrade".[216]

Mariano refere-se ao caráter eclipsante e polêmico do poeta que, em manias e sentido de ocasião, relegou o trabalho de Julieta para o fim da lista de prioridades domésticas. E, de fato, não fosse a iniciativa recente do Círculo de Poemas, *Dia garimpo* continuaria, pelas dificuldades de navegar no meio cultural como *mulher* e pelo estatuto redutor da *esposa* do começo do século, esquecido e ofuscado pelas inimizades, caprichos e trabalhos de Oswald.

A capa de *Dia garimpo* não inclui desenhos. Revela, porém, um pouco da dimensão interdisciplinar do miolo em 4 linhas: "Julieta Barbara/ escreveu/ desenhou/ *Dia Garimpo*".

Ambas as afirmações dão lugar a um livro composto por 18 poemas e 6 desenhos, prefaciado por Raul Bopp, com retrato da autora por Flávio de Carvalho e semelhante, nos temas, a *Pau Brasil* e ao *Primeiro caderno do alumno de poesia Oswald de Andrade*. O diálogo com Oswald é, de resto, assumido no início, entre as 3 dedicatórias, e ao final, na epígrafe do poema que encerra o volume ("[Poesia] É a descoberta das coisas que nunca vi").[217]

Assim como ao autor de "3 de Maio", a Barbara interessam-lhe a representação *brasileira* dos objetos, concentrada, à entrada, pelo uso adjetivado de "garimpo" ("Dia garimpo/ Vestido limpo/ Na água sabão/ O azul caipira"),[218] o desempenho visual do texto e do desenho e o quão inseparáveis estas 2 são da crítica social levantada intermitentemente de poema em poema ("Pudessem todos [...]/ Dizer comigo/ Que mais eu quero/ Já moro/ Já tenho casa/ Já tenho mar")[219] e reforçada pela coloquialidade.

No rosto noturno
– E os filhos?
– Só estes 3 fiotinho
Morreu nove
– Já vão na escola?
– Lá num teim[220]

Os reparos sociais de Julieta à sociedade brasileira não podem, além disso, dissociar-se da musicalidade das suas composições que, em algumas instâncias, se aproximam metricamente da modinha ("Maria cujo olhar é feito de distância/ Tinha um marido que ficou soldado")[221] e assentam, muitas vezes, na expressividade da repetição como o avanço narrativo ("Ele viera/ viera/ viera")[222] ou da paragem rítmica do poema, anafórica ("O artista pensa"; "O artista afoita-se"; "O artista chora"; "O artista falece"; "O artista cresce")[223] ou evidentemente vocal.

– *Mi Julia*
Que alívio que eu sentia aí em privar com elas
As quatro peregrinas pétalas
Das angelinas rosas tapa-culos
Meu sarampo em botão crestava sóis no pasto
Bentevi-bem-te-vi
– *Mi Julia*
Curta é a vida
Diáfano cós
Da chuva sem oragos nas blandícias
Com pressa muita pressa negra enrolada em gazes
Os porcos têm fome coitados

O alfange a mão o saco
Ah! o meu êxtase
Me esperarão as onças na subida
– *Mi Julia*[224]

Os 6 desenhos sofisticados de *Dia garimpo* consistem, por seu lado, na expansão metonímica dos temas dos quadros textuais. À semelhança dos de Oswald, os desenhos de Julieta ocupam, em primeiro lugar, o espaço destinado, por norma, ao poema e compõem, num segundo momento e porque baseados no exercício de observação dos mesmos objetos, o próprio poema.

O desenho cumpre, na maioria das vezes e mais concretamente, a função de uma lupa, ampliando um dos detalhes dos vários caleidoscópios verbais deste volume. Em "Dia garimpo", a secção visual dos versos, "pastava o gado/ De girassol/ Livre da canga/ No capinzal",[225] antecede o próprio texto e representa simplificadamente o sol, 3 vacas, um girassol, um guarda-sol e uma nuvem. Marca indisputável da infantilização do traço, as formas arredondadas, que unem todos os elementos do desenho, são igualmente coerentes com a marcha impressionista das palavras.

Dia garimpo
Vestido limpo
Na água sabão
O azul caipira
Do céu burleta
Lavando o sol
Gosto de Alzira[226]

Já em "Mãe gentil", é a mãe, com a "terra gestando/ (...) no braço/ E outro filho na mão/ E outros muitos fechados nas covas",[227] que vemos, rodeada por 3 borboletas, atravessando o "rio sem barrancos". O desequilíbrio técnico do desenho, que contrapõe o detalhe do tronco cortado e a depuração estilística da mãe carregando os filhos, sugere, através do vazio da simplificação, a ancestralidade e a dissolução espontânea do corpo negro no ambiente.

Mãe gentil
Vinham coroar-lhe as feridas mansas
Pousar-lhe na papeira
Como se fossem madonas

> Como se fossem o arco-íris
> Como se fossem pombas[228]

O desenho também insinua o que o texto encobre. Não há diferença alguma entre a linha arredondada da papeira e o contorno torneado da cabeça dos filhos, como se deste corpo materno brotassem, além dos "quantos [filhos ela] quisesse/ No sexo caudaloso do seu homem",[229] todas as coisas ininterruptamente e o inchaço unisse, de modo coletivo, as mães ("Minha filha sofreu mordedura de cobra/ Meu papo nunca para de crescer");[230] ou, na qualidade de "mãe [negra] gentil" "dos filhos deste solo",[231] o povo brasileiro.

A terceira e quarta composições visuais, "Iguape" e "Paixão", destacam-se por afastar-se, em perspectiva, dos temas representados. Parecem-se, ao lembrar os desenhos de Tarsila em *Feuilles de Route* e *Pau Brasil*, com os registros gráficos de um diário de viagem e dão a ver a grandeza do plano rural. Perante a vastidão de tais cenários populares e festivos, que reúnem participantes de "todos os cantos da terra nacional",[232] Julieta inverte a lógica processual que define as restantes representações *close-up*, e a minúcia com que desenha passa a acompanhar o relato enumerativo do poema ("De vestido verde/ De vestido alaranjado/ De vestido amaravilha [...] Pelo rio/ A cavalo/ De avião/ A pé/ A caminhão").[233]

Como num filme, assim que a enumeração generalizada do cenário termina, a câmara volta a fazer *zoom*. A parte visual de "Modinha para violão" ou o retrato santificado de Maria, "a que estende roupa na janela",[234] engrandece a voz da mulher comum, "que tinha um marido que ficou soldado", ao transformá-la num símbolo coletivo e, ao mesmo tempo, de agência. Ao contrário das representações tradicionais da Virgem que, por regra, estende os braços ou une as mãos em sinal de reza, a Maria de Julieta segura um violão.

Há, aliás, 2 pormenores curiosos no desenho desta figura religiosa *abrasileirada*.

Alinhado à direita, o que parece ser incenso, uma espécie de fumaça sagrada, subindo, coerente com a celebração de uma Missa, entre o céu e a terra, e, no centro, o cabelo irregular de Maria que, à esquerda, segue a descontinuidade da própria fumaça e que, do outro lado, recupera a mancha negra e ininterrompida da auréola. Etérea, Maria existe no meio de ambos os ícones, e na sua cabeça crescem, simultaneamente, cabelos ondulados e lisos.

Imperativa ensaística diabólica

Julieta Barbara. Modinha para violão. 1939.

O elemento visual de "Poesia", poema final de *Dia garimpo*, em muito semelhante, na forma, a algumas das representações do corpo feminino feitas e incluídas por Pagu, 10 anos antes, no *Álbum*, diz respeito a uma mulher quimérica – sereia voadora? –, planando junto aos peixes e às estrelas.

Não é um acaso que, dos 6 desenhos, este seja evidentemente *infantil*, porque a infantilização do traço segue congruentemente a mensagem iniciática do texto ("POESIA// [...] compreender pelos cinco sentidos humildes/ Não ficar na lógica formal/ Nunca/ Preso ao número de palavras/ Que devem compor um pensamento/ Nem mesmo ao sentido das palavras").[235]

Esta declaração sensitiva marcará também a parte escrita da composição.

No poema mais socialmente interventivo do livro, "Meu alô é a respeito de um homem chamado Roque", Julieta chega, por exemplo, à amálgama perfeita do som e da imagem com a mensagem crítica ao repetir, depois da achega "É o engenho de três paus",

> Roque
> Roque
> Roque[236]

"Roque" nomeia todas as escravas ("É você Roque"; "É você Roque?") e reproduz graficamente a onomatopeia do movimento circular e penoso

4. Infraleitura 2: Livros de poemas com desenhos

do engenho. A identidade do corpo racializado vê-se, de súbito e inevitavelmente, reduzida à função que o próprio corpo colonizado desempenha. E o nome, do corpo inominável, carrega a violência "do açoite limpo do sol estalado"[237] e do silêncio. Submerso pela água sem "lado nem fundo", de onde "gritava Iemanjá", Roque não responde.

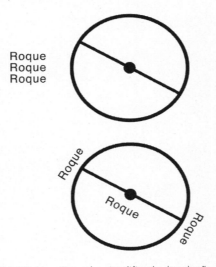

Patrícia Lino. Desenho simplificado da relação da onomatopeia *roque* com o engenho de três paus.

A amálgama pode partir igualmente das semelhanças entre 2 imagens e a sonoridade fabricada pelo corte do verso. N'"O dragão", a estrutura comprida e estreita, bem como o movimento do comboio, metamorfoseiam-se, gradualmente, no tronco e movimento do dragão, e é justamente o ritmo do texto, repetitivo e simétrico, que faz com que este comboio-dragão se mova.

Em ziguezague.

103

Saudade da noite
Saudade do dia
Querendo o dia
Querendo a noite[238]

Também agradam a Julieta as variações de tamanho. São recorrentes as vezes em que, transitando de plano em plano através da cesura do verso, constrói sequências em *crescendo* ("A terra – o céu – a amplidão"),[239] como se se afastasse aereamente dos objetos ("O sino/[240] As torres/ Meca sem banco/ Porto naufragado")[241] para ver melhor.

Autor, portanto, do poema sensorial e interdisciplinar, o corpo, que se reparte e multiplica em sentidos, marca do mesmo modo o centro erótico, em alguns momentos *pornográfico*, de um texto tão particular como "Paixão", cujo significado do seu enigmático verso de abertura ("São dois poços") vai sendo lentamente aclarado por outros símbolos ("É preciso/ Balde/ Corda/ Roldana")[242] e redimensionado a partir da ação ("O balde quando toca o fundo/ Vê estrelas no céu").[243] Se os "poços" sugerem metaforicamente os orifícios do corpo da mulher, o "balde", que penetra os poços, representa o pênis. É, porém, a voz da mulher que comanda o ato clandestino, "Eu quero sim eu quero/ Quando ninguém vê", e sexualiza os objetos em redor.

As cadeiras têm pernas roliças
Os gargalos são roliços
As velas seriam roliças
No tato de minha mão[244]

A sugestão do encontro sexual, seguida da insinuação masturbatória, antecipa o regresso do corpo autoral à animalidade, em que "As cabras berram nos quintais/ As velas são roliças/ E entram nos castiçais de pé" e a cera derretida das velas se assemelha ao esperma, feminino ou masculino, de um tempo sem tempo, primigênio e referencialmente teogônico.

Por isso que depois
Parados nas órbitas
Em mim se dilatam
Pegajosos
Nos viajantes
Nas terras distantes

Nos mares distantes
Onde ninguém vê[245]

Contudo, apesar de os versos de Julieta lembrarem a passagem em que Hesíodo descreve a queda fértil do pênis de Urano sobre as terras e o mar (*Teo.* 188-200), a atenção da autora foca-se, de novo e quase exclusivamente, no corpo feminino ("Em mim se dilatam"), reclamando, constantemente, tanto um sentido de autonomia como um lugar de expressão. Temas que assinam, de resto, o propósito de "Natal",[246] até há pouco inédito ("Nasceu um Homem! [...] Humanidade, já vos pertenço!/ Sou um dos vossos!/ [...] Sou a vida e a esperança/ Que lugar me reservaste?/ Serei um Homem?"),[247] e fazem de *Dia garimpo*, junto a *Álbum de Pagu*, o segundo dos 2 primeiros livros de poemas com desenhos escritos e desenhados unicamente por uma mulher.

Ainda que menos conhecidos do que *Pau Brasil* ou o *Primeiro caderno* [...], ambos os volumes, esteticamente contíguos, entreveem,

1) a série brasileira de livros de poemas com desenhos publicada entre os anos 1970 e 1980 e a sua variedade autoral. Se a disposição gráfica de *Álbum de Pagu* explica, por exemplo, a decisão esquemática dos trabalhos de Zuca Sardan (*Ás de Colete*, 1979; *Ximerix*, 2013) ou Eustáquio Gorgone de Oliveira (*Exercícios*, 1986), a naturalidade híbrida das composições de Patrícia e Julieta instigam generalizadamente ao maior atrevimento visual de *Rock/ Trip* (1975) de Jorge Lima Barreto e Mário Vaz, *Bagaço* (1979) de Nicolas Behr, *Os babilaques* (1979) de Waly Salomão, *Caderno de desenhos: Portsmouth – Colchester* (1980) de Ana Cristina César, *O Guardador de Águas* (1989) de Manoel de Barros, de praticamente toda a produção de Sebastião Nunes, ou dos muitos desenhos, além daqueles incluídos em *Da Morte. Odes Mínimas* (1979), feitos por Hilda Hilst ao longo das mesmas décadas.

2) mais do que em qualquer outra esfera literária de língua portuguesa, a tendência presente em articular poema e desenho, vital para o *fazer* de várias poetas brasileiras que, estreando-se pouco depois, vêm publicando os seus livros até a data. Entre elas e eles, o tão particular quanto multicultural Douglas Diegues, Raïssa de Góes (*Volta*, 2015), Carla Diacov (*A menstruação de Valter Hugo Mãe*, 2017), Jeanne Callegari (*Botões*, 2018), Ricardo Domeneck e David

Schiesser (*Odes a Maximin*, 2018), Camila Assad e Anna Brandão (*Desterro*, 2019), Daniel Minchoni (*Do ser poeta a palhaçada ou de ser palhaço a poética,* 2019), Reuben (*Risonha*, 2019), Chacal e Laura Erber (*Brotou capivara*, 2021) ou Lucas Mattos e Maíra Matos (*As coisas cômodas e as incômodas*, 2021).

3) desde Roberto Piva e Wesley Duke Lee (*Paranóia*, 1963) a Claudia Roquette-Pinto (*Entre lobo e cão*, 2014) ou Luiza Romão e Sérgio Silva (*Sangria*, 2017), a expansão tecnológica do processo de articulação entre poema e desenho com recurso, sobretudo, à colagem e à fotografia, e, radicalmente, às possibilidades do mundo digital e online.

4) o dilema ideogramático dos anos 1950 motivado, entre aplausos e reprovações,[248] pela devoração verbivocovisual da palavra, do seu princípio comunicativo e da própria *comunicação*.

patricialino.com/imperativa-ensaistica-diabolica

4.12. *Oswald psicografado* (1981) de Décio Pignatari

Imperativa ensaística diabólica

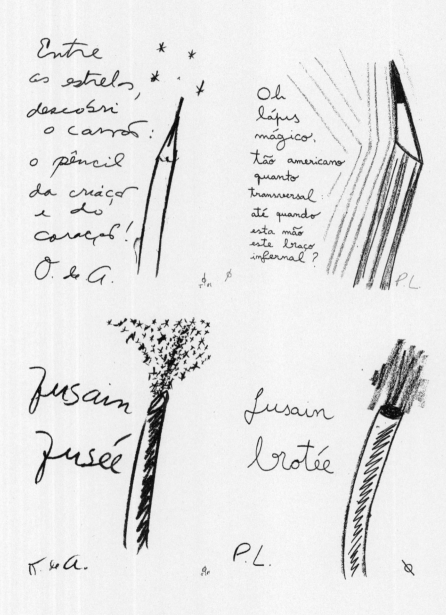

108

4. Infraleitura 2: Livros de poemas com desenhos

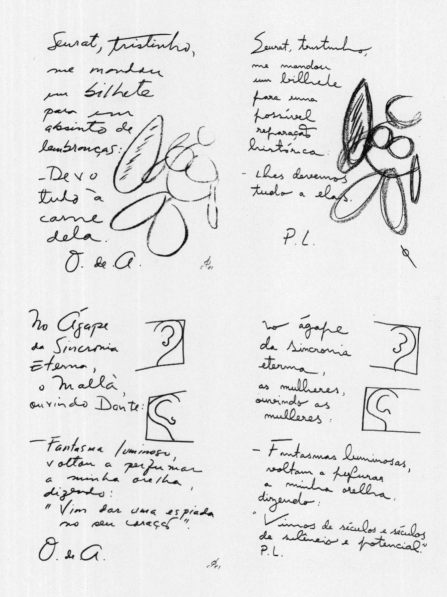

Seurat, tristinho,
me mandou
um bilhete
para um
absinto de
lembranças:
— Devo
tudo à
carne
dela.
O. de A.

Seurat, tontinho,
me mandou
um bilhete
para uma
possível
reparação
histórica:
— Lhes devemos
tudo a elas.
P.L.

No Ágape
da Sincronia
Eterna,
o Mallà,
ouvindo Dante:

— Fantasma luminoso,
voltou a perfumar
a minha orelha,
dizendo:
"Vim dar uma espiada
no seu coração".
O. de A.

No ágape
da Sincronia
eterna,
as mulheres,
ouvindo as
mulheres:

— Fantasmas luminosas,
voltam a perfumar
a minha orelha,
dizendo:
"Vimos de séculos e séculos
de silêncio e potencial."
P.L.

4. Infraleitura 2: Livros de poemas com desenhos

111

Imperativa ensaística diabólica

112

4. Infraleitura 2: Livros de poemas com desenhos

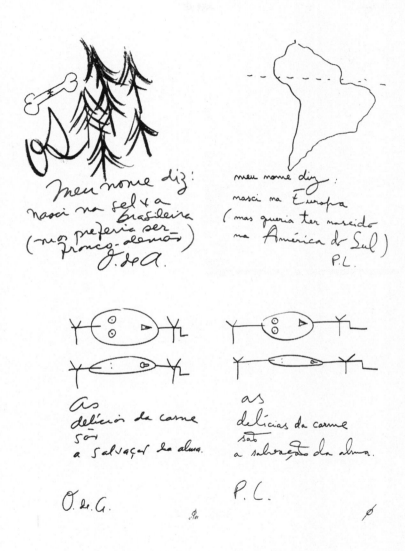

Imperativa ensaística diabólica

114

4. Infraleitura 2: Livros de poemas com desenhos

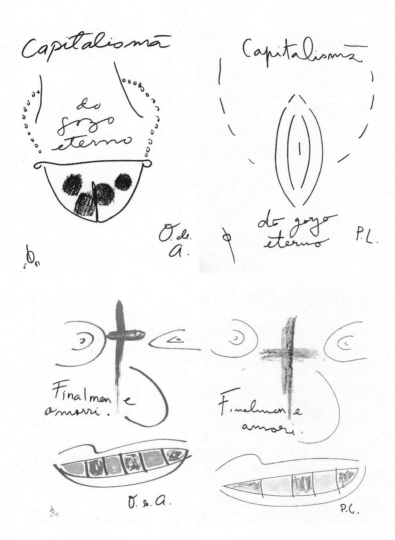

5. INFRALEITURA 3: AUGUSTO DE CAMPOS E OS 3 LADOS DA RECUSA

é
qu
as
e
po
es
ia
ma
s

o
e
s
i
a

a
i
n
d
a
n
ã
o
é
p

Augusto de Campos

5. Infraleitura 3: Augusto de Campos e os 3 lados da recusa

5.1. O slogan do novo milênio

Além de mencionarem Oswald no seu "Plano-piloto para poesia concreta" (1958), os poetas concretos dedicaram-se, em conformidade com o espírito restaurador dos anos 1950 brasileiros,[249] não só a reeditar os trabalhos oswaldianos, vítimas do desleixo crítico nacional,[250] mas também a reabilitar as várias faces do perfil multidisciplinar do autor que, além do "criador de nossa nova poesia", foi o criador "de nossa nova prosa" e "de nosso novo teatro".[251]

Reconhecido, pelos próprios poetas concretos,[252] como um dos antecessores da poesia concreta, Oswald, que levanta, notava Jorge Schwartz em 1995,[253] questões centrais para a identidade da cultura brasileira ao conciliar a fúria da destruição antimítica e a utilidade miscigenada das próprias ruínas, serviu estrategicamente aos concretos em 2 frentes.

A da internacionalização regional do poema, que, concentrada na figura do bárbaro tecnizado, vibra ininterruptamente entre a depuração formal e a industrialização do aparelho colonial e fundamenta, ao mesmo tempo, a defesa crítica da assimilação catalisadora e voluntária dos saberes externos e da sua recriação à luz das idiossincrasias nacionais. E, obviamente, a da metáfora antropofágica, alegoria da selvageria ancestral, que, além de propor a discussão da identidade nacional com base num inventário europeu ou generalizadamente estrangeiro, permite aos concretos reclamar um *fazer*, mais do que interdisciplinar, assumidamente mesclado a nível material e "[desconstrutor] do logocentrismo que herdamos do Ocidente".[254]

Inseparáveis, porque a motivação antropofágica é, em si, global, ambas se manifestam, no que diz respeito ao *fazer* do poema concreto, como o desdobramento teórico e tecnicamente condensado, tétrico e concêntrico[255] do *não* que sustém, de modo panorâmico, o compromisso modernista e, em particular, o gesto de Oswald, materializado especificamente pelo livro de poemas com desenhos.

Apartados, portanto, da vertente mais carnal e andrógina[256] das reinterpretações da antropofagia oswaldiana, os concretos fizeram da compulsão visceral para reinventar-se, do "mínimo múltiplo",[257] da visualidade retórica, da colagem como apropriação e da espacialidade do risco interdisciplinar de *Pau Brasil* e do *Primeiro caderno*, os motes de um projeto esteticamente incontornável para a elaboração nacional e internacional do poema-práxis, do livro-poema, do poema espacial, do poema performático, da videopoesia, da poesia eletrônica ou da infopoesia.[258]

A heterogeneidade do princípio antropofágico, materializado pelo corpo nativo que devora de modo seletivo uma variedade de artigos, desdobra-se verbivocovisualmente na condensação ou no "todo-dinamismo"[259] conteudístico e técnico do poema, o que, a meu ver, e avesso à supressão da pluralidade comunicativa do corpo cerebral idealizado pelo Ocidente, aguça o processo de "desintelectualização"[260] marcado, no contexto da poesia concreta, pela decifração de várias camadas de significado, num ou mais códigos, da composição-enigma e, consequentemente, pela ampliação icônica dos sentidos ("o olhouvido ouvê").[261]

Em outros termos, o antropófago, que se vai apoderando corporalmente do suporte e dos temas (poema-olho – livro de poemas com desenhos – poema verbivocovisual), dispensa tanto o estatuto autoral quanto descarta a regra monodisciplinar que cerca e ampara a compreensão linguística do poema. A ampliação intermedial do poema concreto como *coisa* autossuficiente feita por uma emissora elidida adianta a recusa em *comunicar* e escapa ao universalismo taxonômico, absoluto e *claro* do mundo ocidental para desenvolver-se, ao mesmo tempo, como uma dinâmica de resistência, não necessariamente ininteligível, mas expressivamente opaca[262] ("Só não há determinismo – onde há mistério. Mas que temos nós com isso?").[263]

O método concreto estende, portanto, à matéria a opacidade implacável e terapêutica do *twist* antropofágico, "sucedâneo verbal da agressão física a um inimigo de muitas faces, imaterial e proteico",[264] e o *não*, que radicaliza o abandono anticolonial do poema e livro tradicionais, expande-se, bruto e bestial, para desestabilizar o imperativo alfabético e discursivo.

A aspereza do ataque encerra uma série de golpes. Lado a lado com a degradação do gênio e da originalidade do próprio texto, bem como da democratização dos meios para *fazer* o poema, que pressupõe, além do mais, a acessibilidade ao poema em si e a existência de uma leitora aberta ao exercício da exceção, o *não* concreto arma, também pelas suas qualidades pré-virtuais, o poema inacabado com vista à recriação infinita e não linear da forma e do conteúdo.

E essencialmente pelo seu princípio *democraticamente* infinito, a poesia concreta voltou a "cair sobre as (...) cabeças"[265] dos críticos, como um bumerangue arremessado à sua desatenção e teimosia logocêntricas, ao antecipar e criar, em simultâneo, as condições para que, por exemplo, Augusto de Campos, acompanhado ou sozinho,[266] fizesse do *não* antropofágico um slogan do novo milênio.

5. Infraleitura 3: Augusto de Campos e os 3 lados da recusa

Patrícia Lino. Quarto passo antropofágico.
Poema verbivocovisual. Anos 1950.

5.2. *Não*, algoritmo mágico de lógica infinita

Como escreveu Eduardo Sterzi em 2004,[267] o isolamento e o inconformismo que marcam, a par do "esvaziamento do sujeito lírico",[268] o percurso de Augusto de Campos estão também na base dos seus primeiros poemas. De fato, o sentimento de não pertencimento e a falta de um espaço de conforto e familiaridade são não só materializados pela "Angústia roendo um não de pedra"[269] como pela apropriação individual ("*ad augustum per angusta*") do provérbio latino "*per angusta ad augusta*" e o *fazer* do poema homônimo.

> Onde estou? – Em alguma
> Parte entre a Fêmea e a Arte.
> Onde estou? – Em São Paulo.
> – Na flor da mocidade.
>
> Nenhuma se me ajusta.[270]

Imperativa ensaística diabólica

O nome do próprio autor, que parece nomear, num primeiro momento, o herói que, por entre mazelas e obstáculos, se debate, à maneira de um Ulisses épico, com as consequências de uma vida ou viagem predestinadas ("Nosso magro destino:// [...] O meu: – Morrer à míngua,/ Entre uma tempestade/ No copo e um lapsus linguae";[271] "Ascendo, ascendo à ilha?/ O Sol, como brilha ante/ O Mar. Eu sigo adiante,/ Pérolas na virilha"),[272] logo se desliga da figura enunciadora para transformar-se no enunciado ("Oh responder quem há-de?/ Arte, flor, fêmea ou...? AD/ AUGUSTUM PER ANGUSTA").[273]

Se o par sinonímico e insubmisso poema-*Augusto* paga o custo da diferença, a diferença antecipa, por sua vez, a inovação e a *agoridade* do projeto concreto ("A Haroldo, Augusto, Décio/ Pignatari não deixo/ Senão este desfecho// De ouro ou pranto férreo")[274] como a produção de outros sistemas, que, no que lhe diz respeito, escolhe assentar, em lugar de demo-li-lo, na pluralidade da presentificação do passado.[275] E o que, no início, se apresenta como *angústia* ou a atualização panorâmica e moderna do passado e do futuro irá desenvolver-se, sobretudo com o Augusto dos anos 1970, no contexto de uma movimentação individual que começa e termina na recusa, "medida e cálculo da imaginação",[276] e se multiplica, fugaz e cortante, a partir do deslocamento do próprio *não*.

Além de impresso nas traduções de Mallarmé, Akmátova, Pasternak ou Gertrude Stein, poetas que "têm em comum a bandeira da recusa",[277] o *não* se articula essencialmente com base no desenvolvimento de variações múltiplas que, como um algoritmo mágico de lógica infinita, se fazem e desfazem contra o conforto e, ao mesmo tempo, a aparência da solução.

É precisamente a obsessão pelo infinito, tantas vezes concentrada na forma da espiral ou do caracol, que fundamenta a circularidade do *fazer* com a qual Augusto se debate coerentemente há mais de 7 décadas de produção. Contrário à fabulação de parâmetros limitadamente discursivos (a linearidade do tempo, a monodisciplinaridade ou a hierarquia entre meios e expressões), o poema deverá espelhar o caos,[278] a desordem e a imprevisibilidade que regem o mundo como um *puzzle* impossível.

Augusto ensina-nos que existem vários modos de montá-lo com o intuito único e decidido de, mais tarde, desmontá-lo e saltar, dentro da cruzada heterogênea do labirinto, para a montagem de outra composição ("Cada poema é para mim uma mínima coisa nova, vida ou morte, NÃO, gosto de repetir").[279] Este salto contínuo, que descentraliza e coloca, em

5. Infraleitura 3: Augusto de Campos e os 3 lados da recusa

simultâneo, o poema nas margens, deslocando-o permanentemente entre as primeiras e as segundas, multiplica-as também pelo encantamento.

A recusa começa por desdobrar-se na reinvenção fractal da própria recusa ou nas várias faces do *não*. De declaração política a exercício metalinguístico, metapoético e meta-autoral, o *não* varia entre trabalhos socialmente interventivos como "GREVE" (1961), "Luxo" (1965), "Infin" (1970), "VIVA VAIA" (1972) e "Póstudo" (1984), que assentam na ideia de repetição infinita do ofício, o anticapitalista "Nãomevendo" (1988), que rejeita de modo evidente a lógica mercadológica, ou ainda "Não" (1990), "Inútil idade" (2001) e "Contemporâneos" (2009), que tanto materializam a incompletude como põem em causa a linearidade da composição, ou o mais geral "Poder ser (Valéry)" (2010).

A recusa manifesta-se igualmente na construção de poemas criptográmáticos que, escapando à discursividade e ao princípio comunicativo da verbalidade, se fundam na quase impossibilidade de serem lidos e, ao mesmo tempo, na possibilidade de serem continuamente decifrados por uma leitora perseverante. São disto o melhor exemplo, entre os poemas de Augusto, as "Enigmagens", nomeadamente "Código" (1973) e "Pentahexagrama para John Cage" (1977), "Criptocardiograma" (1996), "Cauteriza e coagula (Laforgue)" (2004), "Ter remoto" (2011), "Tântaro" (2011), "Deuses" (2013), "Isto" (2013) e "Humano" (2014), cujo princípio *in*comunicativo depende, nos 3 casos, da descodificação multilíngue, e o mais recente "Jaque mate" (2021).

O *não* adapta-se, além do mais, ao desenvolvimento das ferramentas computacionais e online. Mais do que a digitalização do poema, interessa-me refletir sobre o modo como a recusa volta, pela imposição destes tempos conturbados, ao seu papel socialmente interventivo nas redes sociais, em particular o Instagram, e encontra, ao fim de 7 longas décadas, uma plataforma que vai ao encontro das suas exigências e particularidades formais. Aqui em análise, "Cláusula pétrea" (2018), "LULALIVRE" (2018), "CAVE MIDiA$" (2018), "Doublet para Lula" (2018), "Ressabor da burrice" (2018), "O mito" (2019), "Profilograma: Du Champ" (2019), "Mensagem numa garrafa (Bolsograma 2)" (2020), "Contra os juriscopatas de direita contra os leguleios jornalísticos" (2020), "Poema-homenagem para Décio Pignatari" (2020), "Contrapoema sobre o verbo ir" (2020) e "Contrapoema: verdade?" (2021) são 13 dos poemas que Augusto de Campos publicou recentemente na sua conta @poetamenos.

5.3. Augusto e a contracomunicação: ah, bah, argh, blah!, Baaa, buuu!

5.3.1. "Greve" (1961), poeta e coro

Como escreveu Arlindo Rebechi Junior sobre "GREVE", um dos primeiros poemas assumidamente interventivos da fase mais engajada da poesia concreta, "não se deve perder no horizonte o suporte material"[280] nem as particularidades do contexto político do fim dos anos 1950 em que Augusto de Campos o produziu. A criação de "GREVE" corresponde temporalmente ao fim do mandato de Juscelino Kubitschek em que, a par da consolidação da esquerda socialista e da construção de Brasília, o país lidava conturbadamente com a ameaça de um governo de direita, e procura, ao mesmo tempo, rebater as críticas levantadas por Cassiano Ricardo e outros a propósito da falta de presença dos concretos no debate político de então.[281]

O jogo entre os 2 elementos, a folha transparente de papel vegetal e a página impressa em *couche* brilhante, que correspondem a duas camadas de texto, fazem com que a composição se destaque imediatamente entre os poemas desta década ao questionar, num primeiro momento, a linearidade do exercício tradicional de leitura através da indistinção entre a mensagem e a matéria ou, neste caso, entre a estrutura verbal e o quadrado ("[o] conteúdo ideológico revolucionário só redunda em poesia válida quando é veiculado sob forma também revolucionária").[282]

Sem ordem e entre 2 camadas de significado, começo por ler, na subpágina, 5 versos ("arte longa vida breve/ escravo se não escreve/ escreve só não descreve/ grita grifa grafa grava/ uma única palavra") enquanto olho, em simultâneo, para a palavra "GREVE", grafada em maiúsculas, 44 vezes, na folha de papel vegetal.

Este objeto polifônico, que se divide entre a voz dos primeiros 5 versos e o coro que repete sistematicamente "GREVE", tanto apropria Hipócrates ("Ὁ βίος βραχύς,/ ἡ δὲ τέχνη μακρή") quanto a métrica de certos provérbios em português ("Água mole em pedra dura/ tanto bate até que fura") para lançar a comparação entre o "escravo" e a classe operária, e, logo em seguida, responder ironicamente, lançando a crítica à própria crítica ("escreve só não descreve") das contemporâneas.

A primeira camada de texto, disposta na página impressa em papel *couche* brilhante, também se divide, congruente com a polifonia do objeto, em 2 partes. Os 3 primeiros versos ("arte longa vida breve/ escravo se não escreve/ escreve só não descreve") diferenciam-se, pela sua assonância em E, dos últimos 2 ("grita grifa grafa grava/ uma única palavra"), de assonância em A, e a diferença reflete sonoramente a divisão semântica do conjunto. Se os 3 primeiros versos exploram as tensões entre a função social do ofício e a dimensão estética do objeto, os 2 versos seguintes, lidos no imperativo da segunda pessoa do singular, não só apelam à ação do poeta-operário como fecham o bloco. "Uma única palavra = GREVE".

5.3.2. "Luxo" (1965), dialética de extremidades

À semelhança de "GREVE" e de "Psiu!" (1966), "Luxo" também explora, nas suas diferentes variações, o gesto da recusa a partir da intervenção social.

A primeira delas, com uma tiragem de 300 exemplares, impressa em papel cartão de 64x13 cm, depende, a um nível, das particularidades do objeto que gradualmente se desdobra até formar a palavra "LIXO" e, a outro nível, das qualidades tipográficas da própria palavra, composta por 60 "luxos" adornadamente *kitsch*. Não há nada a mais nem a menos neste exercício dialético de extremidades:[283] se o desdobramento do papel revela, passo a passo, a mensagem, que termina surpreendentemente em "LIXO", os adornos barrocos das letras de "luxo" antecipam, em sintonia com a própria dobra, a mesmíssima crítica.

Às intervenções de Hansjörg Mayer (*Futura*, 9, 1966) e à versão simplista de 1974,[284] incluída nos *Poemóbiles*, seguem a terceira versão, como uma das peças da *Caixa preta* (1975), a quarta versão (*Viva Vaia*, 1979) e a quinta versão videográfica, de 1982, como parte da exposição *Arte pelo telefone* (Museu da Imagem e do Som – São Paulo). "Luxo" volta a ser publicado em 1995, no CD *Poesia é risco*, em 2001, como um dos poemas da terceira edição de *Viva Vaia*,[285] desta vez impresso com letras douradas, em 2007, sob a forma de animação, no DVD *Poesia concreta: o projeto verbivocovisual*, com voz de Augusto de Campos e música de Cid Campos, e exposto, em 2016, durante REVER (Sesc Pompeia). A transformação de "Luxo" é, além disso, coerente com a variedade de trabalhos que inspira, como a instalação audiovisual de Regina Vater, "Luxo Lixo" (1973-1974), em colaboração com Hélio Oiticica, a música "Nem luxo, nem lixo" (1980) de Rita Lee ou a instalação "LUXO" (2009) do centro de criação BIJARI.

Concebido pouco depois do golpe militar de 1964, o poema "queria escarnecer da gente abastada, que apoiara o golpe, degradar as suas ambições e o seu egoísmo. E a ideia de fazer um poema cuja palavra-tema era 'lixo'

Imperativa ensaística diabólica

deturpando o anúncio e exponenciando o kitsch das letras, me pareceu ao mesmo tempo desafiadora e ofensiva".[286]

Avesso à discursividade supostamente esgotada da Geração de 45, o par oximórico e paronomástico, "lixo/luxo", assim como a repetição múltipla da sua transformação isomórfica e a variação da matéria do objeto, põem igualmente em causa a linearidade da leitura, o suporte tradicional do livro e a exclusividade da primeira versão do poema.

5.3.3. "Infin" (1970) e a sistematicidade da reinvenção

Depois de escrever o poema,
os limites da página já não estão
onde foi cortado o papel.

Joan Brossa

Entre os "Equivocábulos", "muito envolvidos com experimentos de palavras-valise",[287] "Infin" é um dos menos analisados pela crítica. Mas, apesar de ofuscado pelo cubo-poema "Linguaviagem", "Rever" ou por "Amortemor", "Infin" concentra, depois dos poemas *infinitos* (1960/1966) de Pedro Xisto, vários aspectos que considero fundamentais para entender o percurso de Augusto de Campos. Também recupera a tese de objetos anteriores, como *5 metros de poemas* (1927) de Carlos Oquendo de Amat, e aclara, de modo tão sucinto quanto explicativo, o "super trocadilho"[288] de "cidade/ city/ cité" (1963),[289] e de trabalhos claramente inspirados nele, como "Cidade" (1982) de Ana Aly, "El poema visual más largo del mundo" (2015) do mexicano Felipe Ehrenberg e o propósito formal de alguns poemas sonoros, como "Poema" (*The Poet's Tongue*, 1977) de Ulises Carrión, "Poema de repetição" (1978) de Paulo Bruscky, "Pessoa" (*Nome*, 1993) de Arnaldo Antunes ou "Problemática da dificuldade" (*Revista Bíblia*, nº 4, 1997) do português Fernando Aguiar.[290]

Embora recupere, à semelhança de "luxo", a insatisfação com os limites do livro tradicional, "Infin" marca uma reviravolta no tratamento social da recusa. O que começa por responder diretamente ao conservadorismo da época e às críticas acesas dos contemporâneos, volta-se, com a publicação de *Equivocábulos*, para a reflexão sistemática do posicionamento político da autora e do ato de escrever perante as mais variadas audiências

126

a partir da relação tensa entre <u>autora/mercado</u>, <u>poema/totalidade</u> e entre os 2 próprios pares.

"Infin", um conjunto tipográfico horizontalmente amplo, assenta, ao mesmo tempo, no segundo deles (<u>poema/totalidade</u>) e na etimologia da palavra francesa "fin", que abre e encerra estrategicamente a ironia da disposição gráfica do poema. A palavra, que sugere etimologicamente a ideia de "fronteira" ou "limite", repete-se 4 vezes com o único propósito de destruir qualquer fronteira ou limite e depende, ao mesmo tempo, do limite. Mostra-me, na verdade, como preciso do contorno da página para pensar na possibilidade de derrubar a delimitação. "Fin" lembra igualmente o termo "infinito", contrário ao "fin", e desenhado tanto pelo corte dos dois "F", dispostos em cada uma das extremidades da página, quanto pela sugestão da estrutura inesgotável da composição.

"Infin" não só abala, uma vez mais, e à semelhança da vasta maioria dos poemas concretos, o conforto do exercício de leitura e do suporte tradicionais, mas também lembra, com base na imensidão do quadro, que o poema, assim como a poeta, carrega a possibilidade de ser, acontecer e reinventar-se continuamente.

E é precisamente a recusa perante o conforto do finito e as regras do logocentrismo ocidental, desconstruído, neste caso, através da insuficiência da página e da longevidade do texto, que instiga a sistematicidade da reinvenção.

5.3.4. "Viva vaia" (1972), molde de resistência

Marcado pelas palavras de Jean Cocteau que abririam, mais tarde, a coletânea homônima, *"Ce que le public te reproche, cultive-le, c'est toi"*, "VIVA VAIA" parte diretamente da crítica à "vaia selvagem"[291] com que Caetano Veloso foi recebido durante a final do III Festival da Canção do Teatro TUCA (São Paulo) em 1968.

É graficamente composto por 9 formas geométricas (6 triângulos isósceles e 3 retas, 2 delas correspondentes à letra "I" e a última correspondente à divisão horizontal dos 2 termos do poema), funciona como um espelho vertical e exclamativo (invertida, "VIVA" lê-se "VAIA" ou "VAIA" lê-se "VIVA"), aposta, como "Amor" de Oswald de Andrade, na conversão isomórfica de apenas uma letra,[292] e concentra, nota Charles Perrone, várias das obsessões que caracterizam parte considerável da obra de Augusto. "A coincidência (...) de palavras mutuamente anagramáticas, representações alfabéticas", bem como a "identidade de forma e conteúdo".[293]

O que começa por reprovar o patrulhamento coletivo de 1968 pode ser também lido, no contexto dos seus trabalhos, como o primeiro exemplo concreto do posicionamento contrário da autora em relação à vontade das massas, e o antecessor de poemas como "Nãomevendo", publicado 16 anos depois, ou "Poder ser (Valéry)", de 2010. A vontade das massas é, de resto, tão inconstante e variável como o tempo e o movimento de um elevador, sugerido metonimicamente pela semelhança entre o triângulo isósceles e o botão de chamada, ou de uma ampulheta, esboçada a partir do toque das extremidades dos triângulos, que, como o poema, sobem e descem, ou se invertem, e ressignificam continuamente.

Similar a uma pintura geométrica, a "uma escultura [*trompe d'œil*], como se a parte embaixo fosse base para as peças no ar livre (branco) em cima",[294] e ao protótipo de um artigo feito em série, "VIVA VAIA" foi primeiro incluído em *Poemóbiles* e na *Caixa preta*.

A versão de *Poemóbiles* depende exclusivamente da intervenção da leitora, que manipula, no sentido vertical, as palavras "VAIA"/ "VIVA" para ler sempre a palavra contrária e participar, assim, na animação manual: o manuseamento de "VAIA" revela "VIVA" assim como o manuseamento de "VIVA" dá a ver "VAIA".

Já a estrutura das 2 versões de "VIVA VAIA" que compõem a *Caixa preta* materializa a intenção de fazer e comercializar um objeto igualmente tridimensional. Uma delas, a capa do álbum com as 2 músicas de Caetano, "Lygia fingers" (1953) e "O pulsar" (1975), feitas a partir dos 2 poemas de Augusto, forma-se com base na adaptação visual do poema ao produto. A outra, que se dobra, como um prisma, em 2, imita o molde de uma placa ou crachá de mesa e desenha no espaço, em congruência com os da composição original, 2 outros triângulos.[295]

O poema-ícone voltou a ser publicado em 1979, como a capa, a contracapa e um dos poemas da coletânea *Viva Vaia*, e são as 2 primeiras que, ao repetir sequencialmente as formas geométricas da composição com o propósito de preencher o exterior do livro, estendem a colagem reiterativa do padrão de "VIVA VAIA" a outros suportes e objetos como, por exemplo, à entrada do website do autor em 2014 e em 2021 ou, sem autorização, à própria *Folha de S.Paulo* (2014).[296]

Acredito, além disso, que a repetição sucessiva dos elementos que compõem "VIVA VAIA" não pode ser dissociada de certas "unidades decorativas" e "padrões decorativos"[297] que ilustram as cosmogonias de várias comunidades ameríndias, em particular a do "biquinho" ou "borboleta", um dos elementos base, como demonstram Pacheco e Souza,[298] da pintura de face dos Kaiapó-Xikrin do Cateté da região sudeste do Pará.

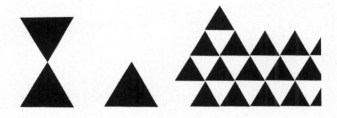

Patrícia Lino. **ESQ.** Ampulheta.
CENTRO Biquinho ou Borboleta, unidade decorativa.
DIR. Padrão decorativo.

À semelhança do que acontece com as versões de "VIVA VAIA" desde 1979 e, em geral, com o grafismo indígena, o desenho bidimensional do padrão decorativo da borboleta dos Kaiapó-Xikrin parte de uma estrutura de repetição e similaridade, e, à luz do que escreve Maurice Halbwachs sobre a atualização permanente destes símbolos, não tem necessariamente como propósito evitar o desaparecimento da peça mágico-religiosa, mas transformar ininterruptamente o organismo gráfico com base em vários dispositivos e matérias. Esta adaptação camaleônica dos motivos ao contexto, que casa, aliás, com outro comentário recente de Dirce Waltrick do Amarante e Sérgio Medeiros sobre a pirâmide indígena,[299] diz muito da versatilidade estética dos objetos e *in*define o poema como um molde de resistência.

Patrícia Lino.
ESQ. Recriação de Viva Vaia com triângulos de trânsito.
DIR. Recriação de Viva Vaia com triângulos de trânsito. Los Angeles.

A volatilidade da recusa estende-se também à possibilidade de desenhar, com o triângulo isósceles e a reta, a flecha cabocla ou, em associação com a Umbanda e o Candomblé, a flecha de Oxóssi que, muitas vezes, nas práticas da Umbanda e do Candomblé, se confunde com a primeira.[300] Composto pela ponta e pelo fuste, "VIVA VAIA" sobe no branco e cai no vermelho, sem um corpo que o dispare, 3 vezes.

De fato, assim como o próprio Augusto reinventou materialmente "VIVA VAIA", em montagem MDF para a já mencionada exposição REVER (2016) ou sob a forma de *outdoor* em Vitória (2020), outras vêm encontrando, no mesmo exercício, espaço para a criação de novos jogos de significado. As reinterpretações de Tony de Marco, que, através do Processing, programou uma versão interativa entre o poema e a leitora em 2011, de André Vallias, que animou sonoramente o poema em 2016, de Sophia Pinheiro, que substituiu a palavra "VAIA" pelo termo "VULVA", gerando a dupla "VULVA VIVA" (2019),[301] ou do Coletivo Transverso em parceria com Naíma Almeida, que, em fevereiro de 2021, pela ocasião dos 90 anos do autor, formou o trio "VIVA VA DIA",[302] atestam, por exemplo, e em analogia com a necessidade de reformular persistentemente a luta, a infinidade de releituras da composição.

5. Infraleitura 3: Augusto de Campos e os 3 lados da recusa

Patrícia Lino. Relação das formas da bandeira nacional do Brasil, da capa de *Pau Brasil* (2 triângulos, 1 losango) de Tarsila do Amaral, do diagrama baseado na leitura de AMOR de Oswald de Andrade, da flecha desenhada a partir das duas formas geométricas de VIVA VAIA e da montagem flecha cabocla + primeiro losango com base na composição do quadro OKÊ OXÓSSI (1970) de Abdias Nascimento.

5.3.5. "Póstudo" (1984), espiral polifônica

Publicado no *Folhetim* da *Folha de S.Paulo* no dia 27 de janeiro de 1985 e incluído, mais tarde, em *Despoesia* (1994), "Póstudo" apareceu a seguir às "Intraduções" (1974-1975), "Stelegramas" (1975-1978) e às "Enigmagens", "Código" (1973) e "Pentahexagrama para John Cage" (1977), que marcam, depois do salto socialmente interventivo de Augusto, o começo de um percurso mais individual, alheio ao selo coletivo do grupo Noigandres e marcado pelos amadurecimento da proposta sintético-ideogramática da poesia concreta, aperfeiçoamento e rigor tipográficos, uso figurativo da cor e *fazer* criptogramático.

O interesse do poema, que rendeu a Augusto o "último suspiro do cisma *experiência* versus *experimentação* na poesia brasileira",[303] reside na impossibilidade de ler apenas a composição linearmente, e, à semelhança de vários dos seus trabalhos, no impedimento de lê-la com a determinação de quem acerta.

O grau da hesitação da leitura determina, por sua vez, a qualidade do desafio e sugere, em coerência com a mensagem do texto, a relação indiscernível entre poema e autora e a instabilidade da própria meta-morfose autoral.

Como nota Thiago Moreira Correa,[304] "Póstudo" pode ser dividido horizontalmente em 2 (1. Quis/ mudar tudo/ mudei tudo; 2. Agora pós tudo/ Extudo/ Mudo"), o que sugere, no contexto de uma leitura linear, um *antes* e um *depois*. Também podemos dividi-lo verticalmente, com base na categorização morfológica da maioria das palavras, em 3 (1. Mudar/ Mudei/ Mudo; 2. Pós/Ex; 3. Tudo/ Tudo/ Tudo). Além disso, a disposição de "Quis", alinhado à direita do quadro, corresponde sime-tricamente à disposição de "Mudo", alinhado à esquerda. Assim como o verbo "querer" começa graficamente o que o substantivo "mudo" encerra (o olho move-se para ler "quis" e, seguindo a ordem da leitura tradi-cional, lê, imediatamente depois, "mudo"), a correspondência visual entre ambas as palavras também resume, pelo menos, 3 décadas de produção do Brasil contemporâneo.

5. Infraleitura 3: Augusto de Campos e os 3 lados da recusa

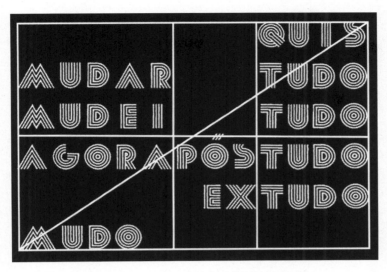

Patrícia Lino. Intervenção sobre Póstudo.
4 linhas imaginárias.

Se "Quis/ Mudar tudo" e "Mudei tudo" representam, respectivamente, os momentos pré-concreto e concreto, "agorapóstudo" e "extudo" dizem respeito, por sua vez, aos períodos pós-concreto e não concreto. Este último, a que Haroldo associará o "poema pós-utópico"[305] e no qual, mais tarde, Heloísa Buarque de Hollanda verá o resultado do "neoconformismo político-literário",[306] corresponderá, como notou Marcos Siscar,[307] a como uma época de "desencantos utópicos"[308] para Augusto.

É precisamente a partir do *desencanto* que a maioria das críticas lê o último dos versos. Parece-me, porém, que a relevância do uso da palavra "Mudo" assenta na ambiguidade: *ficar em silêncio* pode ser lido tão-só como *mudar*, o que ativa e acelera a circularidade da leitura e insinua a recusa perante a apatia da vida cultural.

Como deixa claro a versão audiovisual de 1989,[309] "Póstudo" repete-se, de fato, circularmente e com base na repetição ecoante da voz do autor. A dimensão polifônica do objeto prende-se, também, com as propriedades concêntricas da seleção tipográfica. Consideravelmente diferente das escolhas usadas por Augusto até 1984, o bloco tipográfico destaca-se por assemelhar-se a uma composição que se grava, de modo espiral, sobre a terra.

O movimento giratório dos caracteres fecha e redobra, de resto, o significado do texto. Além de espelhar visualmente a sequência

133

nascimento-morte-renascimento, a espiral, centro de poemas anteriores como "Caracol" (1960/1995), redimensiona significantemente a ideia de reinvenção autoral a partir do infinito.

5.3.6. "Nãomevendo" (1988), quadrado mágico anticapitalista

O intuito de um poema como "Nãomevendo", um dos "Despoemas" de *Despoesia* (1994), é, mais do que estético, representativo de um percurso poético-artístico marcado pela coerência do seu posicionamento político. Também por isto, este não anúncio à capitalização da poesia, que apropria a estrutura regular de um anúncio comercial, encerrou a resposta que Augusto deu em 2016 a Ferreira Gullar por ocasião da última controvérsia entre ambos.[310]

"Nãomevendo" pode ser incluído na série de *quadradogramas* que Augusto vem fazendo até hoje com certa regularidade, conforme, para citar alguns casos análogos, "Afazer" (1982), "Poesia" (1988), "Não" (1990), os mais recentes "O inesperado" (2017-2019) e "Doublet para Lula" (2018), e "Cubograma" (1960-1962).[311]

Partilha, além disso, o desenho tipográfico com "Coraçãocabeça" (1980), "Dizer" (1983) ou com os já mencionados "Afazer" e "Poesia" que, estrategicamente escolhido, vem garantir, sobretudo com base na sua latitude, a quadratura da composição. Em "Afazer", por exemplo, o texto compreende, sem espaçamentos, a 34 caracteres ("excessodeexserpoesiaafazerdeafasia"). Augusto começa por dispor o texto do seguinte modo, abrindo 2 espaços, respectivamente, nos versos 3 e 4,

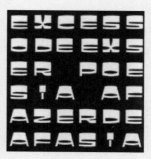

excess
odeexs
er poe
sia af
azerde
afasia

com o objetivo de contornar a divisão de 34 em 17 ou em 2. E são justamente as qualidades da tipografia que lhe permitem desenhar, mais tarde, um quadrado.

A montagem de "Nãomevendo" segue a mesma lógica. Augusto começa por dispor os 30 caracteres assim,

nãomev
endonã
oseven
danãos
evende

evitando a divisão do slogan em 3 ("não me vendo/ não se venda/ não se vende"), com o propósito de criar, uma vez mais, um quadrado.

Tão intacto quanto indisputável, o quadrado impõe à leitora a ideia, bem como a sensação, de totalidade. Assim como não há nada a ser acrescentado, tampouco há a ser excluído.

5.3.7. "Não" (1990), labirinto da recusa

eu NÃO tinha muita ideia de como arrumar esses poemas, desde que os computadores desarrumaram meus livros. NÃO. A recusa é boa marca de poesia.

Augusto de Campos

Semelhante, na forma, a "Nãomevendo", disponibilizada, num primeiro momento, em fotocópias e incluída depois em *Não* (2003), a série "Não" marca o fim dos datiloscritos de Augusto e o impacto das possibilidades e das ferramentas trazidas pelos computadores no seu trabalho.

Como um *storyboard* formado por 11 quadrados brancos dispostos num fundo preto, o poema, que começa por repetir "não", como numa tela que anuncia o título da peça, logo diz: "meuamordor/nãoépoesia/amarviverm/orrerainda/nãoépoesia". As 50 letras de abertura vão diminuindo à medida que os quadros avançam, sobretudo a partir do quadrado 7 ("desaf/iamas/ainda/nãoép/oesia", 25 letras), e o corte do verso segue a dinâmica estrutural de poemas anteriores como os já mencionados "Nãomevendo" e "Afazer", ou "Poesia" de 1988.

Cada quadrado corresponde a uma verdade tradicional descartada. O descarte é, ironicamente, concreto. O valor da vida por trás da obra, o tamanho da obra, o quão política ela se assume ou não, as qualidades morais ou éticas de quem a escreve, o esforço que ela comporta, o quanto ela se assemelha ao canonicamente validado, o desafio que ela representa para as que a leem ou a legitimidade das suas regras formais não garantem a qualidade do poema nem sequer o próprio poema.

Em sintonia com o ritmo sincopado da leitura, que tropeça ininterruptamente na quadratura da série, o gesto linear de virar a página da esquerda para a direita amplia, inclusive, o significado da negação ao criar expectativa e dúvida entre cada uma das partes da sequência. A expectativa, assim como a linearidade, tantas vezes postas em causa nos trabalhos de Augusto, são, porém, contrariadas pela falta permanente de uma resposta e, ao mesmo tempo, pela negação reiterativa de um poema antilírico avesso a definições.

Além disso, o poema, que se transformará permanentemente, prevendo e ampliando as mais variadas opções tecnológicas, não termina. Ainda que o último quadrado feche a sequência com 5 versos de apenas uma letra, amputando a totalidade carregada pelo termo em conferência ("o/e/s/i/a"), o descarte negativo pode efetivamente estender-se de modo indefinido.

A performance colaborativa da leitora no poema parte justamente da indefinição. À semelhança da versão impressa de "Não", a sua versão digital, incluída no CD-ROM do livro homônimo, convida, através do *click*, à participação na montagem do labirinto da recusa.[312] O *click* voluntário da leitora, que acontece ao som do eco da voz do autor e aclara cromaticamente, por seleção e toque, os versos, não pode conduzir, obviamente, a participante à resposta ou à solução do enigma. Faz, pelo contrário, com que ela se perca repetidamente até voltar, derrotada, ao menu inicial.

Não há, por outras palavras, saída do *quase* nem do *não* que, ao negar, evidencia criticamente o negado.

5.3.8. "Inútil idade" (2001), oráculo intermedial

Incluído em *Não*, disposto 8 vezes ao longo de um longo retângulo que ocupa verticalmente a página, o decassílabo "A inutilidade da poesia", discretamente mesclado com o eneassílabo "A inútil idade da poesia" e grafado em *Courier Prime*, recupera a mensagem anticapitalista de um poema como "Nãomevendo" e distingue-se, também, pela ambiguidade que marcará as interpretações da leitora.

Acredito que o significado do termo "inutilidade" diz, antes de tudo, respeito ao lugar desconfortável e simultaneamente urgente da poesia num contexto sociopolítico crescentemente materialista, bombardeado pela informação, pelas imagens dos meios de comunicação e em desvantagem relativamente à rapidez furiosa da internet, em que o poema se perde e a autora se sente cada vez mais forçada a ceder à pressão das modas e das exigências do mercado. *Inútil* é o que não se vende, o que nunca estará à venda, por desobedecer, desde a sua invenção, aos requisitos capitalistas das sociedades pós-modernas e, ao mesmo tempo, o que se repete, neste caso, 6 vezes, até ser *necessário* e contrário ao significado original e corrente da palavra.

Leio, de resto, a transformação de "inutilidade da poesia" em "a inútil idade da poesia" de 2 modos. Esta "inútil idade" pode fazer referência ao triste fato de a prática milenar do poema ter ainda de ser justificada perante a superficialidade do mercado ou, em simultâneo ou não, perante a inquietude do *fazer* que, face a face com a tradição, se reinventa e reinventará apesar da longevidade e qualidade das antepassadas.

O poema, que se constitui contra o desinteresse das massas e, ainda assim, tendo em conta os problemas que as afligem, existe num espaço de constante agitação, de onde se reformula e readapta dignamente, prevendo, como um oráculo intermedial, as variações e as contrariedades do mundo.

5.3.9. "Contemporâneos" (2009) e a materialização da perda

"Os contemporâneos não sabem ler" ou "Osc/ont/emp/orâ/neo/snã/osa/ bem/ler", tradução e apropriação direta de "*Je préfère, devant l'agression, rétorquer que des contemporains ne savent pas lire*",[313] uma das passagens de "Le mystère dans les lettres" (1897) de Stéphane Mallarmé, é o que lemos, verticalmente, em "Contemporâneos" (2009), incluído n'*Outro* (2015).

Mallarmé figura entre os nomes de várias autoras que Augusto altera e apropria consistentemente ao longo do livro para, como escreve Odile Cisneros, negar e reafirmar a lógica do projeto da poesia concreta através da recriação feita a partir do Outro e, em simultâneo, do questionamento incessante da figura autoral.[314]

Descrita por Raquel Campos como um "exame de vista para o século XXI",[315] a forma de "Contemporâneos" ajusta-se, num lance de ironia, ao conteúdo da frase dividida em 9 partes e tamanhos. A divisão, que controla estrategicamente o movimento dos olhos de cima para baixo, do maior para o menor, arrebata a leitora ao incluí-la no grupo *das que não sabem ler* enquanto ela ou ela *lê*.

A leitura não corresponde à *leitura*, ou à leitura tradicional, feita da esquerda para a direita, "em que a incompletude de uma frase depende de outra para se fazer sentido",[316] subordinada, além do mais, à ordem das letras do alfabeto latino e ao código do alfabeto latino.

Há, portanto, que desaprender os enganos da lógica logocêntrica ocidental, bem como a linearidade do tempo, para reaprender a *ler*. Não só visualmente, como nos sugere manifestamente o poema, mas também a nível sonoro, com as vantagens do ouvido que, ao escutar, perde gradualmente o som dos 9 versos truncados e se retrai, à semelhança do olho, e com humor, perante a coincidência entre *ler*, *ver* e *ouvir*.

O poema e a análise do poema coincidem, de resto, com a perda. Avessos à ilusão do absoluto verbal, interpretativo e linear, assentam, também, no que se deixa, por incapacidade, para trás e no que se vai resgatando ou reabilitando, num movimento circular e reinventivo, à medida que várias cronologias, técnicas e matérias convergem no mesmo espaço.

"Contemporâneos" faz com que o corpo se incline até esta encruzilhada expressiva.

5.3.10. "Poder ser (Valéry)" (2010), positivo-negativo

Grafado em Concreta, fonte inspirada na Architype de Josef Albers, nos trabalhos do próprio Augusto de Campos e desenhada por Tony de Marco e Niko Fernandez em 2009,[317] o profilograma "Poder ser (Valéry)", incluído n'*Outro* (2015), lança, em 8 versos de 3 letras, o paradoxo "não/ser/poe/tap/ode/rse/rpo/eta".

Com base no perfil do "poeta não-poeta", autor de poemas "à frente da literatura e contra ela",[318] assim como no "dualismo ser/não ser", essa condição "*demidivina*" de Diadorim,[319] Augusto começa por definir o ofício da poeta a partir da metamorfose da afirmação (título) em negação (4 primeiros versos) e da negação em afirmação (4 últimos versos). O poema, composto evidentemente por 2 partes, divididas e, ao mesmo tempo, unidas pelo segundo "P" (simultaneamente positivo e negativo), assenta na capacidade *camaleônica* da autora para não ceder e recusar, consoante as demandas da época, a moda, o *fácil* e o politicamente questionável.

O que coincide e agrada, portanto, às regras do sistema não corresponde necessariamente à urgência formal e conteudística da composição.

A substância negativa da figura autoral, a que tudo observa e antecipa, que se sustém com um pé no *antes* e outro no *depois*, avessa às tendências das poetas e das massas, é, de resto, materializada pelos vazios do conjunto tipográfico que, em comparação à maioria das tipografias, se distingue pelos espaços em branco que separam as letras e o próprio corpo das letras. Como uma radiografia expondo o esqueleto, o que se vê por fora (positivo) lê-se no que se vê por dentro (negativo) ou, inversamente, o que se vê por dentro (positivo) lê-se no que se vê por fora (negativo).

No todo há a falta porque na falta há o todo.

Augusto de Campos. Poder ser Valéry. 2010.   Patrícia Lino. Inversão.

5.4. Augusto de Campos e a recusa criptogramática

5.4.1. "Código" (1973), polifônico e ensimesmado

$$x^2 + y^2 = r^2$$

"Código" (1973) de Augusto de Campos, publicado, respectivamente, 20 e 15 anos depois do *Manifesto de Gomringer* (1953) e do *Plano piloto da poesia concreta* (1958),[320] condensa e resume grande parte das questões propostas pela verbivocovisualidade. Expõe, igualmente, as limitações da poesia e da crítica tradicionais, no sentido de definir a *verdadeira* função da poesia e, por acréscimo, a *verdadeira* função da análise do poema, geradas pela expansão emaranhada e intermedial de todos os níveis da palavra e, consequentemente, pela resposta generalizada da crítica.

Augusto de Campos. Código. 1979 [1973].

Efetivamente, em oposição à postura "sintético-ideogramática",[321] a análise linear-lógica-discursiva parece ser, segundo as que se dedicaram mais detalhadamente à primeira das *enigmagens*, a única opção perante um poema manifestamente híbrido quando o enfoque interpretativo, centrado exclusivamente na disposição e na organização das letras contidas em "Código", ignora, ao seguir as regras da práxis analítica, as camadas visual e sonora com que Augusto, estratégica e polifonicamente, reveste um objeto tão enigmático quanto ensimesmado.

5. Infraleitura 3: Augusto de Campos e os 3 lados da recusa

O poema agrupa, com efeito, todas as letras contidas no título e a distribuição de cada uma delas dialoga, num quadro paralisante, com o significado mais superficial do termo ("código"), que contém e adensa, por sua vez, a sugestão de um processo de decifração ao determinar a estrutura aparentemente muda da composição.

> Esse caminho de leitura, devido à configuração geométrica das letras, começa em um semicírculo que forma a letra 'c', e termina em um círculo que forma a última letra 'o' da palavra. Nesse percurso, o olhar passa por mais dois círculos, um formado pela primeira letra 'o' e outro formado pelas curvas das letras 'g' e 'd'.[322]

O "caminho da leitura" é interrompido pela única forma retilínea do poema que, como categoria plástica distinta, uma reta ante quatro círculos concêntricos, intervém na construção da relação semi-simbólica dos elementos. Convoca, aliás, para o jogo, em conjunto com "G" e "D", o conhecido "Machado" de Símias de Rodes, ao assemelhar-se ao molde da "*labrys*" (λάβρυς, "machado de dois gumes"), e revitaliza, por conseguinte, a obsessão labiríntica e o caráter lúdico-formalista da estética visual barroca que, à semelhança do programa concreto, apresentou, séculos antes, a possibilidade de "desenvolver um novo modo de ler os textos, as imagens e tudo o que historicamente se nos oferece como leitura".[323]

De fato, as correspondências etimológicas, estabelecidas pela crítica, entre "*labrys*" e "*labyrinthos*" são incontáveis e, sem dúvida, as mais consensuais. E apesar de não serem unânimes, pois há os que afirmam que, em grego, "*peleky*" – e não "*labrys*" – designaria o machado de 2 gumes,[324] a liberdade poética, comodista ou criativa, garante, até os nossos dias, a prevalência desta primeira interpretação sobre a segunda.

Imperativa ensaística diabólica

ESQ. Símias de Rodes. O machado. III a.C.
DIR. Patrícia Lino. Sobreposição do "Machado de dois gumes" e Código.

Paralela a obras de vanguarda como *Un Coup de Dés Jamais N'Abolira Le Hasard* (1897) de Mallarmé, *Finnegans Wake* (1939) de Joyce ou *O Escritor* (1967-1972) de Ana Hatherly, a configuração circular e não linear de "Código" abre, por assim dizer, portas à relação recreativa entre receptora e labirinto e materializa, além disso, uma das maiores conquistas do movimento da poesia concreta: o deslocamento do interesse receptivo da mensagem (como sistema objetivo de informação) para a decisão interpretativa (como o valor dominante da informação). E é também neste sentido que o processo antiarbitrário do mágico, científico e intrincado "Código", cujos significados se arquitetam gradual e culturalmente, dá lugar a um conjunto de resultados fruitivos que, "rigidamente prefixados e condicionados",[325] jamais escapam do controle da autora elidida.

O objeto esfíngico de Augusto compreende, em simultâneo, a matéria e a ampliação visual e sonora do significado da matéria, ou: a leitura de "Código", um labirinto de onde jamais se poderá voltar a sair, corresponde à descodificação do próprio *código*. Nele, negociação e manipulação minimalista, visual e sonora da palavra, convergem *vertiginosamente*[326] todos os gestos e todos os níveis da análise que, quase impenetráveis e ininterruptamente suspeitos, não podem, no contexto do desafio verbi-vocovisual, discernir-se.

5. Infraleitura 3: Augusto de Campos e os 3 lados da recusa

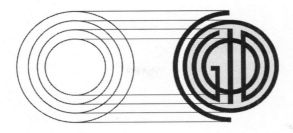

Patrícia Lino. Representação 1 de Código.

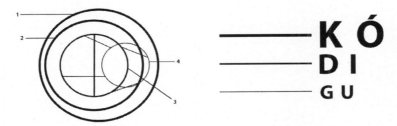

Patrícia Lino. Representação 2 de Código. Esta organização visual respeita os 3 diferentes níveis fonéticos de kó/di/gu (1. "c"; 2. "o"; 3. Semi-círculo, "di"; 4. "go"). Do mesmo modo que dizemos e escutamos do mais alto (kó) para o mais baixo (gu), vemos indistintamente, como num OLHOUVIDO, do mais perto (kó) para o mais longe (gu).

Finalmente, não podemos descartar a chave mais significativa do enigma. Por certo, algumas das etapas interpretativas de "Código" não dependem necessariamente do título, mas são, perante a palavra que Augusto dispõe imediatamente abaixo do motor labiríntico, influenciadas por ele. O título invalida ainda outras leituras que, sem contexto, poderiam variar entre "*god*", "*dog*" ou, por exemplo, "*good*".

Entre as autoras dos ensaios ou dos artigos sobre o poema,[327] apenas Miriam Brenner se dedica brevemente a repensar a origem etimológica da legenda do texto, ou do texto codificado, ao propor a equivalência entre "código" e "conjunto de leis". Apesar de "conjunto de leis" constar entre os significados etimológicos e presentes de "código", a expressão surge, entre eles, consideravelmente tarde.

Na verdade, a leitura etimológica de "código", que é quase tão encriptada como o objeto ideogramático em análise, começa no latim e poderia terminar erroneamente em *codex, codicis*, o que nos levaria de volta às considerações partilhadas por Brenner em 1995. *Codex, codicis* consta, porém, entre as variantes latinas de *caudex, caudicis*. Esta última, que significa "tronco de árvore" e, em certos casos, nomeia um tronco de árvore *decepado*, aproxima lexicalmente "código" e "livro". O "livro" tradicional, feito, por seu turno, do papel das árvores, passa obviamente a corresponder ao que contém ou guarda o "código".

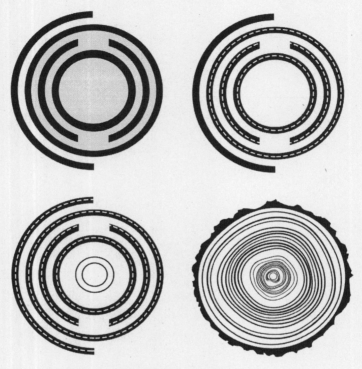

Patrícia Lino. Transformação de Código em árvore.

O desenho do machado de 2 gumes entrevira o corte. Ao transformar-se em tronco, no qual os círculos de "Código" se revelam instintivamente como os anéis anuais das árvores, o poema incógnito de Augusto concentra, ao mesmo tempo, os elementos centrais de outro tipo de código de comunicação ou linguagem.

A associação entre os códigos híbrido-labiríntico e dendrocronológico[328] é a chamada de atenção para outros modos de ler, *humanos* e *não-humanos*, e incorpora uma das maiores críticas trazidas pelos concretos para um debate em que a primeira e a última perguntas interrogam o *fazer* do poema a partir da sua linearidade discursiva, indisciplina e conforto.

A unidade quase indecifrável de "Código" faz, de resto, com que ele seja, dentre os trabalhos de Augusto de Campos, um dos poemas mais reinventados por outras ensaístas, poetas e artistas. "Code" (2011) de Deric Carner, feito em madeira incrustada e, em parte, cortado (sugerindo a impossibilidade de ler a composição), "Solocoptro (after Augusto de Campos)" (2011) de Edwin Torres, que sobrepõe, além de 2 *posters* em 2 tons distintos, texto e imagem, "Código" (2011) de Kenneth Goldsmith que, através de um código QR, nos transporta até o código da própria imagem PNG do poema original, e "Caudex" (2019), de minha autoria, estão entre as reinterpretações mais recentes sobre o texto.

5.4.2. "Pentahexagrama para John Cage" (1977), revolucionário signo aberto

Ao não incluir um único grafema latino em "Pentahexagrama para John Cage" (1977), Augusto de Campos coloca-nos diante de outra charada.

Começo, desde de um espaço de silêncio, por incluir "Pentahexagrama" num conjunto de textos que mencionam ou se projetam com base nas técnicas ou nos nomes de compositores. Entre eles, Anton Webern e o próprio John Cage. E penso, pela sua obviedade, pois sobrepõe os perfis de um e outro, em "Hom'cage to Webern", profilograma 2 da série *Profilogramas* (1966-1974) incluída em *Viva Vaia* (1979). Webern reaparecerá em *Despoesia* (1994), no profilograma "Gouldwebern", bem como no morfograma "João Webern" (*Não*, 2003), e na série de poemas pré-concretos *Poetamenos*.

Augusto de Campos. Pentahexagrama para John Cage. 1977.

A obra e a poética de John Cage, que explorou o silêncio weberniano através do tempo, das durações e da composição como processo, marcaram, entre as décadas de 1950 e 1960, vários trabalhos de Augusto de Campos, que encontrou na "concepção espacial de composição", no "uso do silêncio e da melodia de timbres percussiva" e nos "procedimentos baseados no acaso" de Cage grande interesse e novidade.[329] Como Webern, Cage vai e regressa assumidamente no já mencionado "Hom'cage to Webern", no agora em análise "Pentahexagrama para John Cage", em "Todos os sons" (1979), "Caoscage" (1997), "Cage Boulez" e, de maneira indireta e menos óbvia, em "Acaso" (1963), "Cidade" (1963), "Caos" (1974), "Memos" (1976), "Coisa" (1988) ou "Ruído" (1993).

"Pentahexagrama (...)", que existe intocado e mudo na página, segue a lógica de todos os poemas acima referidos neste ponto: a verdadeira homenagem ao compositor consiste na aplicação das técnicas, das teorias ou das ideias de (Webern, Boulez ou) Cage.[330] Também por isto, assumo que "Pentahexagrama (...)" deverá *não dizer* mais do que o que sugere na superfície.

O desenho, compacto e silencioso, combina 2 elementos aparentemente familiares: um pentagrama, que não corresponde rigorosamente a um pentagrama, e 4 notas musicais. Ambos ilustram a expressão ilógica "pentahexagrama" que traz, por carregar a inverosimilhança do símbolo e estar associada ao nome de Cage, a solução de um poema equacional. A leitura, que consiste na decifração do(s) significado(s) da combinação dos 3 elementos (título, pentahexagrama, notas) e culmina na descoberta do enigma ou na incerteza de ter descoberto realmente o enigma, é atravessada por vários níveis de interpretação.

Se ignorarmos, em primeiro lugar, a linha extra do pentagrama e transcrevermos as 4 notas para o alfabeto latino, elas corresponderão, da esquerda para a direita, a "C", "A", "G" e "E". CAGE. Este exercício transcriativo poderá ser repetido se invertermos a pauta ou *treble staff*.

5. Infraleitura 3: Augusto de Campos e os 3 lados da recusa

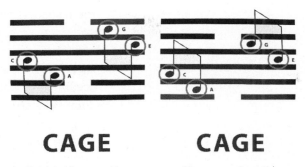

Patrícia Lino. **ESQ.** Hexagrama **DIR.** Hexagrama invertido.

Contudo, este primeiro nível de leitura marca apenas a entrada no quebra-cabeça.

Os hiatos em 2 das 6 linhas, que lembram os silêncios das composições mais emblemáticas de Cage, permitem contextualizar o obscuro hexagrama, e o significado do poema amplia-se, de fato, pelo meio deste enquadramento ótico que depende exclusivamente da erudição da leitora ocidental. Ou do acaso: reconhecer ou não o símbolo. O hexagrama, formado por 2 trigramas, faz parte do *I Ching, Yi Jing* ou *Livro das mutações* (*Book of Changes*).[331]

A grande parte das definições do I Ching fica aquém da sua pluralidade significativa e do seu caráter multifuncional. "I", habitualmente traduzido por "mutação", e "Ching", o "clássico", dão nome a um dos textos mais antigos da cultura chinesa. O I Ching é composto pelos *Pa Kua*, 8 trigramas anteriores à dinastia Chou (1150-249 a.C.) ou, 8 x 8, 64 hexagramas atribuídos a Fu Hsi, e por todos os textos que, mais tarde e ao longo do tempo, foram acrescentados a este primeiro conjunto gráfico.

A associação entre John Cage e o I Ching não surpreende a sua ouvinte mais atenta. Toda a estrutura de *Music of Changes*, composta por Cage em 1951, parte, por exemplo, dos acasos e da imprevisibilidade do I Ching.[332] Não me parece, aliás, um acaso que David Tudor, outro leitor interessado do texto chinês, performe *4'33"* um ano imediatamente depois.

Ler "Pentahexagrama (...)" significa, portanto, ler e dominar, ainda que modestamente, o I Ching e, unindo o trigrama horizontal ao trigrama vertical, encontrar o número correspondente ao cruzamento dos 2.

O hexagrama desenhado e incluído por Augusto de Campos no poema corresponde ao número 49.

ESQ. Trigrama 1 **DIR.** Trigrama 2.

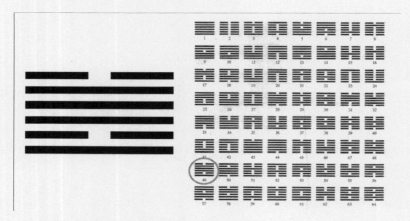

I Ching. Hexagrama 49.

O número 49 leva-nos, por sua vez, até a palavra chinesa "Ko", "Revolução". As 3 primeiras linhas do hexagrama ou o primeiro trigrama coincidem com "Tui", traduzido, na versão inglesa, por "The Joyous, Lake" ("O Jubiloso, Lago"), e as 3 últimas linhas do hexagrama ou segundo trigrama equivalem, por seu lado, a "Li", traduzido, na versão inglesa, por "The Clinging, Flame" ("A Alastrada, Chama"). Os conceitos que são o resultado

5. Infraleitura 3: Augusto de Campos e os 3 lados da recusa

da junção de 2 trigramas vêm acompanhados de 3 textos ou seções: "The Judgement" ("O Julgamento"), "The Image" ("A Imagem") e "The Lines" ("As Linhas").

Transcrevo, com respeito ao hexagrama 49, o segundo e a sua respectiva tradução para o português.

Fire in the lake: the image of Revolution.
Thus the superior man
Sets the calendar in order
And makes the seasons clear.[333]

Fogo no lago: a imagem da Revolução.
Assim, o homem superior
Põe o calendário em ordem
E aclara as estações.

O "homem superior", que representa, por associação, John Cage, também conhecido por referir-se frequentemente à ideia de "revolução",[334] corporaliza metonimicamente o tributo e o tributo não só põe em prática, à semelhança da estruturação musical das peças de Cage, a potência da imagem, que não "teme o silêncio que [a] extingue", mas o próprio silêncio, "grávido" de imagens.

As composições *revolucionárias* de John Cage, que leu o pentahexagrama de Augusto de Campos,[335] materializam a ideia permanente e sistemática da metamorfose que, à semelhança do corpo labiríntico, existe para reinventar-se pelo meio da palavra expandida ou da impossibilidade do silêncio. E, mais do que o reconhecimento do I Ching como uma técnica e *base* musical, o "Pentahexagrama" materializa a exploração do "signo aberto"[336] ou do poema como um espaço não verbal e está, também por isso, na base da transformação da imagem em palavra que caracteriza trabalhos mais tardios. "Ter remoto" (2011), "O polvo (Vieira)" (2011), "Humano" (2014) ou o mais antigo "Criptocardiograma" (1996).

5.4.3. "Criptocardiograma" (1996), todos os corações são ridículos

Augusto de Campos. Criptocardiograma. 1996.

Próximo, no tempo, ao aparecimento do Photoshop em 1990 e à popularização das suas técnicas e possibilidades de edição, "Criptocardiograma" pode ser lido em 2 versões.

A primeira, de 1996, impressa e bidimensional, inclui 37 elementos vermelhos reconhecíveis para a leitora (coração + mão escrevente + sol + trevo *versus* facas + dados). Juntos, os 37 desenham, num fundo branco, a forma medieval associada ao coração humano.

A reunião de signos contrários uns aos outros na mesma composição subscreve, além disso, a tradição ocidental amorosa, presa à ambiguidade do ἔρως (*eros*) ou à figura imprevisível e, muitas vezes, trágica do cupido.

Apesar de Augusto acrescentar à segunda versão digital e animada de "Criptocardiograma", incluída nos *Clip-Poemas* de *Não* (2003), a tradução dos símbolos que compõem o coração para 7 línguas,

```
         a       h
      cœur heart
      c o r a z ó n
        c o r a ç ã o
        c u o r e
          h e r z
          c o r[337]
```

5. Infraleitura 3: Augusto de Campos e os 3 lados da recusa

parece-me que o valor do poema está concentrado na universalidade paralela do coração como imagem e como palavra. Sabemos *de cor* este poema que diz ao *não dizer*, parte de "uma história do 'coração' envolta no idioma 'saber de cor'" (cor, cordis), de uma língua ou de outra, "a inglesa (*to learn by heart*)", "a árabe (*hafiza a'n zahri kalb*)" – "um só trajeto", no fundo, "composto por várias pistas".[338]

"Criptocardiograma" condensa, portanto, na sua linguagem metavisual, enrolado em si mesmo e virando, ao mesmo tempo, os seus signos agudos e opacos para fora, o próprio poema.

Para lá de poder ser lido como a versão concreta e não verbal do coração de Apollinaire (1918),[339] a versão ideogramática de "Todas as cartas de amor são" (1944)[340] de Álvaro de Campos ou a versão *pop* do poema de abertura de *Ideogramas* (1966) de E. M. de Melo e Castro, o enredo de comunicação enamorada não comunicativa recupera, além disso, a estratégia visual machadiana do capítulo LV, "O Velho Diálogo de Adão e Eva",[341] de *Memórias póstumas de Brás Cubas* (1881), em que, ao não ler (verbalmente) o diálogo entre o protagonista e Virgília, imaginamos e *sabemos de cor*, ainda assim, as palavras de ambos.

Brás Cubas

.......?

Virgília

....

Brás Cubas

....

Virgília

...................!

Brás Cubas

....

Virgília

....? ....

....

Brás Cubas

....

Virgília

....

Brás Cubas

....
....! ....!
....!

Virgília

....?

Brás Cubas

.......................!

Virgília

.......................!

"Criptocardiograma" antecipa, inclusive, o código dos *emojis* que chegaram aos *smartphones* em 2013, e está, também por isso, na base do GIF de Tom Moody, "Criptocardiograma remix" (2011).

À semelhança da primeira versão do poema de Augusto, Moody opta por não incluir palavras, simulando, com recurso à confusão entre os símbolos originais, à repetição multicor dos mesmos símbolos, ao acréscimo de um coração pulsando no centro solar e ao atropelo gráfico de todos os elementos, o caos *kitsch* e cibernético dos amantes.

A escolha de Moody em dispor o coração no centro de um desenho do sistema solar entra, além do mais, em diálogo com "O pulsar" (1975), animado e cantado respectivamente por Paulo Barreto e Caetano Veloso em 1984, e reciclado visualmente em 2014 por Gonzalo Aguilar para a exposição *Augusto de Campos. Despoemas* (Buenos Aires).[342] Os 5 (Augusto, Barreto, Caetano, Moody e Aguilar) encontram-se na tentativa de ampliar cosmicamente o batimento do todo.[343]

O latejo irrequieto deste coração coletivo está igualmente por trás de "eco" (2018), projeto recente de Marília Garcia exposto no Centro Hélio Oiticica, que, a par de um objeto sonoro, compreende um livro "apagado, riscado, censurado" em que "pulsam apenas as ocorrências da palavra 'coração'".[344]

Neste caso, o movimento da mão que folheia, avançando ou recuando, bem como a repetição sucessiva e gráfica da palavra, marcam o ritmo pulsatório da figura autoral, do próprio volume ou de ambos.

5.4.4. "Cauteriza e coagula (laforgue)" (2004), crítica raio-x antissimbolista

Incluído n'*Outro* (2015), o enigmático "Cauteriza e coagula (Laforgue)" traduz, relê e transforma "Stérilités", incluído em *L'Imitation de Notre-Dame la Lune* (1885) de Jules Laforgue, e divide-se em 2 partes.

Na primeira delas, vemos, disposta num fundo branco, a versão para o português do poema de Laforgue e, na segunda delas, o que parece ser a versão negativa do quadro anterior.

Ao cortar os versos de 10, 9, 8 e 7 sílabas em 2 para criar variações de 5, 4, 3, 2 e uma sílaba, a tradução de Augusto acelera consideravelmente o ritmo do poema sem perder, contudo, a comicidade do jogo sonoro do original francês.

Cau-**té**-ri-se-et-co-a-**gu**-le	cau-te-**ri**-za
en-vir-**gu**-les	e-co-a-**gu**-la
ses-la-**gu**-nes-**des**-ce-**ri**-ses	e-vir-**gu**-la
des-fé-li-nes-o-**phé**-lies	as-la-**gu**-nas
or-phe-**li**-nes-en-fo-**li**-e	com
	seus
	li-ses
	des-sas
	o-**fé**-lias
	fe-**li**-nas
	fo-li-**o**-nas
	or-fe-**li**-nas

Mais destemida do que a de Régis Bonvicino,[345] a versão de Augusto também agarra o chiste articuladamente verbal de um poema que é, justamente como o título indica, estéril em conteúdo. E a crítica inicial, dirigida à superficialidade de certa práxis simbolista, insinuada tanto pela estrutura formal do poema quanto pela menção à *femme fragile* Ofélia,[346] ganha outras proporções a partir do manejo cuidadoso das palavras e, sobretudo, da obscuridade da última sequência da intradução.

Semelhante ao grafismo do código Morse, a uma série de vírgulas, luzes ou pegadas (das tarântulas mencionadas por Laforgue?) dispostas segundo a mancha textual do primeiro quadro ou ao reflexo da lua na água (*"la bulle/ De la lune"*), a composição desarma qualquer tentativa linear e verbalmente dedutiva de interpretação ao ampliar, como um raio-X, o furo conteudístico do poema.

Imperativa ensaística diabólica

Patrícia Lino. Tipografia do vazio. Preenchimento + negativo.

Caso preenchamos os espaços vazios e fechados de cada uma das letras (por exemplo, o espaço vazio e fechado da metade superior da letra "e") e invertamos negativamente as cores, de preto no branco para branco no preto, os pequenos pontos brancos passarão a corresponder literalmente ao esqueleto enganoso e despojado de sentido do texto de Laforgue.

Formada pelos 2 quadros, o exercício de tradução executado por Augusto diz, ao mesmo tempo, respeito à transposição das particularidades textuais para o português e à transcrição visual do seu propósito literário divergente.

5.4.5. "Ter remoto" (2011), uma borboleta para Lorenz

Augusto de Campos. Ter Remoto. 2011. *O outro*. 2015.

5. Infraleitura 3: Augusto de Campos e os 3 lados da recusa

"Ter remoto" recupera, tematicamente, a "Borboleta-pó de Khliébnikov" (1985) e lembra, pela associação entre arte e natureza, "Terra" (1956) de Décio Pignatari. Também reabilita, pela associação imediata com as *Galáxias* (1963-1976) de Haroldo, a lenda de Tchuang-tse,[347] antecipa a construção interrogativa de "D?vida" (2014) e radicaliza a obscuridade tipográfica de poemas anteriores. Menos claro ainda do que "Tvgrama 1 (Tombeau de Mallarmé)" (1988) ou "Tvgrama 4 erratum" (2009), o poema esconde, ao espelhar todas as letras da composição, a pergunta

BORBOLETA
QUE
TER
REMOTO
ACASO
FAZ O
LEVE
TREMER
DE TUA
FR
AGIL
ASA
S

O desenho duplicado da borboleta, formado, em simultâneo, pela disposição gráfica dos 13 versos e pelos 55 caracteres (= 110 borboletas), simula, em primeiro lugar, o movimento das suas asas e assemelha-se tanto ao diagrama baseado no modelo matemático de Edward N. Lorenz sobre a deslocação do ar na atmosfera[348] como à moção infinita do pêndulo duplo usado, com certa regularidade, para explicar o efeito avassalador das pequenas variações nos valores iniciais das variáveis ("Atractor de Lorenz").[349]

Já a questão, "Borboleta/ que/ ter/ remoto/ acaso/ faz o/ leve/ tremer/ de tua/ fr/ ágil/ asa/s"?, inverte a lógica do "Efeito Borboleta", cuja narrativa começa, popularmente, no deslocamento da asa da borboleta e termina num tufão, e fecha assim a continuidade do curso pendular que, na realidade, não tem início nem fim – Tchuang-tse sonhando que é uma borboleta ou

tchuang-tse sonhado que era uma ou o entressonho sonhando
de uma tchuang-tsesonhadassonhante borboleta abrefecham alas topázio
quem movido xadrez dos diasiguais[350]

Imperativa ensaística diabólica

Patrícia Lino. Ter Remoto modificado. Borboleta + Círculos pendulares.

5.4.6. "TÂNTARO" (2011), KARTERÓN LITÓN

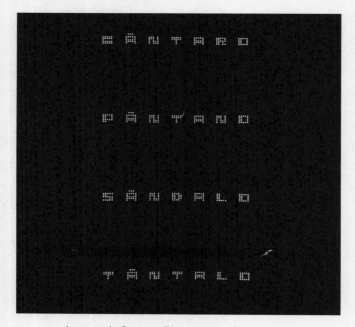

Augusto de Campos. Tântaro. 2011. *O outro*. 2015.

"Tântaro", incluído n'*O outro* (2015), é composto por 4 versos proparoxítonos: "cântaro/ pântano/ sândalo/ tântalo". Os 4 dizem respeito, de modo simbólico, e com base nas versões de Homero (*Od*. XI, 582-592) e Ovídio, ao eterno suplício de Tântalo que, quando tenta beber ou comer, assiste à água e às árvores escapando-lhe ("tu, Tântalo/ água alguma agarras, e as árvores, sobre ti suspensas, escapam-te").[351] A sua disposição, feita com base na ordem alfabética A-Z (C, P, S, T), corresponde, além do mais, à acomodação decrescente dos elementos no espaço. Submerso no pantanal, Tântalo olha, desde o fundo da composição, o cântaro e o sândalo.

Graficamente, a acentuação da mesma sílaba faz-me pensar, também, no outro castigo, menos popular e referido por Píndaro (*Olymp*. I, 51-59), em que Tântalo, depois de despedaçar, como Licáon, o corpo do filho Pélops e servi-lo às e aos 12 deuses do Olimpo, se vê destinado a carregar sobre a cabeça uma enorme pedra suspensa ("κρέμασε καρτερὸν αὐτῷ λίθον", 57b). Esta enorme pedra que, prestes a cair, nunca cai, cobre, em "Tântaro", a *cabeça* da letra A e orienta, sonoramente, o sentido contínuo do poema que, como um castigo eterno, se desdobra repetidamente no tempo.

O título, um neologismo formado pelas semelhanças e diferenças dos 4 versos e, materialmente, pela água, lama, planta e pela carne, assenta ainda, e duplamente, na mescla cárnea associada tanto à barbaridade do crime quanto ao carbeto de tântalo que, duro e quebradiço, aponta para o ombro de marfim de Pélops ressuscitado ("ἐλέφαντι φαίδιμον ὦμον", *Olymp*. I, 28).

Patrícia Lino. Sílaba tônica, Enorme pedra suspensa.

5.4.7. "Deuses" (2013), l'ultérieur démon immémorial

+ "ACASO" (1963)

+ "CAOS" (1974)

Em primeiro lugar, "Deuses" não pode ser dissociado de "Pó", publicado em 2013, em conjunto com o primeiro, na revista *Errática*.[352] Ambos não só se complementam em termos de significado, mas também se assemelham a nível tipográfico. Como 2 ecos ancestrais, "Deuses" e "Pó" partem, com Mallarmé na retaguarda, da coincidência paradoxal entre a tentativa de, ao lançar *revolucionariamente*[353] os dados ("Deuses/ doam/ dados"), *abolir o acaso*[354] e a indiferença esmagadora do devir e da morte ("És pó só pó/ se és pó sê/ esse pó/ poesia/ .").[355]

Se, depois de "Não" (1990), "Pó" recupera a quebra visual e sonora da palavra "po/esia", "Deuses" resgata a estratégia combinatória de "Acaso" (1963) e "Caos" (1974) para recriar, mediante o pacto verbal de 6 letras (d, e, s, o, a, m) e assente no significado original do próprio *caos*,[356] o início teogônico do mundo.

Ao personificar, a partir de uma entidade divina e plural, a "'fórmula fatorial da permutação'"[357] de "Acaso" ($5 \times 4 \times 3 \times 1 = 120 / 2 = 60$), em que os 2 termos, "acaso" e "caos", se cruzam de modo linear e ao revés, materializando, através dos dados, a ligação entre *caos* (= deuses), *flor* e *azar* sugerida por "Caos", "Deuses" distingue-se pelo rigor com que, depois do erro perpetrado na escuridão de *Quatro cantos do caos* (2009) de E. M. de Melo e Castro, preenche a tela (2013) e a página impressa (2015).

Augusto de Campos. Caos. 1974. Não. 2003.

5. Infraleitura 3: Augusto de Campos e os 3 lados da recusa

Os dados ou o tálus, mencionados pelos antigos (de Vyasa a Homero, de Sófocles a Suetônio), são comumente associados ao azar, de *az-zahr* que, em árabe, significa, ao mesmo tempo, *flor* (alinhada, no poema de Augusto, ao centro da quarta linha a contar de baixo) e *osso*, como o antecessor do dado moderno quadrado que, num dos seus lados, o da sorte, carregava o desenho da primeira. Em "Caos", o aparecimento das coisas segue a lógica aleatória e *provável* dos dados. A sua legenda, "no 7° dia o caos morreu (kuang-tse via cage)", faz diretamente referência à história 27 de *Indeterminacy* de John Cage, cujo processo de escrita se assemelhou à estrutura arbitrária da criação pelo caos ou do arremesso dos dados,[358] e dialoga, por exemplo, com a pequena narrativa de Hakim Bey sobre a ida de Mar do Sul, Imperador Shu, e de Mar do Norte, Imperador Hu, a Hun Tun.

> Caos é Hun Tun, Imperador do Centro. Um dia, o Mar do Sul, Imperador Shu, e o Mar do Norte, Imperador Hu (shu hu – relâmpago), visitaram Hun Tun, que sempre os recebeu bem. Desejando retribuir sua gentileza, eles disseram: 'Todos os seres têm sete orifícios para ver, ouvir, comer, cagar etc. – mas o pobre velho Hun Tun não tem nenhuma! Vamos perfurar alguns nele!' E assim fizeram – um orifício por dia – até que, no sétimo dia, o Caos morreu.[359]

A forma circular de "Caos" pode ser, além disso, comparada ao ovo da galinha.

> Mas... o Caos também é um enorme ovo de galinha. Dentro dele, P'an-ku nasce e cresce por 18 mil anos – finalmente o ovo se abre, divide-se entre céu e terra, yin e yang. Então P'an-ku transforma-se na coluna que sustenta o universo – ou talvez se torna o universo (respiração –> vento, olhos –> sol e lua, sangue e fluídos –> rios e mares, cabelo e cílios –> estrelas e planetas, esperma –> pérolas, medula –> jade, suas pulgas –> seres humanos etc.).[360]

O movimento codificado e aleatório de "Deuses", composto por 31 letras, grafadas como 31 dados bidimensionais, e 6 versos, correspondentes aos 6 lados do dado, recai, perante a imobilidade dos versos um e 5, os "deuses [que] não jogam dados",[361] sobre os versos 2, 3, 4 e 6 – 4 jogadas mortais, 4 *coisas* surgindo no começo vazio do cosmos? É, além do mais, e à semelhança de "Tântaro", com o qual "Deuses" partilha as singularidades da escolha tipográfica, insinuado pela acentuação da primeira ou segunda sílabas que, visualmente, equivale ao impulso da mão lançando os dados ou à sua projeção no espaço. A variação das 6 letras (d, e, s, o, a, m) aciona, por sua vez, a nível visual e sonoro, o giro fortuito das peças.

DEUSES

DOAM

DADOS

DOADOS

DEUSES

DOEM

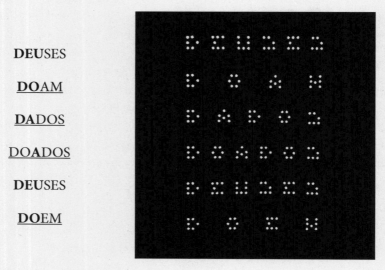

Augusto de Campos. Deuses. *O outro*. 2015.

5.4.8. "Isto" (2013), erro de programação genética

Além de recuperar, a nível verbal, expressões semelhantes a "um não de pedra", d'*O rei menos o reino* (1951), ou a "psiu", de "Psiu" (1966), "Isto" assemelha-se, formalmente, a "Haroldo" (1989; *Despoesia*, 2016) ou "Sub" (2001; *Não*, 2003).

Incluído n'*O Outro* (2015) e composto por 7 estrofes dispostas no centro da página quadrada ("¿ // um / ps / iu / de / pe / dr / a / psi // que / es / quis / o / a / qui / est / e / quis / to / es / qu / is / it / o / é / po / es / ia / ou / sou / eu / que / ex // **isto** // ?"), o poema interroga: ¿um psiu de pedra psique esquiso aqui este quisto esquisito é poesia ou sou eu que ex **isto**?

Multilíngue e dividida em partes, a pergunta pode ser lida em português, francês ("*qui est*") ou espanhol, sugerido, ao mesmo tempo, pelo primeiro ponto de interrogação e pela palavra "esquisito". O duplo significado de "esquisito", pejorativo em português e favorável em espanhol, antecipa, aliás, a variedade propositadamente oximórica e meândrica de acepções da composição.

5. Infraleitura 3: Augusto de Campos e os 3 lados da recusa

A começar pelos 8 primeiros versos, que carregam um som que tanto chama quanto cala, transformado, inesperadamente, num rochedo. Sucedido pelo semi-homófono "psique esquiso", este "psiu de pedra" logo se desintegra numa alma dividida ou esquizofrênica ("esquiso") e se recompõe para formar um "quisto" (*cisto* ou, como particípio passado, *querido*?) "esquisito" (*gracioso* ou *bizarro*?).

A questão dentro da questão, arquitetada a partir da reincidência do arranjo silábico "qui" (es**qui**so, a**qui**, **qui**sto, es**qui**sito), "é poesia ou sou que ex **isto**?", confirma, por fim, o jogo intertextual que a leitura sequencial do conteúdo desagregado antecipara. "Isto" recria a matéria visual, subdividida e pós-cartesiana de *La Vie en Close* (1991)[362] de Paulo Leminski, que dá, aliás, nome ao filme de Cao Guimarães (*Ex Isto*, 2010), e recorda, além disso, a premissa digressiva, tropical e irreverente do psicodélico *Catatau* (1975).

Duvido se existo, quem sou eu se este tamanduá existe?[363]

ESQ. Paulo Leminski. *La vie en close*. 1991.
DIR. Augusto de Campos. Isto. 2013. *O outro*. 2015.

Correspondente ao tamanduá de Leminski ou à preguiça de Thévet,[364] "isto", destacado a negrito por Augusto, anula, como *coisa* incatalogável e passageira (o que sou é *ex*), a existência daquela que pensa, exclui e ordena, depositando, ao mesmo tempo, o peso da equação no encontro sinonímico de *cogito* e *dubito*.

Augusto também faz coincidir o poema, materializado pela própria dúvida, com o desconhecido ao aproximar a poeta da afoiteza de Cartesius que, avesso à própria História, viaja até o Brasil para perder-se voluntariamente no assombro das possibilidades da terra e nas malhas sensoriais de Occam.

5.4.9. "Humano" (2014), 16 + 19 + 28 + 33 + 44 + 61

Um dos poemas mais recentes de Augusto, de 2014 e incluído n'*Outro* (2015), segue, à semelhança de "Pentahexagrama para John Cage", a lógica codificada do I Ching.

Impresso a preto e branco no interior do livro e a vermelho e verde na contracapa do livro, "Humano" concentra, num quadrado 8 x 8, os 64 hexagramas do jogo. Entre os 64 elementos, o autor decide destacar, através da demarcação do contorno (linhas 2, 3, 4, 5, 6, 8), 6 deles. Além de partilharem, com o alfabeto romano, a forma das 6 maiúsculas H, U, M, A, N, O, os 6 correspondem, respectivamente, aos hexagramas 16, 19, 28, 33, 44 e 61: "entusiasmo" (*yu*), "aproximação" (*lin*), "excesso" (*ta kuo*), "retiro" (*touen*), "encontro" (*kau*) e "sinceridade" (*kung fu*).

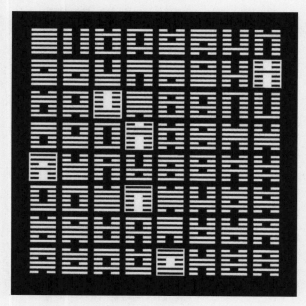

Augusto de Campos. Humano. 2014. *O outro*. 2015.

Se, por um lado, "entusiasmo" (*yu*), "aproximação" (*lin*), "excesso" (*ta kuo*), "retiro" (*touen*), "encontro" (*kau*) e "sinceridade", que compõem o "humano", título e conteúdo do painel, podem ser lidos, no caso particular de Augusto, à luz das várias fases intercaladas do seu percurso literário, por outro, existem num quadrado que, não por acaso, abre, à esquerda e no alto, com 2 formas hexagramáticas que, ao contrário das 62 restantes, não se repetem. A primeira, composta por 6 linhas intactas, quer dizer, na linguagem do I Ching, "céu" (ti'en), "o princípio criador" — onde as outras 63 se formam. A segunda, k'un, diz, por sua vez, respeito, à "terra" ou "princípio receptivo".

Debaixo do *céu* e sobre a *terra*, (*este*) humano (= yu, lin, ta kuo, touen, kau).

5.4.10. "Jaque mate" (2021), até a zanga irreversível dos deuses

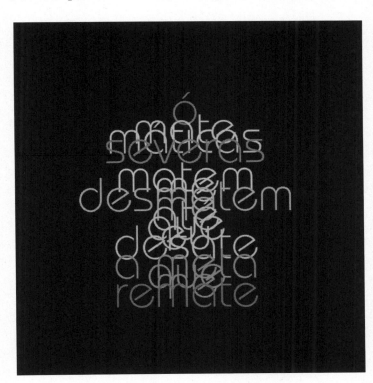

Augusto de Campos. Jaque Mate. *El País*. 2021.

163

Imperativa ensaística diabólica

À semelhança de "Código" ou "Odi et amo" (ver seção seguinte), a decifração de "Jaque mate", publicado no *El País* no dia 21 de fevereiro de 2021,[365] faz-se com base na transformação do alfabeto latino no código de um jogo.

Neste caso, o xadrez, sugerido, no começo, pelo título da composição.

Similar a uma enorme seta néon (técnica usada, antes, numa das recriações de "Rever" [Sesc Pompeia, 2016]),[366] o texto, marcado por 14 interrupções,

Ó mate
máticas
severas
matem
me
desmatem
me
até
que
eu
desate
a meta
que
me
remate

apropria, durante os 3 primeiros versos, Lautréamont ("*Ô mathématiques sévères*"),[367] citado também por Deleuze e Badiou,[368] e ilustrativo, além do mais, da discórdia entre ambos a propósito da definição da matemática contemporânea. Se Deleuze modifica parodicamente a expressão ("*O mathématiques sévères... Arithmétique! Algèbre! Géométrie! trinité grandiose! triangle lumineux!*")[369] para falar da *matemática esquizofrênica* como a projeção de várias possibilidades do real, Badiou decora as suas ideias platônicas sobre a estruturação formalista e unilateral da realidade com a frase d'*Os Cantos de Maldoror*.

Augusto parece descartar, junto de Badiou, o *problema*, como a vertente mais especulativa e *múltipla* da ciência, ao citar, sem alterações, Lautréamont. E a ideia de que esta grande ciência se impõe, tão divina quanto implacável, sobre a vida explica, sem grandes rodeios, a métrica-vaivém do poema que, em significado, avança ("matem/ me") e recua ("desmatem/ me") sob a fatalidade da jogada.

O tabuleiro de xadrez materializa, na verdade, um corpo à mercê da severidade do mundo axiomático e é, por sua vez, materializado pelo próprio poema que, formalmente, se aproxima da organização rigorosa de um tabuleiro.

Os 16 versos de "Jaque mate" correspondem às 16 peças do jogo. 16 também equivale ao resultado da multiplicação das 4 estrofes ou momentos pelos 4 lados do quadrado. Se multiplicadas por 16, as 4 estrofes ou momentos do texto,

1 – Ó matemáticas severas
2 – matem-me desmatem-me
3 – até que eu desate
4 – a meta que me remate

resultam em 64, o número de casas de um tabuleiro tradicional.

Este é, porém, o detalhe em que Augusto falha intencionalmente e a aparente concordância com Badiou se dilui. "Jaque mate" inclui 66 letras, e não 64. A decifração do erro, que compreende, na sua trama, a escolha estratégica dos termos "mate", "meta" e "remate", depende do significado de "mate". Em persa, *mât*. Associado aos verbos "render-se" e "matar", *mât* anuncia a morte do rei e assemelha-se, logicamente, à fonética do imperativo português "mate". "Meta" e "remate" são variações sonoras e gráficas do mesmo conjunto de letras.

Entre o descontrole total do jogo e a morte de cada um dos reis, como se realmente cada um ressuscitasse ou morresse de modo intercalado (mate – desmate), o erro premeditado vem reforçar a dimensão paradoxal das palavras "meta" e "remate".

Assim como "meta" se refere a um lugar sem definição ao marcar, no espaço, o fim e o começo de uma trajetória, "remate" pode designar a cosedura do aberto ou, generalizadamente, *o que encerra* e, ao mesmo tempo, o disparo da coisa para o ar. Pode, além disso, designar, a partir do significado de *mât*, a repetição da própria derrota ou morte.

O prefixo "re", que, dispensado, poderia garantir metricamente a conversão exata do poema em tabuleiro,

até
que
eu
desate
a meta
que
me
remate

aguça, porque deliberado, a possibilidade do acaso. O ataque voluntário à ordem mágica do quadrado propõe, de resto e ininterruptamente, através do significado do próprio prefixo, outra tentativa.

Um *repeat* trocista, por outras palavras, pressionado, uma e outra vez, até a zanga irreversível dos deuses.

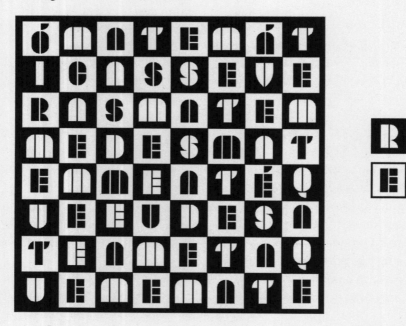

Patrícia Lino. Transformação de Jaque Mate num tabuleiro de xadrez.[370]

5.5. Augusto, as farpas virtuais e os cibercéus do futuro

Os mecanismos das redes sociais ou, mais generalizadamente, da internet materializam muitos dos ideais da poesia concreta no que diz respeito à mescla entre os ofícios de poeta e de designer e à comunicabilidade social do poema. Recuperam, além do mais, o que Gonzalo Aguilar afirmava em 2005 a propósito da necessidade de a poesia concreta "estar em condições de assumir um protagonismo e poder situar-se no campo literário sem a necessidade de depender de diretrizes de um meio que não [controla]".[371] E reacomodam, finalmente, pela sua adequação aos "cibercéus do futuro", este "gênero deslocado à procura de um novo veículo".[372]

A massificação e o tratamento social da mensagem vão igualmente ao encontro da necessidade política de assinar, tecnologicamente, um compromisso social. Com efeito, a indiscernibilidade entre estético e político marca, no contexto do que Marjorie Perloff designa de "crise das humanidades", não só o *fazer* do poema, como estabelece um modo *político* e *diferencial* de leitura.[373] O que quer dizer que, se o que ampara e circunda o *fazer* e a leitura já não obedece a um princípio de *universalismo*, mas de particularidade, *queer*, intemporal, trans-histórico, o *fazer* e a leitura têm continuamente de reinventar-se e desfazer-se a partir da variedade e da tecnização não binária e socialmente desperta.

A presença de um poeta como Augusto de Campos nas redes sociais, onde, desde 2018, expõe o seu trabalho, vem, por um lado, corroborar a ideia de que as exigências da publicação do poema visual, videopoema, poema performático, poema *slam* ou do exercício de *transcriação* do poema com recurso à imagem, ao som ou ao corpo são correspondidas, estética e funcionalmente, pelo mundo cibernético. E, por outro, aproximar, de modo inédito, o autor das massas, o que lhe permite estender ao universo online, bem como às novas gerações, um *não* virtual, ou a postura desobediente e antipoética com que sempre encarou o processo de escrita e os deveres que dele advêm.

> Não há concessões. Não há apelações. A poesia requer de nós algum instinto revolucionário, sem o qual ela não tem sentido. Os textos escolhidos manifestam, implícita ou explicitamente, formas de desacordo com a sociedade ou com a vida, capazes – eu suponho – de despertar esse ímpeto revolucionário nos leitores e fazer com que as vivências se enriqueçam com a sofrida experiência da recusa poética.[374]

A criação do perfil @poetamenos vai igualmente ao encontro do interesse intuitivo e contínuo que, à semelhança de Décio Pignatari e Haroldo de Campos, Augusto sempre manifestou pelas técnicas da publicidade, pela cibernética ou pela *mass communication* e confirma, ao mesmo tempo, a atenção minuciosa que, ao longo das últimas décadas, o autor foi prestando à influência das novas tecnologias sobre os procedimentos literários mais recentes e, de resto, aplicando na prática ao criar uma variedade pós-verso de "performances em multimídia".[375]

Entre as plataformas *online* usadas por Augusto de Campos, o Instagram é a que, pelo número de leitoras ou seguidoras, mais se evidencia. Lá, entre vários vídeos de livros que publicou e fotografias de poemas concretos que fez, Augusto de Campos vem partilhando os inéditos "Contrapoemas" e "Bolsogramas", e outros trabalhos, que, até a data, parecem não fazer parte de uma série ou conjunto. Quer uns quer outros foram publicados entre 2 de abril de 2018 e 22 de dezembro de 2021.

5.5.1. "Cláusula pétrea" (2018), artigo 5, LVII

O primeiro dos poemas inéditos *postados* por Augusto de Campos no Instagram chama-se "Cláusula pétrea". Foi publicado, pela primeira vez, no dia 2 de abril de 2018 e republicado nos dias 14 de fevereiro e 17 de outubro de 2019. Este *ready-made*, como o classifica o autor na legenda que acompanha o texto, inaugura um conjunto interventivo de poemas em defesa do antigo Presidente da República Federativa do Brasil, Luiz Inácio Lula da Silva, condenado em 2018, no âmbito da Operação Lava Jato, por corrupção e lavagem de dinheiro no caso do tríplex do Guarujá. "Cláusula pétrea" segue, além do mais, a linha visual e tipográfica de trabalhos anteriores, como "2ª via" (1984) ou "Tour" (1994), e cita, de modo literal, o artigo 5º, LVII, da Constituição da República Federativa do Brasil: "ninguém será considerado culpado até o trânsito em julgado de sentença penal condenatória".[376]

A menção à técnica popularizada por Marcel Duchamp convida, em primeiro lugar, à reflexão da influência, mais do que explorada pela crítica, dos movimentos *avant-garde* do início do séc. XX europeu[377] e, por acréscimo, do primeiro Modernismo brasileiro, sobre o trabalho de Augusto. Também nos transporta até um dos comentários mais sugestivos e reveladores feito pelo autor acerca da postura pós-modernista perante autores *experimentais* como Mallarmé ou Marcel Duchamp e da atualidade de um exercício como o *ready-made*: "Há, no contexto do debate sobre o pós-modernismo uma tática de querer menosprezar muito rapidamente a recuperação da arte experimental e dizer que tudo isso acabou!".[378]

5.5.2. "Lulalivre" (2018), *tridens brasilis*

Segue-se a "Cláusula pétrea" o Contrapoema "LULALIVRE", publicado no dia 23 de abril de 2018.[379] Associada ao Partido dos Trabalhadores (PT), a cor vermelha, que preenche o fundo do poema, evidencia o verde do conjunto tipográfico. A primeira parte deste conjunto, que ocupa praticamente todo o quadro, abre com a sucessão vocálica LU/LA/LI, até ela ser, de repente, interrompida pelo som VR, e rematada pelo som final ∈. A forma desproporcionalmente comprida desta última vogal, ∈, composta, por sua vez, pelos 3 primeiros L's, sugere a imagem de uma cela.

Se invertida horizontalmente, como num espelho, ∈ passa a ser lido como o número 3, o produto da união das 2 primeiras partes (LU/LA/LI + VR) e o desfecho pleno da tríade. Além disso, como nota Adam Joseph Shellhorse,[380] quando invertido na vertical, ∈ lembra o caractere chinês 巨 (jù, *reunir*) que, por associação, convida à revisão de "LIFE" de Décio Pignatari, impresso em 1957, incluído no número 4 da *Noigandres* (1958) e desenhado com base na forma do caractere chinês 日 (rì, *dia*). Este último convoca poemas posteriores para a discussão, como "Olho" e "Sol", feitos em 1974 por Almandrade. Todos aproximam, sem exceção, a escrita ocidental da escrita oriental, com o propósito de, recorrendo à dimensão ideogramática da segunda ou do próprio movimento da página e distribuindo estrategicamente os sinais óticos, *ver* o texto. A alumiação gradual da vida, representada metonimicamente pelo sol, depende, de modo exclusivo, do olho que, controlado pela diagramação do livro ou do grafismo característico da banda desenhada, gera a luz e engrandece, assim, a "ação vivificadora do poeta".[381]

"LULALIVRE" vem, em 2020, politizar a indissociabilidade ideogramática entre verbal e não verbal sugerida, décadas antes, pelos trabalhos de Décio Pignatari, Almandrade, Ana Aly e Philadelpho Menezes, Osmar Dillon e Arnaldo Antunes.[382]

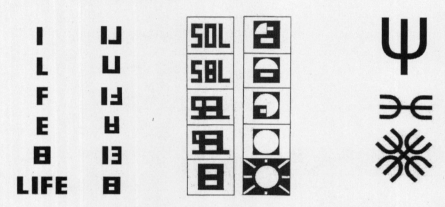

ESQ. Patrícia Lino. Leitura gradual de Life, de Décio Pignatari. 1957.
CENTRO Almandrade. Sol. 1974. DIR. CIMA Letra grega Psi.
DIR. BAIXO Hugo Mund Júnior. Dois elementos. Gérmens. 1977.

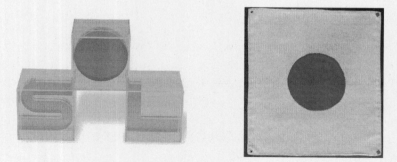

ESQ. Osmar Dillon. Sol – Tridimensional. 2010.
DIR. Ana Aly & Philadelpho Menezes. O sol. Detalhe. 1985-2000.

Além de ser formado pelos 3 primeiros elementos gráficos anteriores, ∈, que, como o símbolo matemático ∈, subverte, ao mesmo tempo, a harmonia deste protesto visual, recorda-nos igualmente uma das sequências de Hugo Mund Júnior (*Gérmens*, 1977) e da penúltima letra do alfabeto grego, Ψ (psi), que, em primeiro lugar, aparece correntemente associada, como o desenho de uma borboleta, à palavra ψυχή (*psyché, alma*) e, de modo unicamente visual, à imagem do tridente do deus Poseidon. Como um tridente que instala a dúvida e a incerteza, pela qual Poseidon, inconstante como o mar, é tradicionalmente conhecido, ∈ precede o enigmático verso em redondilha maior: "paranaicos no pinel".

Numa entrevista de 2019 ao Tutaméia, Augusto comenta: "O poema *Lula Livre* relembra com uma palavra-valise o celebérrimo personagem d'*O alienista* de Machado de Assis, associando-o ao julgamento político do ex-presidente". As palavras do autor esclarecem algumas inquietações que o verso, "paranaicos no pinel", poderia levantar. A relação entre o encarceramento de Lula e os múltiplos encarceramentos machadianos, incluindo, ao final, o do próprio Dr. Simão Bacamarte, ironiza e põe em causa, ao relembrar o erro sistemático de Bacamarte, que encarcera, a certo ponto, mais de 75% da população de Itaguaí, a decisão de prender injustamente Lula da Silva.

Como palavra-valise, "paranaicos" também parte, obviamente, da raiz e do significado do termo "paranoia" e aglutina *noikos*, de *nous* (mente), e *parana*, de "Paraná".[383] A referência geográfica alarga a crítica: Sergio Moro, um dos responsáveis pela condenação de Lula, bem como o procurador da República e encarregado da Operação Lava Jato Deltan Martinazzo Dallagnol, nasceram no estado do Paraná. E a segunda parte da expressão, "no pinel", encerra o ataque. Antes de significar "louco", o termo "pinel" dava e continua a dar nome ao hospital psiquiátrico Instituto Philippe Pinel no Rio de Janeiro. O significado duplica-se: "pinel" dá a ver, em simultâneo, o "louco" e o espaço físico como se, de fato, dissesse – *o lugar dos loucos do Paraná é no Pinel*. Além disso, a crítica, "paranaicos no pinel", funciona, à semelhança da série pignatariana de *Poemas semióticos*[384] ou dos *poemas-conceito* de Wlademir Dias-Pino, como uma chave léxica prestes a ser decifrada.

Depois de "LULALIVRE", @poetamenos publicou "Corte" (Contrapoema, 27 de abril de 2018), "Chicana" (Contrapoema, 29 de abril de 2018) e "CAVE MIDiA$" (Contrapoema, 1 de maio de 2018).

5.5.3. "CAVE MIDiA$" (2018), o *meme* do cachorro

A recusa política *não-original* que sustenta o processo criativo de Augusto corresponde ao ato de apropriar uma seleção diversa e fluida dos materiais que, no caso dos Contrapoemas e dos Bolsogramas, se evidencia cada vez mais pela manipulação gráfica que se serve indiferentemente, expandindo ou corroendo os significados, de textos literários, máximas, símbolos nacionais, culturais ou populares, slogans ou canções. O raciocínio, que aproxima o trabalho de Augusto da dinâmica imitativa e distorcida do *meme*,[385] é, à semelhança do exercício paródico mais simples, sustentado pelo reconhecimento da matéria apropriada que, coerente com todo o trabalho do poeta brasileiro, acontece gradualmente por meio da decifração de camadas de enigmas.

O enigma como processo, que chega até a denominar as já analisadas *enigmagens* ("Código", 1973; "Pentahexagrama para John Cage", 1977), existe entre a melancolia da impossibilidade de criar *originalmente* e o cinismo de, ainda assim, fazê-lo com a consciência da própria impossibilidade. O gesto criador não original, que apropria o objeto, tampouco original, para escrever o *meme*, que, por reprodução e desvio, recicla um ou mais códigos familiares para a leitora, assenta, por sua vez, na ideia da autora como *imagem*. Esta autora *memética*, ou a ilusão autoral, transferem a impossibilidade de criar *originalmente* para a interpretação, porque, assim como a autora não alcança o *primário*, a leitora não alcançará imediatamente o significado ou a pluralidade de significados do *meme* não original. As camadas enigmáticas de significados e de associações, que descrevem grande parte dos poemas de Augusto, materializam, a par da assimilação inviável do pandemônio referencial e informativo do mundo, o pormenor que escapa. Ou a perda, a 3 níveis: iconicamente linguística (de quem tenta ler, de modo linear-lógico-discursivo, os ícones), intersemiótica (de quem tenta traduzir, de modo linear-lógico, os ícones com palavras) e contiguamente linguística (de quem desloca, de modo deficiente e ilusório, o significado dos ícones para o discurso linear e lógico).[386]

5. Infraleitura 3: Augusto de Campos e os 3 lados da recusa

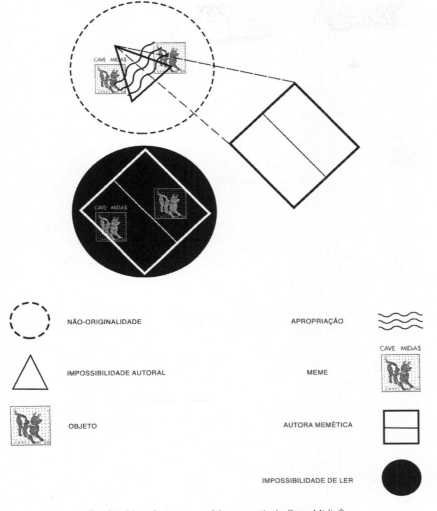

Patrícia Lino. Autora memética a partir de Cave Midia$.

Em muito semelhante a "AMERICA VERITAS", de 2016, o Contrapoema "CAVE MIDiA$" apropria ou, para usar o termo de Kenneth David Jackson[387] e Adam Joseph Shellhorse,[388] *canibaliza* o conhecido mosaico "*Cave canem*" ("Cuidado com o cão"), que decora a entrada d'*A casa do poeta trágico*, um dos conjuntos de ruínas de Pompeia descobertos em 1824.[389] Augusto preserva a imagem do cão feroz e acorrentado e, usando uma tipografia muito parecida à original, escreve "CAVE MIDiA$" sobre a composição original. A duplicidade do significado de "midias" está, neste caso, diretamente relacionada com o percurso etimológico do termo e com a particularidade gráfica do segundo "i".

"Midias" deriva da palavra greco-latina *medium* (singular), *media* (plural), na qual se baseiam as expressões modernas "mídia", influenciada erroneamente pela fonética do inglês "*media*", e "meios de comunicação". Logo, num primeiro momento, podemos ler "Cuidado com os mídia" ou, se quisermos, "Cuidado com os meios de comunicação". Se seguirmos, porém, a indicação gráfica de Augusto, que diminui propositadamente o segundo "i" em relação a todas as letras da expressão, podemos dispensar a vogal e ler apenas "CAVE MIDA\$". "Midas", em conjunto com o sinal "\$", amplia as possibilidades de interpretação do Contrapoema. A introdução discreta da figura do poderoso e miserável Rei Midas no debate propõe uma leitura mitológica da expansão desenfreada do sistema capitalista e da associação perversa do sistema com os meios de comunicação. E vice-versa.

A contaminação é tríplice: mídia (*media*), meios de comunicação, Mida\$.

Depois de "CAVE MIDiA\$", Augusto de Campos publicou o caligramático "Superteto" (Contrapoema, 3 de maio de 2018), o machadiano "O Alienista 2018, intradução de Machado de Assis" (Contrapoema, 9 de maio de 2018), "Intradução: Salvatore Quasímodo" (8 de junho de 2018) e "Doublet para Lula" (11 de setembro de 2018).

5.5.4. "Doublet para lula" (2018), *puzzle* interventivo

Os *Doublets* ou *Words Chains* inventados por Lewis Carroll e publicados pela primeira vez na revista *Vanity Fair* a 29 de março de 1879, são *puzzles* verbais em contínua transformação. Como explica Augusto na legenda de "Doublet para Lula", "o quebra-cabeça requer que passemos de uma dada palavra a uma de sentido oposto, mudando apenas uma letra por vez, todas com significado próprio".

O exercício não é de todo novo para Augusto. No conjunto de variações-homenagem para Lewis Carroll, publicado n'*O anticrítico* (1986), foram incluídos, além de outros textos, 14 *Doublets*.[390] À exceção de 2 deles, constituídos por 15 combinações, os restantes *doublets* variam entre combinações de 4, 6 e 7 palavras. São vários os que, através da ironia e da contradição dos significados de cada vocábulo, LIXO/LUXO/LUTO/PUTO/PURO/OURO,[391] antecipam o caráter político e transgressor de "Doublet para Lula".

MORO
MOTO
LOTO
LUTO
LUTA
LULA

O poema começa com a palavra "Moro", referente a Sergio Moro, para transformar-se em "Moto", do latim *motus*, "movimento". De "Moto" vamos para "Loto", do grego *lótus* que, além de sugerir o jogo (Loto, Bingo ou Quino), lembra o italiano *lotto*, "sorte". O termo seguinte, "Luto", introduz "Luta", e "Luta" conduz-nos, por sua vez, até a última das sequências do jogo: "Lula".

Augusto inclui o *puzzle* num tabuleiro aparentemente quadrangular, de 6 x 4, vermelho e azul, e manipula engenhosamente as palavras de "Moro" a "Lula" para sugerir a preferência pelo último em relação ao primeiro.

A rapidez e a facilidade com que vamos de um nome (Moro) para outro (Lula), como fomos de um governo de esquerda para um governo de extrema-direita, abre espaço para a sucessão angustiante de perguntas: o que motiva exatamente tamanha mudança? Quão presentes e estruturais são ainda as dinâmicas militares no Brasil do presente? Quão garantidos estão os nossos direitos?

Seguem-se "Haddad ou nada" (5 de outubro de 2018) e "Ressabor de burrice" (29 de novembro de 2018).

5.5.5. "Ressabor de burrice" (2018), espelho multicor

"Ressabor da burrice" adapta audiovisualmente "Sabor da burrice" de Tom Zé. A música faz parte do LP de estreia do músico, *Grande liquidação*, lançado em 1968. A par de outras canções como "Sem entrada e sem mais nada", "Sabor da burrice" vem questionar a conexão enganosa entre a capitalização dos saberes e a felicidade.

Passagens como "Refinada poliglota/ ela é transmitida/ por jornais e rádios/ mas a consagração/ chegou com o advento/ da televisão", que aludem diretamente aos meios de comunicação, dialogam e antecedem, por exemplo, a mensagem do recente "CAVE MIDiA$". Mas são os primeiros versos, correspondentes ao refrão, que Augusto decide apropriar e incluir musicalmente no vídeo: "Veja que beleza/ em diversas cores/ veja que beleza/ em vários sabores/ a burrice está na mesa".

Ao dispô-los em grupos de 4 letras,

Veja
queb
elez
a!em
dive
rsas
core
seem
vári
ossa
bore
s!ab
urri
cees
tána
mesa

Augusto faz corresponder a divisão silábica e, consequentemente, a nossa leitura à cadência da voz de Tom Zé. As cores, verde, amarelo, branco e azul, que correspondem às da bandeira nacional do Brasil, dividem, ao mesmo tempo, as seções de modo hierárquico. Se o verde e o amarelo enfatizam o início e o fim da composição, o branco marca secundariamente o que os conecta: "veja" (verde), "que beleza!" (amarelo), "em diversas" (branco), "cores" (amarelo), "e em vários sabores" (branco), "! a burrice" (amarelo), "está na mesa" (verde).

"Beleza" e "burrice" têm, além disso, o mesmo número de sílabas e, como num espelho, começam e encerram um canto circular.

5.5.6. "O mito" (2019), sinal de perigo não linear

Antecedido por "Erramos!" (Contrapoema, 23 de dezembro de 2018) e "De um soneto de PASSOS DA CRUZ de FERNANDO PESSOA" (1 de janeiro de 2019), "O mito", publicado 2 dias depois da posse de Jair Bolsonaro no dia 1 de janeiro, reage direta e criticamente ao caráter fascista das atitudes e das propostas do então presidente da República Federativa do Brasil.

Começamos por ler, na parte superior do quadro, a expressão homônima e, ao perceber que a expressão se repetirá sucessivamente, baixamos o olhar até a parte inferior da composição para ler "o". Percebemo-lo depressa: "O mito" lê-se de cima para baixo e de baixo para cima. O movimento vem, de resto, confirmar o óbvio: a forma da letra V, que contém todo o conjunto tipográfico, anula a dimensão quimérica ou inventiva do *mito* ao aglutinar V + O + MITO, que podemos ler como "vômito" (substantivo) ou "vomito" (verbo). Por último, em concordância com o também possível significado do verbo omitir ("omito"), o diminutivo "Bozo", pelo qual Jair Bolsonaro é popularmente conhecido, aparece discretamente na décima linha.

A estrutura de "O mito", similar à do sinal de perigo, ⚠, lembra-nos, por fim, os conhecidos V's de Ronaldo Azeredo, autor de "Velocidade" (1957), "Olho por olho", publicado em 1964, a estrutura visual e rítmica de "Opressão" (1972) do poeta português Alexandre O'Neill[392] e, finalmente, os mais recentes "Poemanifesto" (2017) e "Cláusula pétrea" (2018) do próprio Augusto de Campos.

"A injustiça paranaica" (6 de fevereiro de 2019), "Educaixão" (5 de abril de 2019), "O inesperado faz os corações dançarem mais" (parte da exposição Poemas e Contrapoemas, Lucia Brito Galeria, maio 2019), "Lulagrama" (11 de junho de 2019) precedem "Profilograma: Du Champ", publicado no dia 3 de setembro de 2019.

5.5.7. "Profilograma: Du Champ" (2019), *still breathing*

As 2 versões de "Profilograma: Du Champ" abrem com uma pergunta: "e o que você está fazendo agora?"/ "*and what are you making now?*". A pergunta, dividida gráfica e cromaticamente, "e o que você está" (cinzento), "fazendo agora?" (preto), simula a respiração e introduz a resposta: "eu re.....spiro"/ "*I am breathing*".

O diálogo baseia-se na conhecida resposta que Duchamp deu a Calvin Tomkins e que o segundo recorda em *Marcel Duchamp: The Afternoon Interviews*:

CT: The thing that really surprised and delighted me was that even though all my questions were very dumb and ignorant, he somehow managed to turn every one of them into something interesting. He had the most enchanting and easy manner. He was at home in his own skin, and he made me – and everybody around him – relaxed. I remember asking him, 'Since you've stopped making art, how do you spend your time?' And he said, 'Oh, I'm a breather, I'm a respirateur, isn't that enough?'[393]

O que há de interessante no profilograma de Augusto que, à semelhança de "Profilograma 1. Pound/ Maiakóvski" (1966), "Profilograma 2. Hom'Cage to Webern" (1972), "Sounsândrade 1874-1974 (fotopsicograma)" (1966-1974) ou "Janelas para Pagu" (1974), homenageia outra autora, está concentrado na segunda parte do poema, mais especificamente no modo como divide a resposta. A divisão não é inusitada: "re/ spiro" parte da etimologia do verbo "respirar", *re-spirare* (ressopro) que, por sua vez, se refere ao *sopro* de um organismo *animado* e a um dos exercícios mais básicos e fundamentais do corpo humano.

Mas não tão óbvio assim.

Nas sociedades pós-humanistas, de exacerbada produtividade e capitalização, anticientificistas e negacionistas, estar viva e respirar não são necessariamente dados adquiridos. Como leríamos, por exemplo, hoje, depois do ano de 2020 e dos milhões de mortes causadas pelo Covid-19, "Profilograma: Du Champ"?

"Eu re/spiro" marca efetivamente uma paragem na aceleração do tempo, insubordinada, de recusa plena, e *inútil*, abrindo espaço para a pergunta: onde, num mundo acelerado, de produtividade feroz, impessoal e cada vez mais individualizado, se posicionam a poeta e as suas funções?

Partindo da expressão de Ezra Pound (*Instigations*, 1920), Augusto parece ter respondido à questão em 1992, com "TVGRAMA 2 – Antennæ of the race",[394] fazendo corresponder à poeta a capacidade de adivinhar os temas e as técnicas do processo tecnológico e, como em "Poema cartaz de agitação" (1980) de Philadelpho Menezes,[395] guiar as multidões. Ideia que, aliás, voltou a desenvolver recentemente no ensaio "Arte e tecnologia", ao nomear a poeta como a programadora de "todo o contexto humano".[396]

5.5.8. "Mensagem numa garrafa (Bolsograma 2)" (2020), artefato digital

Depois de "Intradução: humanimais (e.e.cummings)" (15 de outubro de 2019) e "Bolsograma" (31 de março de 2020), republicado, a verde, azul, amarelo e branco, no dia 11 de junho de 2020, Augusto de Campos publicou "Mensagem numa garrafa (Bolsograma 2)" a 6 de abril.

"Mensagem numa garrafa (Bolsograma 2)" lembra imediatamente, pelo seu título e dimensão crítica, "Mensaje en una botella"[397] de Nicanor Parra, incluído em *Artefactos* (1972), ou ainda *Bottle Rack*,[398] *ready-made* feito por Marcel Duchamp em 1914, e "Botella al mar"[399] incluído em *Preguntas al Azar* (1986) de Mário Benedetti.

ESQ. Nicanor Parra. Mensaje en una botella. *Artefactos*. 1972.
DIR. Augusto de Campos. Mensagem numa garrafa (Bolsograma 2). 2020.

À semelhança do objeto antipoético de Parra, que segue e condensa a dinâmica satírica e lúdica dos *artefactos*, a garrafa de Augusto carrega uma mensagem irônica. A frase "Para controlar o vírus melhor isolar o Bolsonaro", grafada com a mesma tipografia de, por exemplo, "Bolsograma" ou "Fora cloronaro (Bolsograma 3)" (10 de abril de 2020), refere-se à sucessão de decisões tardias e desastrosas do então Presidente da República Federativa do Brasil em relação ao controle e à prevenção do vírus Covid-19.[400]

Há, além disso, numa "Mensagem numa garrafa (Bolsograma 2)" e à semelhança do tom derrotista do poema de Benedetti, desesperança e incerteza: para onde vai a garrafa? Quem encontrará a garrafa? Quando será a garrafa encontrada? Será a garrafa alguma vez encontrada?

5.5.9. "Contra os juriscopatas de direita contra os leguleios jornalíticos" (2020), a dança do hula hula

Publicado no dia 27 de outubro de 2020, "Contra os juriscopatas de direita contra os leguleios jornalísticos" repete sucessivamente os sons LU, LA, UL, AL e, seguindo uma dinâmica bastante similar àquela que encontramos nos *Doublets* de Lewis Carroll, combina, em 2 sílabas, os sons até a palavra final: LULA. Cada uma das letras, ao longo das primeiras 9 linhas, está rodeada por um arco. A disposição assimétrica dos 36 arcos faz com que pareçam mover-se simultaneamente em redor dos caracteres e lembra, obviamente, a dança havaiana do Hula sem, no entanto, incluir a letra H.

O poema *faz* tanto o movimento como o som.

5.5.10. Poema-homenagem para décio pignatari (2020), acima do chão

O poema-homenagem para Décio Pignatari foi publicado em 4 de dezembro de 2020, depois de "O poeta Gregório de Matos psicografado faz perguntas embaraçosas aos futuros futebilóides" (2 de dezembro de 2020), e apela à reedição de *Poesia pois é poesia* de Décio Pignatari, que reúne os trabalhos produzidos pelo autor entre 1950 e 2000.

Com efeito, muitos dos aspectos da obra de Décio Pignatari, autor de um "carrossel de signos",[401] não foram até aqui estudados e o esquecimento do seu trabalho teórico e poético, que sobrevoa as universidades brasileiras, bem como os programas internacionais de literatura brasileira, deve-se provavelmente à relação profunda, e ainda assim particular e inovadora, que Décio estabeleceu com a semiótica peirceana, da qual, como se sabe, foi o introdutor no Brasil. E que, além de poder ser efetivamente aplicada a diversas disciplinas, ou, na verdade, a todas, e não dizer exclusivamente respeito aos estudos literários, é também interpretada por muitas como um fenômeno do passado.

O poema, que recupera o tom elogioso de "DP", feito em 1987 por ocasião dos 60 anos de Décio Pignatari e incluído em *Despoesia* (2016),

5. Infraleitura 3: Augusto de Campos e os 3 lados da recusa

Augusto de Campos. DP. 1987.

começa por ironizar a aparentemente inquestionável reputação de 3 prêmios literários: "Décio Pignatari/ O/ Este não ganhou prêmio algum/ Jabuti Camões Leão". A par do símbolo "O", consideravelmente maior do que o resto do texto, as letras "o" (Décio), "o" (não), "g", "o" (ganhou), "o" (prêmio), "g" (algum), "c", "õ" (Camões) e "o" (Leão) foram grafadas, embaixo, com o mesmo sinal. Todas são, à semelhança do "O" ou do "o", circulares. O sinal, "_", que indica a duração dupla do som da letra, marca a leitura: "Décioo Pignatari/ Oo/ Este nãoo gganhou prêmioo alggum/ Jabuti CCamõões Leãoo". Também dialoga com a segunda parte do texto: "Bastava-lhe estar só um/ Pouco acima do chão". E lembra a intradução "Pó de tudo (Scelsi)", de 1993, incluída em *Despoesia* (2016).

Imperativa ensaística diabólica

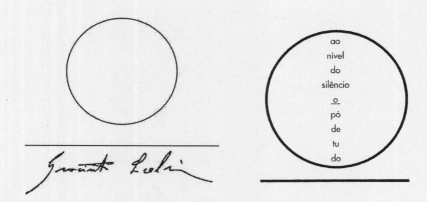

ESQ. Assinatura ou autorretrato de Giacinto Scelsi.
DIR. Augusto de Campos. Pó de tudo (Scelsi). 1993.

"Pó de tudo (Scelsi)" apropria a assinatura ou o autorretrato de Giacinto Scelsi que entregou, várias vezes, o desenho disposto acima às anfitriãs dos concertos em que tocava em vez da fotografia do seu rosto.[402] O desenho que é, ao mesmo tempo, o tudo (o horizonte, o sol erguendo-se e o zero) e o nada (o horizonte, o sol pousando e o zero), dialoga, através da metáfora pó, início e fim em várias culturas antigas, com este poema-homenagem de 2020, cujas marcações correspondem graficamente à imagem de Décio levitando sobre a terra.

Patrícia Lino.
Poema-homenagem para Décio Pignatari
de Augusto de Campos modificado.

182

5. Infraleitura 3: Augusto de Campos e os 3 lados da recusa

O uso alongado da vogal está também na base mais discreta da intradução "Odi et amo" (2006) e, à semelhança dos poemas de 1993 e 2020, a sugestão da sua duração dupla simula um canto em crescendo. "Odi et amo" parte do binômio métrico do fragmento 428 W de Anacreonte ("e amo [*eréo*], de novo, e não amo [*kouk eréo*]/ e enlouqueço [*maínomai*] e não enlouqueço [*kou maínomai*]") e da sua versão em latim, o carmen 85 de Catulo ("*Ōdī et amō. Quārē id faciam fortasse requīris./ Nesciō, sed fierī sentiō et excrucior*"). As traduções do último para o português são incontáveis. Entre elas, a do próprio Décio Pignatari ("Odeio e amo. Como assim?/ Não sei: só sinto e me-torturo-me")[403] e a de Augusto, que traduz de modo intermedial as particularidades do latim e se distingue, com Anne Carson,

> *Hate hate hate hate hate hate hate hate hate.*
> *Hate hate hate hate hate hate hate hate hate.*
> *Love love love love love love love love love.*
> *Love hate love love love love love love love.*
> *Why why why why why why why why why.*
> *Why why why why why I why why why why why.*
> *I I I I I I I I I I I I I I I I I I I I I I I I I I I I I I I I I.*
> *I I I I I I I I I I I I I I I why I I I I I I I I I I I I I I I I.*[404]

e Nicanor Parra,

Love Letter. Antipoems: How To Look Better & Feel Great. 2004.

pela ousadia com que intervém no original.

Na versão audiovisual de "Odi et amo",[405] depois de vermos as letras aparecendo, uma a uma (A-M-O-O-D-E-I-O), observamos como se vão substituindo, umas às outras, dentro do seu próprio desenho circular até que, em separado, ao mover-se em direção às margens do quadrado, explodem até desaparecem. A explosão final, que resulta do cruzamento de todas as letras e da "ambiguidade de sentimentos"[406] contrários, traduz, muito claramente, a tensão do carmen.

Contudo, parece-me que, mais do que ler, em "Odi et amo", "Amo e odeio", como supostamente o propõem a composição e a sua versão audiovisual e "Odiamante" (2006), este poema, armado a partir do latim e da simetria irreprovável do latim de Catulo, encobre e abre outras possibilidades de leitura.

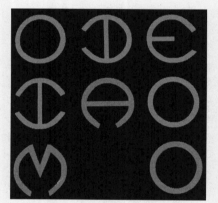 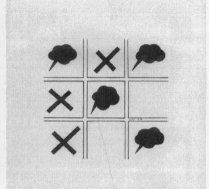

ESQ. Augusto de Campos. Odi et Amo. *O outro.* 2015 [2006].
DIR. Álvaro de Sá. *Poemics.* 1991.

À semelhança de uma das composições incluídas na série *Poemics* (1991) de Álvaro de Sá, a estrutura assemelha-se ao jogo da velha (3 x 3), coincidência insinuada, além do mais, pela forma circular do desenho de todas as peças. A falta de uma das peças vermelhas adianta, ao mesmo tempo, a vitória das peças verdes que, na primeira das linhas, compõem o trio ODE. "Ode", de ᾠδή, *canto*, e que designa uma composição, como o fragmento de Catulo, dirigida a uma interlocutora específica, pode também ser lida, pela duplicidade da letra D/C, no sentido contrário. Da direita para a esquerda: ECO. A convergência gráfica de ambas as palavras, ODE e ECO, no mesmo quadro, aparece pela primeira vez na série "Alfabismo", também de Álvaro de Sá, publicada na revista *Ponto 2* em 1967, e o que Augusto faz passa, num primeiro momento, por ler Catulo à luz da codificação alfabética operada por Sá no começo da série do seu poema/processo.

A transformação de ODE em ECO não afeta a leitura da primeira parte do verso em latim ("Odi et amo"). Os elementos tipográficos estão, porém, longe de corresponder à ordem tipográfica da expressão. A letra T, uma âncora espelhada, cumpre, por exemplo, a função da letra T ("et̯") e, ao mesmo tempo, da letra I ("odi̯"). E assim como o desenho flutuante da letra T rompe a linearidade da sequência alfabética, a letra O, que aparece 2 vezes em "odi et amo", pode ser lida, na composição de Augusto, 3 vezes.

É a função dupla da letra T, em conjunto com a leitura dupla do primeiro trio (ODE/ECO), que me permite dar o primeiro passo na decifração da presença deste elemento extra e aparentemente inútil.

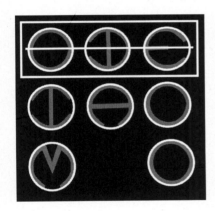 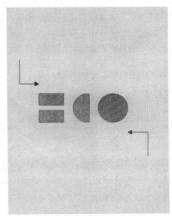

ESQ. Patrícia Lino. Trio Ode/Eco + Forma circular de todas as peças.
DIR. Álvaro de Sá. Alfabismo. Excerto. *Ponto 2.* 1967.

— u u / —
Ōd'et a / mō.

Odi et Amo. Vogais breves (U) e longas (–).

A multifuncionalidade de T traduz parte da série de vogais longas e breves. Entre ou perto de 2 vogais breves (u), E e A, a pronunciação das letras I e T quase não se escuta. I e T duram, na verdade, o tempo de apenas um caráter.

Já O, vogal longa (–), dura, porque 2 x 2 = 4, o tempo de 4 caracteres. Lemos, por isso, 3 O's na composição de Augusto e sabemos que a peça vermelha em falta, ao centro da terceira linha, equivale ao quarto deles.

A repetição sucessiva e excessiva do O transporta-me, coerentemente, até o ECO da própria ODE e, ao escutar o som em O propagando-se presente e ausente no espaço, entendo não só que a composição de Augusto expande a simetria do binômio de Catulo a nível visual, como também percebo que o ECO em O, tão infinito quanto vazio, expande inversamente a ODE ou o canto.

5.5.11. "Contrapoema sobre o verbo ir" (2020), 461.142 óbitos

Publicado no dia 14 de dezembro de 2020, "Contrapoema sobre o verbo ir" recupera a linha gráfica dos Bolsogramas e as cores de "Mensagem numa garrafa (Bolsograma 2)" e parte do primeiro nome do então Presidente da República Federativa do Brasil, Jair, para formar os seguintes conjuntos de palavras a partir dos 2 verbos anômalos da língua portuguesa: JA-IR-JA-FOI-JA–VAI-JA-ERA-JAIR. A dimensão oral da sequência recupera, como uma farpa virtual, a ferocidade e o sarcasmo dos Bolsogramas. Por terminar como começou, a sequência pode ser, além disso, lida circularmente e de modo contínuo.

"Contrapoema sobre o verbo ir" foi, entre os inéditos *postados* por Augusto de Campos nas redes sociais, o mais *viralmente* partilhado. Os milhares de compartilhamentos, publicados durante o dia 29 de maio de 2021 nas 3 plataformas (Instagram, Facebook e Twitter), aconteceram depois de os meios de comunicação terem atualizado, de novo, o número de mortes causadas pelo Covid-19 no Brasil que, em apenas 24h, registrou, no referido dia, 1.971 vidas perdidas e, no total, 461.142 óbitos.[407]

5.5.12. "Contrapoema: verdade?" (2021) e as *fake news*

Publicado no dia 22 de dezembro de 2021, "Contrapoema: verdade?" dispõe respectivamente, em cima e em baixo, as palavras "verdade" e "mentira". As 12 combinações que seguem "verdade" e precedem "mentira" são compostas pelas letras de ambos os termos. A construção que simula, com base na intercalação de 2 cores, verde e vermelho num fundo preto, a *diferença* varia,

5. Infraleitura 3: Augusto de Campos e os 3 lados da recusa

na verdade, muito pouco: da esquerda para a direita, a segunda coluna vertical, formada apenas pela letra E, adianta terceira e quarta colunas, formadas apenas por R/D e DT, uma quinta coluna, formada apenas pelas letras A/I, e os 2 últimos pares (D/R – E/A).

A unidade perpendicular da estratégia visual de "Contrapoema: verdade?" assemelha-se à uniformização verbal e vertical dos *doublets* e de, em particular, "Doublet para Lula" (2018). Assim como, no primeiro, "Moro" se transforma em "Lula" ou "Lula" se transforma em "Moro", no segundo, "verdade" transforma-se "mentira" ou "mentira" transforma-se em "verdade". No caso de "Contrapoema: verdade?", o deslocamento repetitivo das mesmas 7 letras, que tira partido da coincidência silábica entre as 2 palavras, faz da engrenagem de Augusto, na qual os sons e, portanto, os significados se confundem, a materialização colorida das *fake news*, da "mensagem corporalizada"[408] e tantas vezes duvidosa dos líderes políticos, da banalização da mentira, da função imprudentemente desastrosa das redes sociais ou da estratégia comunicativa da extrema-direita, que recusa a ideia de consenso e combina, generalizadamente, princípios liberais e princípios antielitistas.[409] Um jogo horizontal de pares, a estrutura homofônica de "Contrapoema: verdade?" (MENDIR**A**/ VENTAR**E**/ MERTID**A**/ VERTAR**E**), reproduz, também, o ruído caótico, desorientador e interminável do universo *online*.

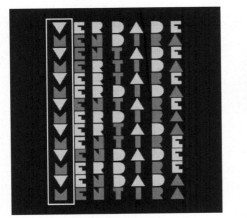 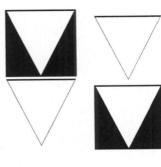

ESQ. Augusto de Campos. Contrapoema: verdade? + Retângulo. 2021.
DIR. Patrícia Lino. Variação triangular da primeira coluna vertical.

187

A primeira coluna vertical da composição é constituída, além disso, pelo desenho e padrão triangulares de "Viva Vaia" e, do mesmo modo que a última letra de cada um dos versos varia intermitentemente em 2, A/ E – E/ A, o triângulo varia entre positivo e negativo a partir da forma visível ou invisível do quadrado, o que, por sua vez, abre e encerra coerentemente o ajuste compacto do poema.

O que me faz pensar que, apesar de sufocante e confuso, o bombardeamento desconcertante dos meios de comunicação do novo milênio se engendra, à semelhança da programação consistente deste retângulo infinito, a partir de uma tese intencional e perversa de eficiência ou tão-só da *ideia de que o mundo quer ser enganado*.

patricialino.com/imperativa-ensaistica-diabolica

6. INFRALEITURA 4: LYGIA CLARK, FERREIRA GULLAR E A TRIDIMENSIONALIDADE

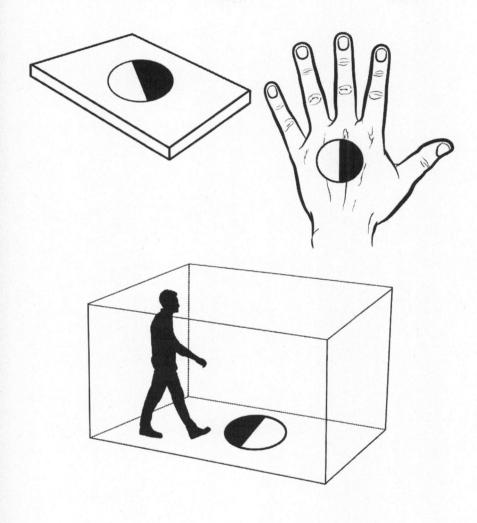

Trata-se de misturar arte com vida.

Lygia Clark

6. Infraleitura 4: Lygia Clark, Ferreira Gullar e a tridimensionalidade

6.1. Lygia, um corpo sem órgãos

São as obras que Lygia Clark produz no final da década de 1950 que começam por chamar a atenção de Ferreira Gullar, porque, "[a]o contrário, por exemplo, de Baertling, em cujos quadros as formas procuram saltar velozmente para além da moldura, na pintura de Lygia Clark é o espaço que penetra no quadro solicitado pelas formas que a pintura cria. Não há mais conflito: o quadro e o espaço estão num mesmo nível".[410]

De fato, a sugestão tridimensional de trabalhos como *Escadas* (1948) ou *Planos em superfície modulada* (1958), que Lygia expandirá, imediatamente depois, em *Casulo* (1959), nos *Bichos* (1960), em *O dentro é o fora* (1963), *Estruturas de caixas de fósforos* (1964) ou *Trepantes* (1965) abandona o "quadro convencional da arte moderna"[411] e a interação do *espaço virtual* (uma superfície de duas dimensões) com o *espaço real* (o que circunda arquitetonicamente a primeira superfície). A revitalização dinâmica, visível e processual da geometria, que transformaria fisicamente um espaço contínuo e "labiríntico, aberto para o viver",[412] estrutura-se a partir do desejo de Lygia, bem como de Hélio Oiticica e de Lygia Pape e, mais tarde, Anna Maria Maiolino,[413] em libertar a linha da sua condição inanimada e inorgânica e superar, através da ressignificação, a própria materialidade.

Este exercício ressignificativo, que, depois do passo concreto paulista, brinda o século XX com outra experiência radical, vai, além disso, ao encontro do desaparecimento e da substituição da autora pela espectadora. Com efeito, o objeto tridimensional, que penetra o espaço e é, ao mesmo tempo, penetrado por ele, exige, sobretudo a partir de *Caminhando* (1963), a intervenção de quem *lê*. A dessacralização ou *a morte do autor*, declarados e discutidos na mesma década e na seguinte[414], e coincidentes com o aparecimento da leitora que, múltipla e em movimento permanente, atravessa vários diálogos, referências e culturas, explicam por que razão Lygia, criadora de jogos crescentemente interativos, se apresentava como uma "artista não-artista".

Caminhando consiste, por exemplo, num exercício bastante simples e comum entre as estudantes de matemática ou geometria. Lygia, que, como notou Mário Pedrosa, transferiu o ato de fazer para o Outro,[415] entrega uma tesoura, cola e fitas de papel à espectadora e dá as instruções: formar, com as extremidades do papel, a fita de Moebius, em que princípio e fim, dentro e fora se confundem, e cortá-la, a partir de um ponto ao acaso, até dar a volta completa.

À semelhança da estrutura material de qualquer objeto concebido por Lygia depois de 1963, a fita de Moebius é um pretexto para o gesto, e o corte, que guia o gesto, parece-se com a toada maquinal da *caminhada* que, talhada a eito, exige à participante concentração e determinação máximas. Ao aproximar *corte* e *caminhada*, Lygia também insiste na facilidade ou até mesmo banalidade da predisposição artística que, como a caminhada, se completam naturalmente.

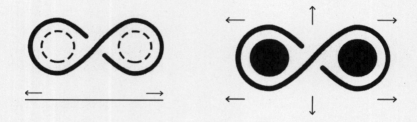

Patrícia Lino. **ESQ.** Diagrama para *Caminhando*.
DIR. Diagrama para *Diálogo de mãos*.

Diálogo de Mãos, executado 3 anos depois, durante 1966, recupera a estrutura da fita de Moebius, desta vez na forma de um pano elástico, e envolve ambos os punhos da espectadora. Sem estar presa, a participante explora, com as mãos, as possibilidades de movimento, e o interesse da peça reside, uma vez mais, no pretexto espaço-temporal para a gesticulação.

Este jogo interior, em que a espectadora é centro e meão, influenciou poemas como "Ciclo Infinito Vida-Morte" (1968/2011) de Neide de Sá e repetiu-se por mais 2 décadas. Desde *Nostalgia do corpo* (1966), *Respire comigo* (1966), *Máscaras sensoriais* (1967), *Máscara abismo* (1968), *A casa é o corpo: penetração, ovulação, germinação, expulsão* (1968), *Arquiteturas biológicas: ovo mortalha* (1968), *Estruturas vivas* (1969) até *O corpo é a casa* (1968-1970), Lygia vai, dentro das particularidades de cada um dos ambientes, fundindo de modo gradual os "organismos vivos" ou "quase-corpos", parte central de uma experiência eroticamente individual e, ao mesmo tempo, coletiva, e o primeiro passo na direção de trabalhos terapêuticos mais tardios como *Corpo coletivo* (1972-1975) e *Estruturação do self* (1979-1988).

Semelhante e, ao mesmo tempo, distinto do *Ovo* (1967) de Lygia Pape, *Arquiteturas biológicas: ovo mortalha* depende da participação de 2 ou mais espectadoras conectadas por sacos de plásticos ou tubos de grande

6. Infraleitura 4: Lygia Clark, Ferreira Gullar e a tridimensionalidade

comprimento que simulam, como uma pele ampliada, os tecidos conjuntivos de outro corpo onde as participantes simulam, por sua vez, os órgãos, as vibrações e o interior de um organismo imaginário.

Ao desaparecerem e ao desmaterializarem-se, a autora e a *arte como objeto*[416] permitem que a atenção da peça recaia sobre a fusão do corpo da espectadora ou *paciente* com uma variedade numerosa de objetos *relacionais*[417] e ativa, em simultâneo, a correlação do corpo que assiste à relação indefinida e indiscernível da espectadora com o objeto para formar um terceiro corpo vibrante, "sem órgãos",[418] ou "uma arquitetura viva em que o homem, através de sua expressão gesticular, constrói um sistema biológico que é um verdadeiro tecido celular".[419]

Este último, formado *pelo que acontece* entre o corpo da espectadora e o corpo da que assiste, é o que pulsa e o que, mais do que estar no mundo, se *anima* perante e em relação aos objetos.[420]

ESQ. Lygia Pape. *O ovo*. Projeto Lygia Pape e Hauser & Wirth. 1967.
DIR. Lygia Clark. *Arquiteturas biológicas. Ovo mortalha.* 1968.

6.2. O olho: Gullar, a autocrítica e o voo

Os primeiros objetos orgânicos e intuitivos de Lygia Clark compõem o embrião do "Manifesto do grupo neoconcreto" (1959) e influenciam consideravelmente o percurso mais experimental de Ferreira Gullar que, entre 1954 e 1959,[421] projeta vários objetos que irão conduzi-lo gradualmente

Imperativa ensaística diabólica

até a teoria do "não-objeto", divulgada, pela primeira vez, no *Suplemento Dominical* do *Jornal do Brasil* de 20 de dezembro de 1959.

De fato, o conceito, que "não pretende designar um objeto negativo ou qualquer coisa que seja o oposto dos objetos materiais com propriedades exatamente contrárias desses objetos",[422] esclarece o trajeto percorrido entre a obscuridade d'*A luta corporal* (1954) e o atrevimento interdisciplinar de "Poema enterrado" (1959).

Claramente marcado pela leitura de Mallarmé e Rilke, *A luta corporal*, que vem materializar a oposição feroz de Gullar ao resgate do verso simbolista pela Geração de 45, reflete também a busca por uma assinatura poética, como a luta desmistificada e destruidora contra todas e contra si mesmo, de um poeta em início de carreira. E o combate, tão interior quanto radical, parte do princípio de que o poema não existe por fora da linguagem, mas por dentro dela, e com ela pulsa, intermitentemente, até transformar-se em objeto artístico. Neste livro, que chamou a atenção dos poetas concretos, levou o autor a ser convidado a participar na I Exposição Nacional de Arte Concreta (Museu de Arte Moderna de São Paulo, 1956/ Ministério da Educação e Saúde do Rio de Janeiro, 1957) e esteve, em 1957, na base da colaboração dos poetas concretos com o *Suplemento Dominical*, o jovem Gullar atravessa livremente e com certa ironia a poesia metrificada e rimada nos "Sete poemas portugueses" ("Calco sob os pés sórdidos o mito/ que os céus segura – e sobre um caos me assento"),[423] divide-se entre formas, saltando propositadamente de uma para outra num poema como "A avenida", sugere, nos poemas em prosa, a desintegração do sentido ("Gullar gularratgfitnb girjwmxy")[424] e ataca, logo depois, o sentido da própria escrita ao fundir os termos ("zostrabalhosehàzumsonoinicial")[425] para chegar a um texto fragmentado e "simplesmente ilegível"[426] como "Roçzeiral".

> Você vê que tem o galo que sai de lá de dentro, que há uma coisa muito obscura, em uma linguagem incompreensível, uma tentativa de fazer a poesia com essa nova linguagem que tinha nascido com *Roçzeiral*.
> Mas é claro que quando terminei de fazer esses poemas, disse para mim que ninguém iria entender o que fiz, 'não pode ser o meu caminho, o meu caminho não pode ser isso, é o suicídio da poesia' – e então eu parei de escrever. Dizia aos amigos quando publiquei o livro: 'Isso são os destroços de um incêndio, é o que sobrou de tudo.'[427]

194

6. Infraleitura 4: Lygia Clark, Ferreira Gullar e a tridimensionalidade

Entre os destroços, surgiu *O formigueiro*. Escrito em 1955 e publicado na íntegra apenas em 1991, *O formigueiro* compõe-se a partir da desagregação da palavra "formiga"[428] que, além de contestar a linearidade do texto, reinventa o espaço da página em branco. A decisão de decompor o termo, que acompanha e deve ser lido à luz do gesto de folhear o livro, amplia, além do mais, as características fisionômicas da *coisa* nomeada e existe, também por isso, como um exercício caligramático mais sofisticado e lúdico do que os realizados por Apollinaire 4 décadas antes. Dinâmico, veloz e minúsculo como as formigas, o extenso desenho linguístico de Gullar, que não se limita ao contorno verbal do representado, torna palpável a própria matéria semântica.

Mas porque o desenho se faz ainda sobre a discursividade, como declarou Décio Pignatari depois da I Exposição Nacional de Arte Concreta,[429] onde 5 páginas d'*O Formigueiro* foram exibidas, Gullar, que passa de repente a encabeçar o concretismo *mal-sucedido* do Rio de Janeiro, abandona, por discordar do primeiro, a parceria com os concretos. Outras figuras da época, como Antônio Bento, tampouco aprovaram o exercício gullariano e, à reação desfavorável de uns e outros, o autor respondeu com *Poemas* (1958).

Por incluir, sobretudo, a série "Verde erva", manifestamente semelhante às *constelações* de Eugen Gomringer (1953),[430] *Poemas* marca, sem dúvida, uma reviravolta profunda e irreversível no trabalho de Gullar. Produzida depois de "mar azul" que, como descreve o próprio, falhou por perder-se na tensão entre as diferenças da fala e da escrita,[431] "Verde erva" leva ao limite o "abrandamento da significação em favor dos valores sensoriais da palavra".[432]

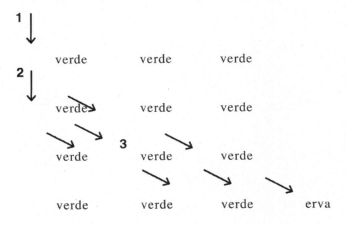

Patrícia Lino. Intervenção sobre *Verde erva*.

195

A primeira versão da série, um retângulo disposto no centro da página,[433] fruto da soma "verde (12) + erva (1)", deve ser lida da esquerda para a direita. A leitura, interrompida pelas 3 quebras da composição, desemboca em "erva", que vem perturbar, tal qual golpe certeiro, a simetria do retângulo. A repetição pela repetição de "verde", que desconecta o termo do seu significado corrente e imediato, termina no que a materializa ou define de modo concreto e exato ("erva"), e desenha, ao disseminar-se variavelmente pelo espaço, a forma de um jardim, como o da praça de Alcântara.[434]

[ʻVerde ervaʼ] nasceu da evocação da praça central da cidade de Alcântara, no Maranhão, que visitara em 1950, quando quase ninguém morava lá; tive a sensação de que a erva que ocupava toda aquela praça crescia ali para ninguém.[435]

Além disso, "verde" partilha obviamente vogais e consoantes com "erv(a)" e, assim como "verde" condensa "erva", "erva" condensa "verde". "Verde" e "erva" não formam uma oração, mas sugerem, ao alinhar-se (adjetivo + substantivo), uma construção oracional.

Contudo, a construção oracional não garante que a leitora leia o bloco em Z.

Pois bem, publicado o poema no SDJB, um amigo me telefona e diz que achara o poema interessante. E lhe perguntei: ʻViu como a repetição da palavra verde faz a palavra erva eclodir de dentro dela?ʼ. E ele: ʻNão vi nada disso, porque não li palavra por palavra; logo percebi que era a repetição da palavra verde e então não liʼ.[436]

É precisamente aqui que Gullar conclui estar ainda longe de controlar a recepção do texto que, no caso de "Verde erva", se resume, em todas as suas variações, a um sinal óptico.

Ainda que as variações preservem a representação visual do jardim, o poema não passa, à semelhança do que acontece com a primeira versão, de um *flash* que, na variação da página seguinte, exigirá, por exemplo, à leitora três movimentos ópticos marcados pelas 3 quebras de verso. O deslocamento do olho precipita-se, inclusive, para o fim depois de cruzar-se com uma ou mais variações criadas a partir da seleção das mesmas palavras ("verde" e "erva") e o impacto visual decresce à medida que o olho vê e se vai movendo para ver mais.

6. Infraleitura 4: Lygia Clark, Ferreira Gullar e a tridimensionalidade

verde

erva   verde

erva   verde

erva

verde   erva

verde   erva

verde[437]

6.3. O olho e a mão: Gullar e o poema colaborativo

O fracasso em controlar a leitora que, inesperadamente, surge para inverter o sentido da última operação concreta de Gullar, levará o autor até a criação artesanal do livro-poema *Osso nosso*[438] (1958). Mais bem sucedido do que *Poemas* em comandar o movimento do olho e das mãos da leitora e supostamente avesso à suposta artificialidade das composições verbivocovisuais "palavra-puxa-palavra",[439] *Osso nosso* materializa, por fim, em 3 dimensões, a desaceleração da leitura do sinal óptico perante a disseminação visual do mesmo som ou significado, e a obsessão em monitorar, ao mesmo tempo, o outro corpo.

> Coloquei-me, então, a seguinte questão: como realizar um poema que resulte numa estrutura visual expressiva e, ao mesmo tempo, obrigue à leitura palavra por palavra? A necessidade de resolver este problema levou-me a inventar o livro-poema.[440]

Ao deparar-se com a palavra "osso", disposta na margem esquerda da página esquerda do livro, a leitora participa ativamente, ao folhear a página direita, na montagem verbal do poema. Sobre a primeira página, o verso da página direita assenta a palavra "nosso". O exercício continua, em corte vertical, através do par "ovo-novo" e, em corte diagonal, como a sugestão visual do voo, através do par "asa-asa".

Os jogos de palavras não são os mais sugestivos em termos de significado ou de associação. Se "osso" e "nosso", bem como "ovo"[441] e "novo", partilham apenas semelhanças gráficas e sonoras, "asa-asa" repete, a nível visual, um raciocínio similar àquele posto em prática em "verde-erva". "Osso", "nosso", "ovo", "novo" e "asa" não comunicam, além do mais, uma ideia ou mensagem final. Fazem, no entanto, com que a atenção recaia exclusivamente sobre a matéria do livro-poema (papel, marcações, dobras, movimento) e estão na base da metamorfose da matéria em poema. Indistinguíveis, os 2, a par do olho acompanhando o movimento da mão ou da mão predisposta a seguir o movimento do olho, formam um livro-poema que, além de tridimensional, transfere a incumbência da *escrita* para a leitora.

A mão que se limitava a erguer a página também constrói sequencialmente o sentido, sob a vigilância onipresente do autor, na segunda versão de *Osso nosso*. Composta, desta vez, pelos pares "faina-luz" (vertical, à esquerda, 1ª página), "aço-pus" (horizontal, meio, 2ª página) e pelos termos "osso" (horizontal, canto inferior, 3ª página; horizontal, canto superior, 4ª página; horizontal, canto superior, 5ª página; horizontal, canto inferior, 6ª página) e "luz" (horizontal, canto inferior, 7ª página), o livro-poema, sem miolo nem capa, amplia o programa de monitorização do corpo que *lê* e *toca* a composição.

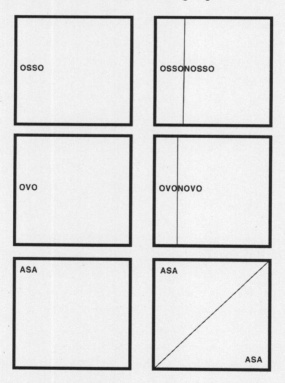

Patrícia Lino. Reconstituição visual da 1ª versão de *Osso nosso*.

6. Infraleitura 4: Lygia Clark, Ferreira Gullar e a tridimensionalidade

O trabalho seguinte, concebido a par de "Manifesto neoconcreto", "Poesia concreta: experiência intuitiva"[442] e "Teoria do não-objeto" e experiências como, por exemplo, o *Ballet neoconcreto* (1959) de Reynaldo Jardim e Lygia Pape, antecede o livro-poema mais curioso entre as 3 propostas de Gullar.

Trata-se de um pequeno poema sem título, incluído no *Suplemento Dominical* de 22 de março de 1959, que reúne apenas 4 palavras ("pano", "verde", "campo", "vivo") e desenha, a partir delas, o formato retangular do *campo* e, em simultâneo, do *pano*. Encaro esta pequena experiência como outra tentativa de corrigir o que falhara em "Verde erva", porque, de fato, a disposição tática dos 4 termos distintos obriga-me a mover sequencialmente o olhar para ler, à vez, cada um deles. A associação morfológica entre os pares, verde-vivo/ pano-campo, sugere, além disso, o movimento sinuoso do pano ou da erva do campo.

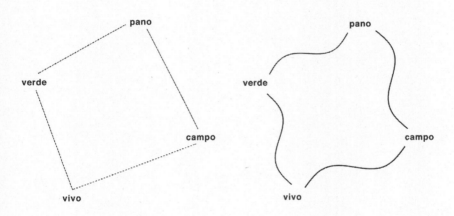

Patrícia Lino. Duas apropriações livres do poema Sem título.

Segue-se, então, o terceiro livro-poema, *Fruta* (1959), mais sofisticado do que as 2 versões de *Osso nosso* e que, não por acaso, lança, a nível da estrutura e do corte, a premissa do "sentido existencial – universal"[443] dos *poemas-gravura* (1960) de Lygia Pape e o princípio da tridimensionalidade lúdica de um objeto tão simples como, por exemplo, o convite para a Exposição Nacional Poema de Processo (ESDI, Escola Superior de Desenho Industrial) em 1967.

Em *Fruta*, Gullar dispõe sobre uma folha branca quadrada outras 5 folhas cortadas na diagonal a serem movidas pela leitora. Chegada ao final,

199

depois de desdobrar o poema, a leitora cruza-se, na última página, com a palavra "fruta". Nas páginas que antecedem a palavra "fruta", a leitora lê, por ordem, "flauta" (2ª página cortada, centro) e "prata" (4ª página cortada, centro). "Fruta", resultado gráfico e sonoro da fusão entre os 2 primeiros termos, não estabelece uma relação semântica com os instrumentos musicais ("flauta") ou minerais nobres ("prata"), mas cria, junto deles, um contraste sensorial que finda imaginariamente, à semelhança da descoberta da *flor* de Osmar Dillon ou do *momento* de Neide de Sá, na descoberta colorida e exposta da palavra viva, ou da *fruta*, e na "incorporação do livro como elemento de expressão às palavras que compõem o poema".[444]

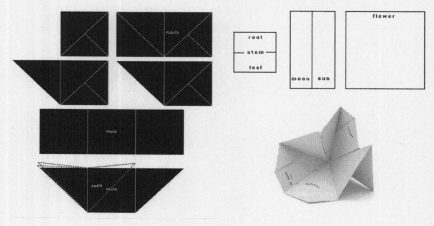

ESQ. Patrícia Lino. Reconstituição visual de Fruta.
DIR. CIMA Osmar Dillon. Unfolding Non-Object. S/D.
DIR. BAIXO Neide de Sá. Momento. Galeria Superfície. 1967.

6.4. O olho e a mão: Gullar e as pontadas silábicas no espaço a cores

Assim como a redução da série "Verde erva" à previsibilidade do sinal óptico antecipa a criação do livro-poema, o livro-poema, primeiro exemplo expoente da "espacialização do tempo verbal"[445] da poesia neoconcreta, precede o próximo passo do projeto tridimensional e *antidicionarístico*[446] de Gullar.

A série de poemas espaciais que Gullar desenvolverá logo depois, entre 1959 e 1960, porá fim ao livro como suporte e aprofundará a relação de sinonímia entre a tridimensionalidade e o controle sobre o corpo da leitora.

6. Infraleitura 4: Lygia Clark, Ferreira Gullar e a tridimensionalidade

Apresentado no texto teórico seguinte de Gullar, "Não-objeto: poesia" (*Suplemento Dominical* de 27 de fevereiro de 1960), o poema espacial pode ser descrito como um sólido lúdico e colorido (quadrado, cubo, pirâmide, triângulo) que, além de requerer obrigatoriamente a participação da leitora, inclui, ao contrário dos objetos de Lygia ou de um trabalho como o *Livro da criação* (1960) de Lygia Pape,[447] palavras. As palavras que, desta vez, não se conectam, fazem com que o interesse da peça se transfira completamente para *o que acontece* entre a primeira observação, a sequência de toques e movimentos, a descoberta da própria, a formação de um sentido e a mudança irreversível que daí advém: "Recolocada a placa triangular em seu lugar, o quadrado branco já não é o mesmo: o sentido da palavra que pulsa escondida nele se comunica à forma".[448] Também fazem com que o poema espacial de Gullar se distinga, como uma estrutura em *crescendo* onde a palavra é catarse, dos objetos artísticos das suas colegas e adiante, de modo referencial, um poema-objeto como "Quadrilha" (Projeto Palavra Viva, 2012) de Patricia Chmielewski ou os 60 relevos não verbais que Gullar produziu durante os anos 2000, incluídos n'*A revelação do avesso* (2014) e expostos na Dan Galeria entre junho e julho de 2018.[449]

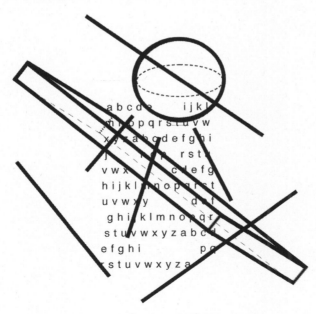

Patrícia Lino. Quinto passo antropofágico.
Poema espacial neoconcreto. Anos 1960.

201

Imperativa ensaística diabólica

6.4.1. "Não" (1959), performance em *rewind*

No poema espacial "Não" (1959), a leitora cruza-se com um quadrado preto, de madeira e vinil, dividido verticalmente ao meio. Ao abri-lo como um livro, vê imediatamente um quadrado branco disposto no centro do objeto e, perante a superfície desdobrada, agora retangular, a leitora percebe depressa que deve erguer a placa central. Ao levantá-la, depara-se com uma superfície quadrangular vermelha onde está escrito NÃO. A negação, que corresponde ao fim da intriga levantada gradualmente pelo objeto, tem a forma inabalável de um quadrado e o significado da palavra, que irrompe subitamente da agressividade do vermelho, expande-se como uma pontada monossilábica no espaço. Anula, também, o sentido da intervenção da leitora ao lançá-la para trás no espaço e no tempo.

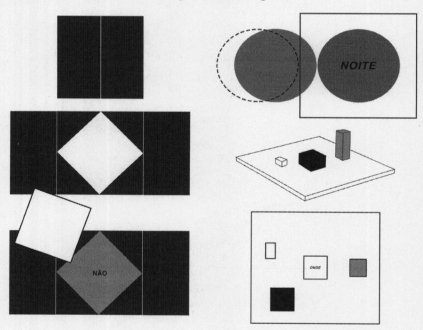

Patrícia Lino. **ESQ.** Representação de Não.
DIR. CIMA Representação de Noite.
DIR. BAIXO Representação de Onde.

6.4.2. "Noite" (1959), pedaço de céu

Em "Noite" (1959), a leitora começa por ver um círculo azul, pintado a acrílico, sobre uma base branca de madeira e vinil. Ao levantar o círculo, lê, noutro círculo de um azul mais escuro, NOITE e conclui, de repente, que o primeiro simula um pedaço de céu. Assim como este pedaço circular de céu materializa a luz e o dia, o movimento e a palavra "noite" passam, respectivamente, a materializar o movimento do sol e a própria noite.

6.4.3. "Onde" (1959), eco entre formas

O processo de leitura de "Onde" (1959) assemelha-se aos 2 poemas espaciais anteriores. Sobre uma base branca, a leitora vê 3 sólidos (2 cubos de tamanhos e cores diferentes, preto e branco, e um paralelepípedo vermelho). Ao deslocar indiferentemente os sólidos, a leitora busca o sentido do poema até mover o sólido que cobre a palavra ONDE. O fato de a base suportar 3, e não apenas um, sólidos redimensiona o significado de ONDE que, entre sólidos e cores, parece repetir-se, como um eco, pelo número de formas (*onde, onde, onde?*).

6.4.4. "Era" (1959), espaço pretérito

A pequena pirâmide amarela que decora o centro da base quadrada de "Era", e deve, além disso, ser levantada pela leitora até a palavra homônima, estende o desejo de Gullar em projetar vocábulos no espaço. A associação tridimensional entre a pirâmide, símbolo arquitetônico de várias comunidades antigas, desde as caribenhas à egípcia, e o próprio termo ERA, transporta a leitora até a um espaço atemporal e pretérito em que, como num desenho tão geométrico quanto abstrato, datas e símbolos se emaranham.

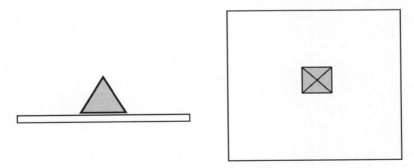

Patrícia Lino. Representação de Era.

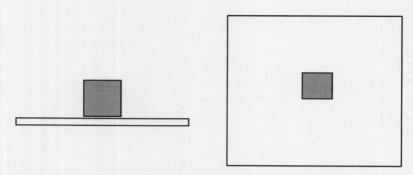

Patrícia Lino. Representação de Lembra.

6.4.5. "Lembra" (1959), fotografia verbal

A forma que cobre o imperativo "Lembra" não é um acaso. Depois de levantar o cubo azul, a leitora cruza-se com a materialização verbal do que poderia ser, por exemplo, uma fotografia. O termo, antecedido pela expectativa e pela descoberta, substitui visualmente, ao jeito de um ideograma, a própria memória e, assim como o processo de descobrir o vocábulo, a memória diz respeito à individualidade e particularidades da participante.

6.4.6. "Ara" (1959), altar-constelação

O desenho de *Ara* assemelha-se ao de um envelope quadrado. Composto por 3 lados, correspondentes aos 3 elementos da Santíssima Trindade (Pai, Filho, Espírito Santo), o triângulo equilátero, que cobre a base do poema espacial, esconde, ao mesmo tempo, a palavra ARA. Do latim clássico, "ara, æ" materializa a antiga combinação visual entre a constelação homônima e o altar religioso.

Ao contrário do que acontece com a linguagem, a palavra não nomeia a constelação ou o altar. A constelação e o altar materializam, a 3 dimensões, o próprio conceito, e ARA, grafada sobre a própria materialização, corresponde à *coisa* ou objeto.

6. Infraleitura 4: Lygia Clark, Ferreira Gullar e a tridimensionalidade

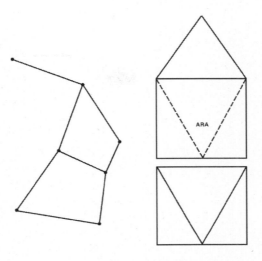

Patrícia Lino. Representação da constelação Ara e de Ara.

6.4.7. "Maravilha" (1959), assombro multicor

"Maravilha" distingue-se por incluir 2 palavras. A interpretação do não objeto composto, neste caso, por uma base e um cubo, depende de, pelo menos, 2 movimentos. Depois de levantar o cubo e cruzar-se com a palavra multicor MARAVILHA, a leitora poderá girar o cubo e, ao movê-lo para si, ler, em grego, "παράδοξον" (*paradoxon*). O segundo movimento amplia o significado do primeiro, porque a "maravilha" surge precisamente da etimologia antagônica de *paradoxo*, que, entre outros significados, dispõe παρα ("contrário a") e δοξον ("pensamento"). Avessa a explicações racionais, tão colorida quanto espantosa, a maravilha, que se descobre através de um gesto intuitivo, logo se explica, com certa demora, através de outro. A demora, que diz respeito ao fato de a leitora não dominar, em princípio, o alfabeto grego, relega e engrandece, paradoxalmente, a surpresa.

Se, por um lado, a codificação alfabética adia a compreensão do poema e desvia a atenção da *maravilha*, ironizando, também, o comportamento da leitora que, muito depressa, se distrai e ignora o assombro multicor, por outro, o desconhecimento do grego envolve a maravilha na sua própria magia e ininteligibilidade.

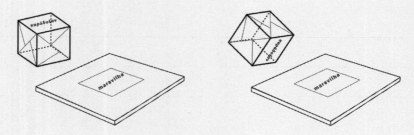

Patrícia Lino. Representação de Maravilha.

6.4.8. 3 Poemas espaciais de Osmar Dillon

À semelhança dos 4 primeiros poemas espaciais, "Era" (1959), "Lembra" (1959), "Ara" (1959) e "Maravilha" (1959-1960) de Gullar, os mais refinados "Ato" (1960), "Ave" (1960) e "Lua" (1960) de Osmar Dillon assentam na garantia de uma leitora que, apesar de não saber *ler* o não objeto, performará os gestos imaginados cuidadosamente pelo autor. Distinguem-se, além disso, pela sua recreatividade, porque, assim como o poema se reinventa a partir da leitora no espaço, a leitora reeduca-se para ler no espaço o poema neoconcreto. "Todo kindergarten é um antônimo de uma academia".[450]

6.4.8.1. "Ato" (1960), de *quadr-atus*

O não objeto poético "Ato" de Osmar Dillon é composto por 4 quadrados (2 bases, preta e branca + 2 placas transparentes giratórias) e 3 letras (A-T-O). O significado verbal de "ato", executado a nível material pelo movimento das letras e das placas quadradas e transparentes, estende-se, ao mesmo tempo, e respectivamente, à própria etimologia do conceito ("–ātus") e do conceito como sufixo do latim "*quadrātus*". Um ou mais quadrados em ação.

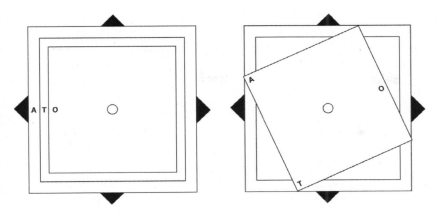

Patrícia Lino. Representação de Ato.

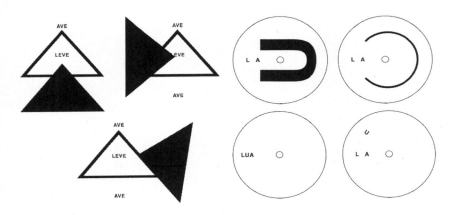

Patrícia Lino. **ESQ.** Representação de Ave.
DIR. CIMA Representação de Lua.
DIR. BAIXO Coincidência entre a forma e o movimento do U.

6.4.8.2. "Ave" (1960), vis-vis

Claramente influenciado pel'*A ave* (1956-1959) de Wlademir Dias-Pino e pelo jogo de corte e omissão bidimensionais dos já mencionados livros--poema de Gullar, "Ave" de Dillon é formado por 2 triângulos, um deles móvel, e por 3 expressões verbais (AVE – LEVE – AVE). O triângulo móvel azul, que simula o voo da ave e diz numericamente respeito, pelo número dos seus lados, ao termo AVE, desenha também, se unido ao primeiro triângulo-base branco, um quadrado ou, por outras palavras, as 4 letras de LEVE. A leitura de AVE depende exclusivamente do movimento do triângulo móvel. Ambas as palavras, AVE e LEVE, encontram-se, além disso, no modo como terminam em latim. A<u>VIS</u>, LE<u>VIS</u>. Corroboração, aliás, do conteúdo da resposta de Roberto Pontual à "ressalva tão ingênua" de Carlos Diegues que, ao não entender o propósito dos não objetos de Dillon, afirma que AVE e LEVE poderiam ser substituídos por quaisquer outros termos. Isto causaria, obviamente, "um rompimento irreparável na síntese de elementos e obrigaria, para que uma nova síntese viesse a se estabelecer, uma substituição equivalente de elementos plásticos e mecânicos".[451] Quer dizer, um outro não objeto poético.

6.4.8.3. "Lua" (1960), ula-ula

Composto por um quadrado branco de madeira e um círculo de vidro, LUA simula, além dos movimentos da Lua, o cosmos, a Terra e a luz da primeira.

Ao girar sobre a madeira, a superfície de vidro transporta a letra U, que, entre os 2 extremos das letras fixas L e A, se move circularmente até regressar ao ponto de origem. O movimento do U, que se assemelha à forma da própria letra, recria a continuidade da rotação, revolução e translação da Lua.

6.4.9. 3 Poemas espaciais de Neide de Sá

À semelhança de Ferreira Gullar e Osmar Dillon, Neide de Sá distinguiu-se, igualmente, pela criação de poemas tridimensionais que, no seu caso, são o resultado das conclusões trazidas pelo *fazer* de composições anteriores como "Integração", "Espiral" ou "Resistência" (*Ponto 1*, 1967). A lógica picto-gramática e "abertura interpretativa"[452] dos 3 trabalhos, em que o gesto de descodificar voluntariamente a corrente (alfabética) opressora corresponde à destruição simbólica da própria opressão, permitem a Neide de Sá criar, logo depois, "Transparência" (1968), "Ciclo infinito vida-morte" (1968/2011) e "Labirintos" (1969).

6.4.9.1. "Transparência" (1968), a caixa mágica

Tal qual a versão tridimensional da técnica das camadas de "Greve" (1961) de Augusto de Campos, "Transparência" vem também agrupar, num só objeto, a coautoria performática d'*A corda* (1967)[453] e a disposição onomatopeica e caótica das letras do mais tardio *Metassignos antropofágicos* (1972).[454] O poema é formado por 3 caixas cúbicas de acrílico incolor transparente (20cm x 20cm x 20cm) que, em cada face, exibem "semipalavras, onomatopeias e conjuntos de letras".[455] Para ler, a leitora tem de segurar a caixa maior e exterior e manuseá-la para formar outras palavras e significados. A estrutura do objeto, que obriga o olho a mover-se e a perder-se entre, pelo menos, 6 distâncias correspondentes a 6 faces, assemelha-se, além disso, à dinâmica de uma sequência cinética ou cinematográfica vertiginosa, em que um plano sucede de modo galopante a outro ou em que vários planos dividem ao mesmo tempo a tela.

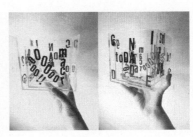

ESQ. Neide de Sá. Transparência. 1967.
DIR. Patrícia Lino. Aplicação prática das estratégias de transparência.

6.4.9.2. "Ciclo infinito vida-morte" (1968/2011), 2 conceitos de caráter universalizante

No livro de artista[456] "Ciclo infinito vida-morte", a leitora vê, de cima, dentro de uma caixa semiaberta de acrílico transparente (40,5cm x 26cm x 40,5cm), a representação metálica da fita de Moebius sobre um espelho e lê, em cada uma das suas faces exteriores da caixa, 2 pares de desenhos distintos que, também como num espelho, se refletem. Cada um deles foi disposto abaixo de 2 "conceitos de caráter universalizante"[457] – "vida" e "morte".

Ambos os desenhos foram impressos sobre a peça metálica e, ao contrário da caixa, são acompanhados por outros 2 diagramas, o que, caso sigamos a ordem circular e rotativa da fita de Moebius, pode ser lido equacionalmente do seguinte modo.

Patrícia Lino.
Reconstituição visual da sequência de ciclo infinito vida-morte.

A disposição dos diagramas relativos à vida e à morte na estrutura rígida da caixa de formato paralelepípedo correspondem ao começo e ao fim ou ao que está, por natureza, garantido. Intersectam-se, além do mais, no centro da caixa onde, não por acaso, Neide colocou a fita de Moebius que, por substancializar de modo encíclico o infinito, materializa o movimento que precede, preenche e sucede às duas balizas temporais (vida – morte).

Como ler, portanto, a equação?

Os 2 primeiros desenhos, que abrem e encerram a sequência gráfica, relacionam-se, através da transformação, na terceira das figuras: vida – morte; morte – vida; vida – morte e, reciprocamente, morte – vida. A deslocação ondular da quarta figura, ou da *vida*, termina na *morte* que, logo depois, se refaz e metamorfoseia na multiplicação rotante de outras vidas. A repetição interminável da sequência, gerada não só pela estrutura da fita de Moebius mas também pelo seu reflexo no espelho basilar, diz respeito à regeneração e, sobretudo, a uma concepção orgânica da morte, que, aliás, Neide representa ao desenhar a linha que divide, como uma travessia, a circunferência. Ou tão simplesmente: a vida não existiria sem "a cessação completa da vida".[458]

Posso dividir a leitura não linear e falsamente estática de "Ciclo infinito vida-morte" em 2 níveis de interpretação. Por um lado, leio o objeto, que existe tridimensionalmente comigo no espaço, e, por outro, interpreto o movimento simbólico da fita ao tentar, com os poucos instrumentos que tenho, ler, num primeiro momento, cada um dos diagramas e, depois, a associação entre os 5. O que começa no conforto das 2 palavras que reconheço e me guiam, "vida" e "morte", termina no silêncio do cunho visual de cada um dos desenhos. De certo modo, a tridimensionalização do poema, que divide como um corpo o ambiente com o meu corpo, naturaliza a sua não verbalidade.

6.4.9.3. "Labirintos" (1969), coisa e significado

No poema-objeto "Labirintos", em muito semelhante ao encarnado "Estruturas", Sá convida a leitora a manusear várias peças e a encaixá-las numa caixa quadrada semiaberta (35,6 cm x 31 cm).[459] Independentemente do(s) encaixe(s) escolhido(s) pela leitora, a disposição das peças conduzi-la-á sempre a um labirinto intrincado e irresolúvel, pronto a ser imediatamente refeito dentro do espaço absoluto e limitado do quadrado.

Em suma, a tentativa de montar o labirinto como *coisa* corresponde ao significado do próprio labirinto como *ideia*.

6.5. O olho, a mão e o corpo: gullar e o poema performativo

> *O Poema Enterrado de Ferreira Gullar constitui uma das obras mais importantes desse poeta, para quem a poesia foi-se depurando e transformando-se até chegar a admitir como elementos também seus, além da palavra, a cor, o movimento, e a própria transformação do seu "suporte", que era o livro, tendo sido este transformado no "livro-poema", evoluindo logo após para o "não-objeto" de ordem poética.*
>
> Hélio Oiticica, Depoimento, Museu de Arte Moderna, outubro de 1961.

Além de estar na raiz dos poemas-objeto mais sofisticados e tardios de, por exemplo, Nicanor Parra, Joan Brossa, Juan Luis Martínez, Regina Silveira ou Lenora de Barros,[460] o controle do olho ("Verde erva" – "Poema sem título"), que se estende à mão (livros-poema *Osso nosso*, 2 versões, e *Fruta* – poemas espaciais), logo se expande, a par dos avanços dos artistas visuais neoconcretos, até a totalidade do corpo da leitora.

Apoiado na estrutura catártica dos objetos anteriores, o "Poema enterrado", desenhado em 1959 e construído no ano seguinte, depende, como os poemas espaciais, da intervenção da leitora: descer voluntariamente para um espaço subterrâneo totalmente escuro, cruzar uma porta, cruzar imediatamente outra porta, deparar-se com um cubo vermelho não vazado, erguer o cubo vermelho, deparar-se com um cubo verde não vazado, menor do que o primeiro, erguer o cubo verde, deparar-se com um cubo branco compacto, ainda mais pequeno do que os 2 primeiros, e, segurando o cubo branco, invertê-lo para ler a palavra "rejuvenesça". Depois,

> O 'leitor' iniciará então a recolocação dos cubos no mesmo local e modo como os encontrou. Findo esse trabalho, deve demorar-se observando o cubo

Imperativa ensaística diabólica

vermelho, que já não é o mesmo, pois agora sabe o que ele oculta e guarda. Estará concluída a leitura. Para que a experiência seja plena, só vai entrar um 'leitor' de cada vez.[461]

A planta e a descrição do poema foram publicadas, à semelhança de todos os exercícios experimentais de Gullar, no *Suplemento Dominical*. Depois de ler as explicações e as indicações de Gullar sobre o *poema ambiental*, Hélio Oiticica sugeriu ao primeiro que construíssem o "Poema enterrado" na casa da família Oiticica na Pequena Gávea (Rio de Janeiro). Apesar de Gullar ter concordado, o "Poema enterrado" não existiu por muito tempo. Como relata o poeta no documentário de Zelito Viana, *O canto e a fúria* (1994), o grupo neoconcreto, que foi até a Pequena Gávea com o propósito de inaugurar o trabalho, constatou, ao abrir a porta do poema e ao ver os 3 cubos coloridos flutuando, que a construção alargara.

À semelhança da participante dos *ovos* relacionais de Lygia e Pape, a leitora do "Poema enterrado" regressa a uma estrutura originária para ler a única palavra do poema. "E essa palavra – rejuvenesça – guarda uma referência direta ao corpo – nosso corpo –, sujeito a um processo biológico irreversível".[462] O corpo que se predispõe a voltar à terra de onde veio é também o corpo que, ao rejuvenescer, reaprende a ler, e a leitura, que se faz muito para lá da palavra, alarga-se por dentro da experiência e do suspense que, depois dos poemas espaciais, cresce em tamanho e matéria. Por ultrapassar as medidas dos objetos neoconcretos desenhados até 1959, a sua estrutura ambiciosa está na base e no próprio desenho labiríntico de *Cães de caça*, projetado um ano depois, em 1961, por Hélio Oiticica,[463] de trabalhos mais tardios e tão emblemáticos como *Tropicália* (1966-1967) ou de uma cena como aquela em que Nicolas Behr desce para o fundo da terra em Brasília.[464]

6. Infraleitura 4: Lygia Clark, Ferreira Gullar e a tridimensionalidade

Danyella Proença. Braxília. 2010.

O gesto de enterrar, que está associado à colocação de um ou mais objetos valiosos debaixo da terra, pode ser lido, além disso, de 2 modos distintos e paradoxalmente opostos. Se, por um lado, o poema se aproxima, uma vez mais de modo lúdico e infantil, de um tesouro prestes a ser descoberto, o ambiente relacional materializa, ao mesmo tempo, a ironia que há em enterrar um objeto inútil e completamente avesso a deixas capitalistas. Impossível não lembrar, aliás, Sol LeWitt, que, 8 anos depois, performaria *Buried Cube Containing an Object of Importance but Little Value* (1968) depois de escrever o seu manifesto "Paragraphs on Conceptual Art" (*Artforum*, 1967), no qual, à semelhança dos neoconcretos, insiste no desaparecimento da autora como forma de reabilitar e incluir a leitora no espaço experimental da obra.

A própria tridimensionalização aumentada do poema no desenho e na execução do "Poema enterrado" joga ironicamente com a tensão que existe entre a utilidade e a necessidade da estrutura arquitetônica, que a separa e distingue das outras formas de arte,[465] e a inutilidade do texto-ambiente.

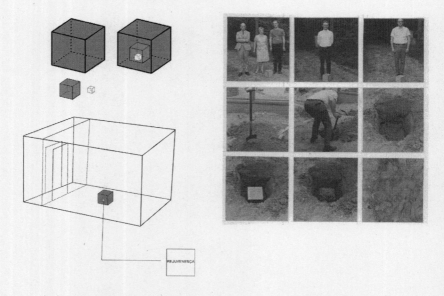

ESQ. Patrícia Lino. Reconstituição visual do Poema enterrado.
DIR. Sol Lewitt. Buried Cube Containing an Object of Importance but Little Value.

patricialino.com/imperativa-ensaistica-diabolica

7. INFRALEITURA 5:
O POEMA/PROCESSO E A *HISTÓRIA DA LITERATURA DOS SENTIDOS*

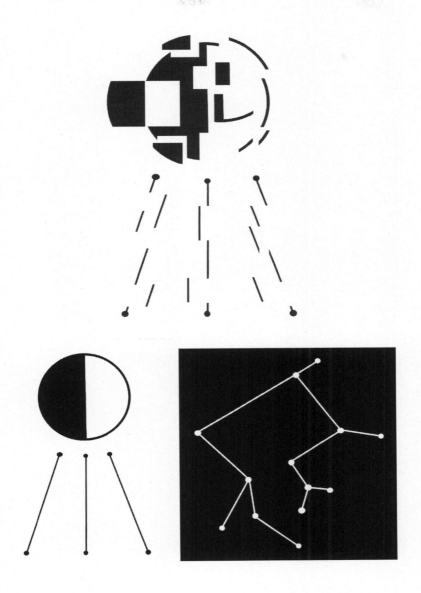

Um dia eu vi uma matéria numa revista internacional sobre o poema-processo. Eu achei fascinante. E pensei: – Como é que o Brasil não conhece isso?

Patricia Rousseaux

En el viejo arte el escritor escribe textos.
En el nuevo arte el escritor hace libros.

Ulises Carrión

7. Infraleitura 5: O poema/processo e *A história da literatura dos sentidos*

7.1. Contra a interpretação, a destruição do alfabeto

A base do projeto vanguardista do poema/processo, que influencia, dentro e fora do Brasil, várias poetas e artistas ativas até hoje,[466] parte da distinção que os seus poetas fizeram entre o que aparentemente não podia separar-se. *Poesia* e *poema*. O primeiro, que diz respeito à língua, antes de tudo geográfica, e apenas às palavras, será descartado e substituído pelo interesse no segundo, referente aos objetos "criados com ideias, signos e imagens".[467] Ao desligar-se das limitações do código linguístico, do perfil abstrato e impalpável da poesia e seguindo os passos radicais de Man Ray ("Lautgedicht", 1924) ou Joaquim Cardozo ("Poema", *Signo estrelado*, 1960), o trabalho sobre a materialidade da palavra, que vinha sendo explorada e redimensionada por concretos e neoconcretas, chegará, por associar-lhe as rédeas da comunicação, a manipular e a recusar a "codificação alfabética"[468] com vista à reconfiguração interativa e performática do poema.

> [O poema/processo] não é uma mera ou simples continuação do concretismo: o poema/processo é uma continuidade radical, implicando desdobramentos semiológicos próprios, de uma das direções da poesia concreta.[469]

A elaboração de novos códigos expressivos e a reelaboração da própria comunicação, construídos a partir da dimensão sequencial e ininterrupta do processo do *fazer* e da leitura, descarta, ao apostar na pluralidade de significados, a conclusão do objeto, e assim como o poema ou a "programação",[470] geradora de uma infinidade de possibilidades e coincidente com o fim do *copyright*, não acaba, o carimbo autoral da coletividade tampouco cessa. "[A composição] só tem valor quando seu processo é trabalhado por vários autores, com novas versões".[471]

Resultado da radicalização do patrimônio estético-literário modernista e concreto e do desenvolvimento de uma consciência tecnológica emergente, o poema/processo também se adapta às circunstâncias da época. Se, antes do computador, o que importava era "resolver problemas, demonstração de virtuosismo",[472] o fundamental, depois do computador, consiste na formulação contínua do próprio problema.

Apostando, portanto, na imitação da simultaneidade do computador, o poema/processo programará um ou mais problemas que dependem exclusivamente da intervenção da leitora na matéria, e a leitora, que, por sua vez, recria, se apropria e reelabora a criação da autora, aumenta

Imperativa ensaística diabólica

consideravelmente a participação coautoral que caracterizava a proposta crescentemente tridimensional dos livros-poema, dos poemas espaciais e do "Poema enterrado" de Ferreira Gullar.[473]

A supressão do autor em proveito da escrita, reconhecida não por acaso pela crítica barthiana nos anos 1960, e o aparecimento da coautora não podem senão complementar-se. Se, por um lado, o temperamento inquieto da primeira garante a polissemia do jogo interpretativo, por outro, a intervenção corporal da segunda atesta que nenhuma interação, apesar de experienciada pelo mesmo conjunto subjetivo, será, neste novo espaço não comunicativo, igual ou sequer semelhante à(s) anterior(es).

Por isso, o efeito estético da *dobradura*, expressão de Feres, Mingote e Nova a propósito da alteração do estatuto participativo da leitora na obra, infinita e labiríntica, forma-se não só com base nas idiossincrasias do objeto, mas

> o próprio fruidor torna-se uma dobra possível do objeto, e vice-versa. Cada um se faz, fazendo-se, ao mesmo tempo, leitor e leitura, por meio do outro. Não há mais como discerni-los, transformado agora nessa outra estrutura móvel, o fruidor-objeto. Somente a partir dos deslocamentos de ambos é que as significações são possíveis.[474]

A relação de dependência que o poema estabelece com o corpo da leitora começa por romper o conforto linear e material da análise, porque o significado é gerado para *perder-se*, do ponto de vista discursivo, no silêncio da interação possibilitada pelo encontro da coautora com o código. Avesso à ideia de *totalidade*, o poema também anula, ao derivar da ativação recíproca entre código e corpo, a possibilidade de fabricar e consolidar uma interpretação nacional ou internacional – à semelhança de um clássico literário ou de uma obra de arte que, intencional e originalmente truncados, só podem ser lidos ou vistos depois de ativados pelo movimento do olho ou pelo toque e renovados, de modo sucessivo, pela variedade de tentativas de *leitura* do corpo em relação ao objeto e do objeto em relação ao corpo.

Como analisar, portanto, o que acontece exclusivamente entre o gesto da que lê e o texto nesta antibiblioteca, antimuseu ou *história da literatura dos sentidos*, redigida a partir da não objetificação[475] dos próprios objetos?

7. Infraleitura 5: O poema/processo e *A história da literatura dos sentidos*

Além de focar-se na incomunicação do poema, ao considerar, como insisto, o estudo da visualidade, das propriedades tridimensionais e performáticas, da sequencialidade e do som, a infraleitura deverá reconhecer o interesse que há na imperfeição do próprio movimento ensaístico, porque, analiticamente, o que o poema expandido provoca e o poema/processo radicaliza, corresponde à exposição clara do fracasso e da perda que todo o ensaio carrega e desenvolve.

Tal como a poeta e a coautora, a ensaísta entra, ao ler e ao compreender sensorialmente, na "coisa em construção",[476] inconclusa e sem uma autora *original*, o que faz com que o ensaio não possa esquivar-se do mergulho criador demandado pela composição e seja, ao formar-se com base na experiência criadora da ensaísta, efetivamente coautoral. Ao colocar "a estrutura acabada (o sentido da obra mesmo aberta) (...) em xeque",[477] a expansão interativa da palavra exige do gesto ensaístico que comece e termine, ao não se manifestar necessariamente pela escrita, na experiência individual do corpo.

A singularidade da experiência corporal da leitora contraria e, em alguns casos, anula a dimensão hermenêutica do ensaio e, consequentemente, os princípios que definem tradicionalmente a definição ou a tentativa de definir a qualidade do poema. Ao mesmo tempo, a corporalidade ou performatividade coautoral da leitura impulsionam não só, regressando às considerações de Susan Sontag sobre a interpretação,[478] o erotismo do exercício estético compreensivo mas, também, no sentido massificante e programador do poema expandido ou, em particular, do poema/processo, a validade da infraleitura.

7.2. O começo do voo: *A ave* (1953-1956) de Wlademir Dias-Pino

Quero fazer uma arte móvel, mas principalmente para o músculo do homem. Uma arte que tenha rigor. Mas de uma geometria do acrobático.

Wlademir Dias-Pino

Para chegar ao conceito da *dobradura*, Feres, Mingote e Nova partem de *Solida* (3 versões, 1956, 1962, 1968 c/ Álvaro de Sá), livro-poema de Wlademir Dias-Pino que começou por fazer, em 1956, parte da I Exposição Nacional de Arte Concreta no Museu de Arte Moderna de São Paulo[479] e que, com *A ave* (3 versões, 1953-1956) e *Numéricos* (1961/1986), estará na base do álbum *Mortossos* (1966) de Álvaro de Sá e na raiz *indigenista* do poema/processo, que contraria a arbitrariedade *escravizante* do código alfabético ao apostar no espírito inventivo da poeta.[480]

Dias-Pino que, com apenas 12 anos, publica, depois de *Os corcundas* (1939), *A Fome dos Lados* (1940), um bloco de anotações que deve ser aberto na vertical, destaca-se pela novidade e escapa, através dela, às fórmulas técnicas da Geração de 45. Muito semelhante, a nível estrutural, a *A Fome dos Lados*, *A Máquina que Ri*, publicado no ano imediatamente a seguir, abre na horizontal e, segundo Sergio Dalate, a montagem das formas no "sentido em direção à morte, [à] imagem de um corpo pênsil e [à] presença do morto"[481] convida à leitura conjunta dos 2 livros-poema. Dalate ressalta ainda o fato de, em ambos os livros, a cor branca aumentar à medida que o texto progride, antecipando, assim, o que viria a ser um projeto de vida e, para muitas, movimento de vanguarda: a desintegração da palavra num mundo cada vez mais fragmentado e, por conseguinte, a desaceleração da lógica capitalista de leitura.

Apesar de estes 2 primeiros livros-poema estarem na base d'*A ave* (1953-1956), *Solida*, e *Numéricos* ou dos poemas reunidos em *Processo: linguagem e comunicação* (1971), fundamentais para o desenvolvimento da poesia e das artes visuais brasileiras dos anos 1970, nenhum deles recebeu a atenção da crítica ou foi disponibilizado até 1997, com a análise desenvolvida por Dalate. Os 2 também antecedem, de modo indireto, o *Intensivismo* ou o movimento *Intensivista*, cujo manifesto, publicado por Dias-Pino em 1951 no *Sarã*, manifesta um desinteresse geral pela narratividade.

Apresentado, pela primeira vez, no folhetim "Sacy", que Dias-Pino e Silva Freire criaram e lançaram ao colocá-lo debaixo das portas das casas cuiabanas numa das madrugadas de 1948,[482] o *Intensivismo* vem defender, de modo anticolonial, a centralidade da imagem no quadro do poema.

Resultado das experiências *intensivistas* do autor e o primeiro passo para a elaboração de *Solida* ou *Numéricos*,[483] *A ave*, livro-poema interativo e pioneiro do gênero,[484] descrito como "poema tecnológico", "livro-objeto" ou "poema máquina, autofágico",[485] abre novos caminhos formulados a partir do processamento da "visualização da sintaxe"[486], precede a poesia digital[487] e está, muito obviamente, na base da evolução perceptiva do poema/processo.[488]

7. Infraleitura 5: O poema/processo e *A história da literatura dos sentidos*

O título, sugerido por 3 formas triangulares que se assemelham à estética da pintura rupestre, possivelmente ligada à ideia de cuiabania,[489] antecipa o jogo interativo proposto pelo livro-poema a partir de 3 níveis de interpretação. Cada uma das 3 letras da anagramática AVE corresponde a cada uma das 3 formas triangulares em separado, e cada um dos pontos dos 3 triângulos corresponde, por sua vez, a cada um dos 3 caracteres de AVE. Os níveis interno e externo também esclarecem as semelhanças entre o exercício de leitura e o desenho imaginário, em forma de constelação, do voo das aves.

Patrícia Lino. Diagrama com base nos níveis de leitura d'A ave.

Depois da página de rosto, a leitora cruza-se com uma série de palavras aparentemente desconectadas que, em associação, formam "A AVE VOA DEnTRO de sua COr". As linhas, muito sutis, que ligam os elementos dispostos de modo apartado, tornam-se perceptíveis graças à transparência do próprio papel e à qualidade da impressão do livro, em que o contato da tinta com a página anterior acentua a mancha gráfica.[490]

Além de haver, na contracapa e nas orelhas, inscrições desenhadas com lápis de cera amarelo, onde pode ler-se com ironia "Edições Igrejinha – Cuiabá", a disposição gráfica d'*A ave* evidencia-se por se construir com base em 3 dimensões distintas e associar a cada dimensão um método de intervenção gráfica: a impressão do texto (2 dimensões gráficas) sobre o papel, o uso do nanquim (2 dimensões plásticas) e os furos circulares (3 dimensões plásticas). Não existe, além disso, uma ordem para ler *A ave*, cuja interpretação pode ser dividida, apesar da sua organização "desmontável",[491] em 3 matérias, a que passarei respectivamente a chamar: 1. desenho discursivo; 2. desenho matemático e, por fim, 3. desenho plástico.

Imperativa ensaística diabólica

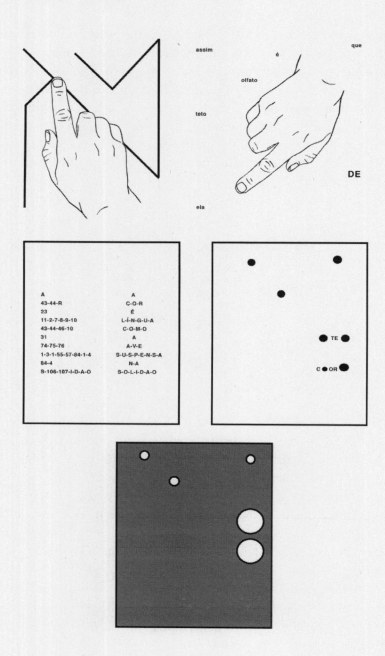

Patrícia Lino. 3 matérias.

7. Infraleitura 5: O poema/processo e *A história da literatura dos sentidos*

1. O encontro imprevisível com cada um dos 6 outros grupos discursivos ou metacódigos que se seguem prepara a leitora para ativar, de modo procedimental, a máquina por intermédio de códigos seriados, ou da negação absoluta do próprio código, ao longo das várias programações geométricas e gráficas do antilivro.

"A ave VOA deNtro De sua cor"
"sua Aguda cRiSTA ComplETA A solidão"
"Polir o VOO mais que A um ovo"
"que tatEaR é seu coNtorno?"
"AssIm é que ela é tetO De seu olfato"
"A curva amarga s(e)u VOo e fecha um TEMPO com sua forma"

Como sugere brevemente Rômulo Pereira, há, para lá do tão-só desrespeito pelo convencionalismo gráfico, uma intenção combinatória e coautoral na separação de maiúsculas e minúsculas.[492] Posso, de fato, formar, a partir de 24 das maiúsculas, um verso aleatório — "COMO ETERNA AVE RASTEIRA" — ou, com 11,

O *desenho discursivo*, performado com base nos efeitos de transparência ou de recorte, assemelha-se, neste primeiro momento, a um labirinto funcional, em que o estranhamento (hesitar, por momentos, por que ordem optar de modo a ler "A AVE VOA dEnTRO de sua Cor") permite à leitora entrar ativamente num espaço familiar de reconstrução verbal: os seus olhos movem-se para desenhar por entre a transparência e cruzam-se

223

estrategicamente com o toque dos dedos que sobrevoam a matéria e adivinham, como um pássaro prestes a decolar, a página seguinte.

Lúdica e inescapável, a metamorfose do texto em imagem concentra o espanto e, ao mesmo tempo, a impotência de uma leitora que se vê perante um objeto no mínimo desafiante. É, aliás, a sensação de completa impotência perante um objeto tão peculiar como *A ave* que explica os níveis distintos da recepção do livro-poema dentro e fora do Brasil, variáveis entre a escassez de estudos críticos e a admiração de outras poetas como Clemente Padín, autor, entre outros poemas hipermídia, de "Homenaje a Wlademir Dias-Pino" (2003)[493] e um dos colaboradores estrangeiros, com o argentino Edgardo Antonio Vigo, do poema/processo.

> *[A Ave] Es un libro-objeto sin el cual el poema dejaría de existir, puesto que no podría ser inscripto en otros soportes sin alterar su sentido (aunque fueran más versátiles o modernos, como la cinta magnética de audio o video o el disquete de la computadora) puesto que no podrían ser recreados los algoritmos de la lectura, es decir, el virar de las páginas, la percepción constrativa de las propiedades físicas de las páginas y las tapas, la textura, la opacidad, el color, las perforaciones, etc., elementos que, conjuntados, van develando la información estética contenida en el libro a través del proceso de la lectura o manipuleo o paginar del objeto-libro.[494]*

2. O *desenho matemático*, que se complica ao longo das 3 versões d'*A ave*, sobressai pelos obstáculos com que presenteia a mais dedicada das leitoras.

Na primeira delas, ao desenhar o movimento do voo da ave sobre o papel, Dias-Pino faz, como sugere Padín,[495] com que a disposição do texto corresponda ao formato sequencial da numeração romana através da associação crescente entre palavras.

7. Infraleitura 5: O poema/processo e *A história da literatura dos sentidos*

```
          cor
      cor cor
  cor cor cor
      cor asa
          asa
          asa cor
          asa cor cor
          asa cor cor cor
      cor ave

          ave
          ave ave
          ave ave ave
      ave voo
          voo
          voo ave
          voo ave ave
          voo ave ave ave
      ave vae

          vae
```

Reconstituição visual. *A ave*. Excerto. 1ª versão. 1954.

Se "cor" concorda com "I", "asa" concordará, por sua vez, com "V" e "ave" com "X". Logo: I/ II/ III/ IV/ V/ VI/ VII/ VIII/ IX/ X/ XX/ XXX/ XL/ L/ LX/ LXX/ LXXX/ XC/ C. Ao seguir o movimento da asa, a leitora traduz, a partir da montagem visual, o alfabeto para uma linguagem numérica que, em princípio, domina num exercício, de resto, inversamente semelhante àquele exigido por um poema como "Soneto soma 14x" (1963) do português E. M. de Melo e Castro.

Será precisamente pelo exercício contrário, do número para o caractere, que Dias-Pino optará na última das versões d'*A ave*. Em 2 das 4 páginas da seção seguinte, começo por ler 2 combinações de caracteres e números. As 2 páginas restantes correspondem, à semelhança da estrutura geral do livro-poema, ao desenho-constelação das mesmas combinações.

Imperativa ensaística diabólica

A sugestão de que cada número equivale a uma letra conduz, num primeiro momento, à tentativa de decifrar um código que, lembradas as 29 páginas anteriores, deveria estar contido nos 6 primeiros e já referidos grupos discursivos.

As primeiras tentativas de decifração, que se firmam na suposição de uma coerência operacional, fracassam. Nada resolve o problema: contar o aparecimento de cada caractere de modo a fazê-lo corresponder a um determinado número, multiplicado ou somado entre os pares (em que, por exemplo, 4 x 3 ou 4 + 3 seria igual ao número de vezes em que a letra X aparece nas primeiras 29 páginas), associar alfabeticamente cada uma das letras a um número ou optar por resoluções menos óbvias (43 = letra alfabética 4 impressa 3 vezes).

O fracasso é, no entanto, animador.

Postas de lado as tentativas *lógicas*, resta, ao supor que cada linha corresponde a um verso e cada número a uma letra, adivinhar as palavras respeitando o encadeamento léxico das 29 páginas anteriores. As possibilidades são ilimitadas e nenhuma, pela falta de confirmação do autor, mais válida do que a(s) restante(s).Por exemplo:

A	A
43-44-R	C-O-R
23	É
11-2-7-8-9-10	L-Í-N-G-U-A
43-44-46-10	C-O-M-O
31	A
74-75-76	A-V-E
1-3-1-55-57-84-1-4	S-U-S-P-E-N-S-A
84-4	N-A
S-106-107-I-D-A-O	S-O-L-I-D-A-O

A incerteza ou o erro que a leitora carrega ao ler *A ave* guardam a novidade da lição de Dias-Pino. A insistência na leitura linear, discursiva e lógica de um objeto que, durante 29 páginas, expõe, a partir do suporte e do conteúdo, a ligação intrincada entre palavra, matéria e desenho, tropeça na validade de outro código tão funcional e aleatório quanto o alfabético e, à semelhança das primeiras tentativas malogradas, a tendência em descrever esta combinação numérica como o início da seção absurda d'*A ave* também falha.

7. Infraleitura 5: O poema/processo e *A história da literatura dos sentidos*

Não há, porém, nada de absurdo n'*A ave*. Ao reconhecer o poder e a centralidade do alfabeto latino, Dias-Pino cria um ou mais alfabetos cujas engrenagens são tão viáveis como as do primeiro.[496] Mas, ao contrário do primeiro, o(s) seu(s) novo(s) sistema(s) comunicativo(s) priorizam, no lugar da comunicação da mensagem verbal, a comunicação circular do jogo. A circularidade deste novo decurso literário, que antepõe a incerteza e a incompletude da leitura à objetividade e ao conforto do fim, assenta na multiplicidade de jogadas ou variações interpretativas. Também por isso, o projeto arrojado de Dias-Pino antevê e influencia a interatividade que os poemas neoconcretos (livros-poemas, espaciais ou ambientais) lograriam apenas anos mais tarde.

3. O *desenho plástico*, terceira seção do livro-poema, abandona as sequências numéricas. Apresenta, além disso, uma linguagem esteticamente diferente da que abre *A ave*, porque, ao cobrir cada vez mais as páginas de cor, serve-se da colagem para guiar, ou antes testar, a coautora durante a última montagem dos versos.

Evidentemente mais extensas do que as anteriores, as manchas gráficas são antecedidas por desenhos-constelação, nos quais se dispõem letras ou palavras em pequenas formas circulares. As mesmas formas circulares duplicam-se e, coladas, ocupam, uma em cada um dos lados da página, exatamente o mesmo espaço. A colocação da página do desenho-constelação sobre a página seguinte, a da mancha gráfica mais extensa, fabrica, com base no encontro das figuras geométricas com o texto, um novo *lugar semântico*.

À semelhança do seu conteúdo e grafismo, o processo engenhoso d'*A ave* divide-se em 3 e desenvolve-se gradualmente: a formação das orações antecede o questionamento e a ausência do código alfabético a partir da criação de novos códigos e, por seu turno, o invento de novos códigos vira do avesso e descentraliza, no próprio espaço verbal, a condição linear-lógico-discursiva do poema tradicional ("s(e)ua de N tro cR i STA que/ V AO,o é, e. curva A, o/ f e cha De ela corm,/ Ass I m Co m plE TA tet O ta tE aR/ mais ave TEMPO coNt or n o/ um olfato ovo Ag uda/ solid ão amarga forma Polir").

O abalo irreversível do alfabeto latino desdobra-se, portanto, em provocações. A montagem do poema, feita em sentido crescente (alfabeto à outro alfabeto à inversão do primeiro alfabeto), põe em evidência a fragilidade da língua portuguesa a partir de séries mínimas (palavra ou oração) que compõem uma estrutura maior (conjunto de orações). Se uma das séries mínimas (palavra ou oração) falha em ser lida de acordo com as regras do conforto ocidental, como no caso das *ilegíveis* combinações numéricas, a leitura e a interpretação da estrutura (conjunto de orações) falha em ser compreendida dentro dos limites do que consideramos ser a *compreensão* e, por isso, a fragilidade do sistema alfabético justifica, não como compensação, mas como resistência, a elaboração constante e futura de outros sistemas tão ou mais válidos do que o primeiro. "Usado, manipulado, apreendido, o poema não acaba ao fechar o livro. Mas também não propõe um recomeço: propõe novos livros, novos poemas".[497]

De fato, para além de estar, como objeto, na base técnica e conceitual dos projetos computacionais do próprio autor em colaboração com Regina Pouchain,[498] do percurso experimental de Gullar, da referida trilogia de livros de Lygia Pape, de *Livro infinito* (1960) de Reynaldo Jardim, d'*El nuevo arte de hacer libros* (1975), *Querido lector. No lea.* (1979) e *Self-portrait* (1979) de Ulises Carrión ou de *Livrobjetojogo* (1993) de Paulo Bruscky, a materialização do voo d'*A ave*, que se assemelha à materialização do movimento das formigas de Gullar n'*O formigueiro*, influenciou, nas décadas consecutivas, o livro-poema *AVE* (1960) de Osmar Dillon, a performance *Poesia viva* (1977) de Paulo Bruscky e Unhandeijara Lisboa,[499] os poemas visuais "Vôo" (s/d) de José Luiz Serafini, "Vôo" (*Orwelhas negras*, 1985) de Márcio Almeida, "Voo" (*Tudos*, 1990) de Arnaldo Antunes, "Vôo" (*Empório literário*, 2005) do cuiabano Antônio Sodré ou as asas de *Bili com limão verde na mão* (2009) de Décio Pignatari e Daniel Bueno.

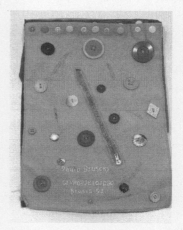

Ulises Carrión. *Self-Portrait*. 1979.   Paulo Bruscky. *Livrobjetojogo*. 1993.

7. Infraleitura 5: O poema/processo e A história da literatura dos sentidos

Este poema-máquina também conduz Dias-Pino à radicalidade matemática[500] e depuração visual do livro seguinte. Impressa manualmente em serigrafia, *Solida* foi apresentada em 48 folhas de cartão dispostas numa caixa.[501] No primeiro cartão, chave lexical do poema, Dias-Pino dispõe a palavra "sólida" (SOLIDA) e, a partir do acréscimo ou da elisão, as várias versões, legíveis ou ilegíveis, de "sólida" (SOLIDÃO/SÓ/LIDA ou SOL). No segundo cartão, os mesmos caracteres são recodificados em pontos. São os pontos e o acesso ao primeiro cartão que permitem a leitura das 5 séries de 9 poemas visuais que recodificam, por sua vez, os pontos em figuras geométricas (circunferências e retas).

Solida funciona como uma engrenagem, "movimento de uma função que se aprende",[502] e se a inventividade[503] da sua recodificação corresponde, como o abandono completo da palavra, à substituição direta do alfabeto por signos não verbais, a geometrização do próprio código pressupõe, tendo isso em vista, que a leitora investigue as condições plásticas que garantem o vazio inabitado da mensagem. E, à semelhança d'*A fome dos lados*, *A máquina que ri* e d'*A ave*, o propósito de Dias-Pino, que envolve, na armadilha e semiótica inconvertível de *Solida*, a sua coautora, não consiste em transmitir um ou mais códigos, alfabéticos ou geométricos, mas em operar, de dentro, como a máquina processadora e contínua de mais símbolos, chaves e segredos.

Por assemelhar-se à leitura cifrada de uma equação organizada, assente na combinação gráfica dos elementos e funcional ao longo das 9 séries, a leitura conversacional de *Solida* também abre espaço para a análise plástica da estrutura que, logo depois de fixar-se na matéria sob formas densas e firmes, perde, de modo paulatino, a consistência.

Assim como a cor d'*A ave* cresce e ofusca o alfabeto, *Solida* liquidifica-se até desaparecer.

patricialino.com/imperativa-ensaistica-diabolica

Imperativa ensaística diabólica

7.3. Deterioração e quadrinhos

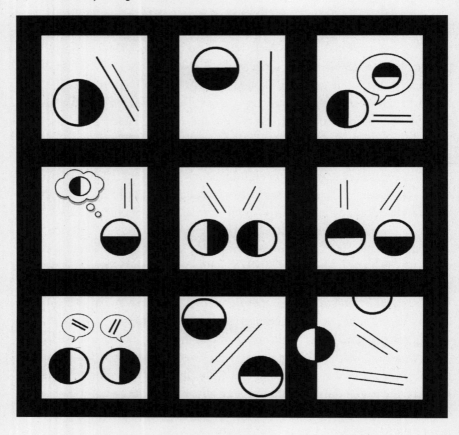

> Se a leitura de uma revista de quadrinhos começa e termina na sua capacidade de gerar prazer & prazeres (mesmo quando levam à reflexão), a leitura de um texto crítico e/ou teórico também deve ser uma atividade mental prazerosa. A própria escrita ensaística, ou qualquer outra escrita – o ato de sua particular elaboração –, não pode fugir ao prazer. É necessário que exista uma "sensualidade da escrita" – para o leitor e para o autor.
>
> Moacy Cirne

O apagamento do código alfabético esteve na base da "arte/correio interativa",[504] da Poesia Intersignos de Philadelpho Menezes,[505] da poesia visual produzida por Bosco Lopes, Dailor Varela, Moacy Cirne, J. Medeiros ou Carlos Jucá durante os anos 1970, e também influenciou, de imediato, uma

7. Infraleitura 5: O poema/processo e *A história da literatura dos sentidos*

das linhas gráficas mais sugestivas do movimento: os poemas em quadrinhos feitos, sobretudo e mais consistentemente, por Álvaro de Sá.

Um dos "primeiros meios de comunicação de massa a se globalizar, antes mesmo do cinema"[506] e ostracizado até os finais dos anos 1960 dos currículos das Faculdades de Letras brasileiras,[507] os quadrinhos começaram a ser estudados por José Marques de Melo,[508] fundador, na Faculdade Cásper Líbero, de um grupo de pesquisa sobre a produção de revistas em quadrinhos editadas no Brasil que publicou, em 1970, *Comunicação social – Teoria e pesquisa*, e nos anos 1970 por Zilda Augusto Anselmo, autora de *Histórias em quadrinhos* (1975). Entre os nomes das que continuaram esta linha acadêmica de validação, como Álvaro de Moya (*Shazam*, 1970), Antonio Luiz Cagnin (*Os quadrinhos – Linguagem e semiótica*, 1975), Sonia Bibe Luyten (*O que é histórias em quadrinhos*, livro, 1985; Editoração em Histórias em Quadrinhos, curso, USP, anos 1970-presente) ou Waldomiro Vergueiro (*Pesquisa acadêmica em histórias em quadrinhos*, 2017), constam, não por acaso, os de Moacy Cirne e Anchieta Fernandes, membros do poema/processo.

Enquanto Moacy Cirne publicou, a par de outros títulos, *A explosão criativa dos quadrinhos* (1970), *História e crítica dos quadrinhos brasileiros* (1990) ou *Quadrinhos, sedução e paixão* (2000), Anchieta Fernandes destaca-se por ter escrito *Desenhistas potiguares caricatura e quadrinhos* (1973), *Por uma vanguarda nordestina* (1976) ou *Ler quadrinhos reler quadrinhos RN* (2011)[509] e por ter *feito*, ele mesmo, poemas/processo em quadrinhos.

A estrutura dos quadrinhos conjuga, numa sequência quase sempre narrativa, palavras e imagens, e é o seu princípio interdisciplinar, reminiscente, por semelhança e associação, da pintura rupestre ou, como repara Scott McCloud,[510] dos manuscritos pré-colombianos, que chama a atenção das poetas intermediais brasileiras e, em particular, das poetas do poema/processo. A sua dinâmica processual e infinitamente renovável e a rapidez do seu traço inacabado, que se aproximam, em matéria e técnica, da dinâmica do poema tal como ele é concebido pelo movimento do poema/processo, está, aliás, na base desta metamorfose inédita de gêneros. Não só porque a produção seriada de vinhetas ou o "desencadeamento de imagens ('congeladas' no tempo e no espaço)"[511] prioriza uma ideia de repetição e, portanto, de reinvenção contínua, mas também porque a propriedade sequencial da página, formada, generalizadamente, pelos quadrados e pelo conteúdo geométrico das vinhetas torna dispensável, de certo modo, o alfabeto;

Imperativa ensaística diabólica

como se a sequencialidade *causal*[512] *da montagem e o diálogo de uma ou mais vinhetas com as restantes naturalizassem, a partir de um gesto de inco-municação* premeditado, a ausência do discurso. A reprodução regular ou ininterrupta das vinhetas materializa, além disso, o princípio da autoria dessacralizante e encadeada, ao não sobrepor, em importância, uma vinheta sobre a outra e ao deixar em aberto, pela possibilidade de desenhar sempre outra, a própria vinheta.

O referido salto de Pagu entre o registro *poético* do *Álbum* e o registro tão evidentemente jornalístico como desinteressadamente *literário* dos quadrinhos d'*O homem do povo*, antecede a discussão sobre a fragilidade do estatuto literário dos próprios quadrinhos e, ao mesmo tempo, o debate sobre as limitações da definição tradicional da própria *literariedade*.

Assim como o poema expandido foi e é ainda, em certa medida, rece-bido com resistência e, em alguns casos, rejeição no contexto dos campos intelectuais e literários brasileiro e internacional, os quadrinhos e os estudos que se dedicam a este gênero podem ser também lidos como parte de uma versão mais generalizada do "trauma cultural" descrito por Gonzalo Aguilar a propósito do aparecimento da poesia concreta.[513]

A equação *traumática* não falha, além disso, em coerência. A desquali-ficação crítica do poema expandido e dos quadrinhos, bem como a redução das suas particularidades à tendência rotineira da leitura linear-lógica-dis-cursiva, adiantam, em simultâneo, a exclusão e o esquecimento analítico do vanguardismo interdisciplinar do *Álbum de Pagu*, da novidade intermedial e totalmente não verbal dos poemas/processo em quadrinhos e da, apesar de óbvia, relação indireta entre ambos.

Se Pagu amplia simbolicamente a palavra com recurso ao desenho sequencial, construindo, desse modo, um objeto interdisciplinar apoiado na insuficiência do próprio verbo, as autoras do poema/processo tirarão partido da sequencialidade que caracteriza a linguagem dos quadrinhos para ampliar visual e estilisticamente, num sentido inverso à relação ideo-gramática entre símbolos, o alfabeto.

7. Infraleitura 5: O poema/processo e *A história da literatura dos sentidos*

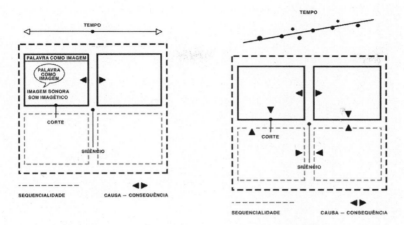

ESQ. Patrícia Lino. Representação da página *tradicional* dos quadrinhos.[514]
DIR. Patrícia Lino. Representação do poema/processo em quadrinhos.

Não me parece, além do mais, que o silêncio que rodeia o *fazer* radical e a análise de tais poemas/processo deva ser contrariado pela discussão que, tristemente, paira ainda sobre o mundo dos quadrinhos – *literários ou não?* –, porque, afinal, a pergunta nada mais é do que "uma forma de procurar rótulos socialmente aceitos ou academicamente prestigiados".[515] Avessos, aliás, à própria ideia de prestígio, os objetos criados pelas poetas/processo durante a década de 1970 exigem-me, como grande parte da poesia expandida, algo consideravelmente mais difícil. A manipulação do código alfabético "em todos os rumos",[516] a reaprendizagem da leitura e o exercício da "leitura global".[517]

7.3.1. Poemas/processo em quadrinhos

Depois dos *Metaesquemas* (1956-1958) de Hélio Oiticica, cujo desenho se assemelha à estrutura quadrangular e retangular dos quadrinhos, e do *Livro de Criação* (1960) de Lygia Pape, que José Guilherme Merquior descreveu como *uma história em quadrinhos despida de legendas*,[518] *Ponto 1* e *Ponto 2* compilam, respectivamente em 1967 e 1968, os primeiros conjuntos de poemas/processo em quadrinhos feitos por Wlademir Dias-Pino, George Smith, Anchieta Fernandes, Jorge de Luxan Gutierrez ou Álvaro de Sá. Desamparadas perante uma editoria que não explica nem sequer assina, às vezes, os textos, a definição e a interpretação deste novo formato dependem inteiramente da leitora.

233

Imperativa ensaística diabólica

Não são apenas as formas quadrangulares, dispostas simetricamente ao longo das páginas de ambas as revistas, que sugerem a adaptação do poema à estrutura geométrica dos quadrinhos, mas também o uso recorrente de balões (fala, no singular e no plural; grito; pensamento) e de algumas das tipografias mais usadas até hoje pelas quadrinistas (*bangers*; *bubblegum sans* etc.) ou o avanço sequencial, e não necessariamente linear, da narrativa marcado pela composição e pelo tamanho das vinhetas.

A sequencialidade dos poemas/processo em quadrinhos radicaliza, além disso, a não verbalidade dos quadrinhos, que podem, ao não incluir palavras, desenvolver-se e ser compreendidos no silêncio, sem, contudo, manter, como nos quadrinhos mais tradicionais, a verossimilhança das representações. Tratam-se, sem exceção, de desenhos ou colagens geometricamente abstratas que, contra as *velhas* linguagens, se transformam e metamorfoseiam para criar novos códigos e *comunicar*, questionando, porém, as próprias regras convencionais do *ato comunicativo* e regressar, ao mesmo tempo, aos instrumentos mais rudimentares da animação e do cinema. Imagem a imagem, de movimento em movimento.

Patrícia Lino. Sexto passo antropofágico.
O corpo invisível do poema/processo em quadrinhos. Anos 1960.

7. Infraleitura 5: O poema/processo e *A história da literatura dos sentidos*

7.3.1.1. "Brasil meia-meia" (1966) de Wlademir Dias-Pino

Feito um ano antes da publicação de *Ponto 1* e apresentado como um livro--poema, "Brasil meia-meia" de Wlademir Dias-Pino "é uma colagem dos principais acontecimentos de 1966 registrados pelos periódicos do país"[519] concebida com base no que, estatisticamente, ocupava mais, a nível visual e textual, as suas páginas.

O que começa por ser um conjunto de colagens de vários elementos tipográficos e fotografias logo se metamorfoseia, durante 14 colagens (capa + 13), numa página final composta por 9 vinhetas. Entre as 13 primeiras colagens, que agrupam uma sigla, "IPM" (para, talvez, o Instituto de Pesquisas Municipais), recortes de manchetes e subtítulos, fotografias de militares, de civis caídos sobre o asfalto e de protestos políticos e detalhes de quadrinhos tão conhecidos como Donald Duck, encontramos a chave de leitura que, similar às várias chaves léxicas que acompanham os já referidos poemas semióticos ou *poemas-conceito*, aclara o funcionamento e transformação visuais de "Brasil meia-meia".

Além de reunir 8 semicírculos ou 4 círculos divididos em 2, a quarta página do livro-poema concentra algumas das palavras mais usadas pelos jornalistas em 1966 (da esquerda para a direita: "pão"; "objeto"; "pouco"; "trabalho"; "fome"; "uso"; "muito" e "vida"). Cada uma delas corresponde a um semicírculo, e cada par de associações (pão-fome; objeto-uso; pouco-muito; trabalho-vida) corresponde, por sua vez, à possibilidade de imaginar um círculo. Entre os 8 semicírculos, há 4 que incluem fotografias de periódicos e 4 que, vazios ou preenchidos por 3 tons de cinzento, não fazem referência a nenhuma publicação. O conjunto, que ocupa simetricamente toda a página, esclarece, através da repetição das formas e com base no encadeamento seguido pelo autor, a relação exclusivamente visual que as fotografias estabelecem com as figuras geométricas. As últimas, que operam como um novo alfabeto, traduzem as primeiras ou, inversamente, as primeiras codificam-se à luz da seleção das fotografias e dos termos entregues por Dias-Pino à leitora. Precedida por 9 páginas crescentemente geométricas, a última página ou sequência do livro-poema inclui 9 vinhetas que, de modo gradual, narram, como a concentração codificada de todas as fotografias e desenhos anteriores, a transformação da matéria informativa na simplificação sobreposta da bandeira nacional do Brasil. E assim que a sugestão da bandeira surge por entre o movimento circular, a sequência termina, tão inesperada quanto enigmaticamente, com um balão de pensamento e a onomatopeia "TCHIM". "Tchim", de "tchim-tchim", sugere a ideia de um brinde incompleto ou, por metonímia, da liberdade de um Brasil amputado pela violência das forças militares.

Os 9 quadrados, produto final deste "anuário visual",[520] precedem, ao mesmo tempo, a linha estética dos trabalhos que foram logo depois desenvolvidos por outras integrantes do movimento.

7.3.1.2. "Olho" (1967) de Anchieta Fernandes

A visão modernista, fragmentada e interdisciplinar das coisas, em que a interdisciplinaridade e, depois, intermedialidade, compensam e demonstram, ao mesmo tempo, a impossibilidade de *acabar* a obra *totalizante*, adapta-se naturalmente à dimensão interdisciplinar e originalmente fragmentada dos quadrinhos que, como o poema expandido, assentam na sequencialidade e na engrenagem e dispensam, como um produto em desenvolvimento permanente, o absoluto, a originalidade ou, como sugere Moacy Cirne num dos *Dez poemas para José Bezerra Gomes*, a ideia da própria existência ("o poema acima não existe").[521]

"Olho", de Anchieta Fernandes, tem 4 versões (1967, 1968, 1970 e 2003)[522] e destaca-se pela inteligência da composição e, também, já que as 2 últimas versões foram recriadas por George Smith e Falves Silva, pela coletividade autoral que o define.

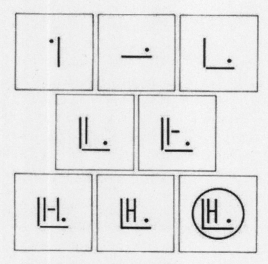

Anchieta Fernandes. Olho. Versão 1. *Ponto 1.* 1967.

7. Infraleitura 5: O poema/processo e *A história da literatura dos sentidos*

A estrutura sequencial de "Olho" (1ª versão), que concentra, gradualmente, todas as letras da palavra "olho" na última das vinhetas, antecipa a estrutura criptogramática de "Código" de Augusto de Campos, concebido 6 anos depois, em que, à semelhança do primeiro, o significado da palavra contida dentro da circunferência não pode ser separado dos movimentos interpretativos exigidos à leitora. Se ler "Código" corresponde literalmente à decifração do *código*, ler "Olho" corresponde a *olhar* o próprio *olho*, ou: a deslocação do olho forma, de modo progressivo, a palavra "olho".

A disposição das letras e das vinhetas, cuja montagem segue a ordem linear da palavra, vai, além disso, ao encontro do desenho do próprio olho *humano* que se divide em íris (O-L-H) e esclera (O) e adianta, ao simplificar a "mensagem sinistra de vigilância"[523] de "Olho por olho" (1964), a obsessão das vanguardas pelo funcionamento da vista.

A segunda recriação de "Olho" afasta-se consideravelmente da familiaridade entre leitora e codificação alfabética. Composta por 9 vinhetas, que se metamorfoseiam e desintricam em forma, a versão de 1968 termina com o desenho sintetizado do olho da providência ou o "olho que tudo vê". Este último desenho estará na base formal de "LIBERTARDE" de Ronaldo Werneck, incluído em *Selvaggia* (1976), que, a partir da inversão sequencial do "olho que tudo vê", registra geometricamente o fracasso introduzido pelo título (LIBERDADE + TARDE).[524]

A versão de George Smith, feita em 1970, descomplica as anteriores. Ao aglutinar-se com 2 outras formas geométricas, o pequeno ponto negro delineia gradualmente, durante 6 vinhetas, o olho (vinheta 7) e o que, antecipando o já mencionado "Pó de tudo (Scelsi)" (1993) de Augusto de Campos, pode ser lido como o sol sob a linha do horizonte.

Falves Silva partirá do mesmo ponto negro para elaborar outra sequência de 8 vinhetas que, em 2003, incluirão detalhes e cor. Entre as vinhetas, vemos o que parece ser uma lua, 2 fotografias microscópicas ou caleidoscópicas, as consoantes "lh" e, finalmente, a fotografia de um olho disparando raios multicores. A estética multicor desta última versão influenciaria, poucos anos depois, "Olholuz" (2009) de E.M. de Melo e Castro ou "Do olho no olho do olho" (2010) de Moacy Cirne.

As 4 versões de "Olho" levaram igualmente à publicação de *Olho por olho*, antologia organizada por Falves Silva e Marcel Matias em 2015, que reuniu as recriações de "Olho" feitas pelas estudantes do curso de Produção Cultural (2014) do Instituto Federal de Educação, Ciência e Tecnologia (Rio

Grande do Norte, Campus Natal – Central). Nelas, além de desenharem sobre o poema original, as estudantes colaram e preencheram as vinhetas com todo o tipo de recortes.

7.3.1.3. "Alfabismo" (1967), *12 x 9* (1967) e *Poemics* (1991) de Álvaro de Sá

Além de outros trabalhos posteriores ao lançamento de *Ponto 1* e *Ponto 2*, como, por exemplo, *Vírgula* (1972), um envelope editado por Wlademir Dias-Pino[525] com 20 poemas visuais, um deles de Alderico Leandro, que recorre à estética do balão de fala, ou "Bomba" (1975) de Almandrade, cuja pequena narrativa encerra com a onomatopeia "BUUM!!!" envolta num balão de grito, são os 2 livros de Álvaro de Sá que, pela sua consistência e aprofundamento, validam, mais do que qualquer outro trabalho, este novo gênero híbrido.

Antecedidos por "Alfabismo" (1967; *Ponto 2*, 1968) e *Poemas comestíveis* (1967) e seguidos por *Chaos* (1969), os volumes *12 x 9* (1967) e *Poemics* (1991) ampliam e aprofundam, na estética bem como no tamanho, a adaptação de um ou mais códigos poéticos à estrutura dos quadrinhos e a exploração dos elementos básicos, como o balão ou a vinheta, dos próprios quadrinhos.

Se em "Alfabismo", Álvaro de Sá codifica, gradualmente, o alfabeto latino através da simplificação visual dos símbolos para formar vários jogos de palavras e exigir, assim, à leitora a decifração de um código, por agora, mais ou menos familiar, a familiaridade dos objetos vai, à medida que o alfabeto latino dá lugar a inúmeras figuras geométricas, desaparecendo em *12 x 9* e *Poemics*.

A transformação gráfica de "Alfabismo", que parte originalmente da divisão formal dos caracteres latinos[526] e que começa, com base na chave léxica à entrada, por gerar combinações de significado – "ECO/ODE" – como o som do primeiro se propaga, o canto da ode também –, antecipa, de fato, a peculiaridade e o risco dos 12 poemas/processo em quadrinhos do não verbal e insólito *12 x 9*.

Divididos sempre, à semelhança da grande maioria dos exercícios do movimento, em 9, os poemas de *12 x 9* reúnem, como o título sugere, 108 vinhetas. O número 9, associado, como indica o design da capa ("12 x 9" x 7), à continuidade e, generalizadamente, à eternidade e, no caso específico do poema/processo, à ideia de colaboração ou intervenção ininterrupta no poema das outras, permite a Álvaro de Sá criar um objeto estruturalmente coerente

7. Infraleitura 5: O poema/processo e A história da literatura dos sentidos

e estabelecer, ao mesmo tempo, sem tropeçar, sequer uma vez, na monotonia das composições, uma estrutura rigorosa, de 3 quadrados dispostos 3 vezes horizontalmente uns sobre os outros.

Entre as suas e os seus companheiros de movimento e a par das figuras geométricas usadas sistematicamente por outras – a ponto de marcar a produção mais tardia de Joan Brossa (*Blasfèmia*, 1989) –, Álvaro de Sá será o que tirará mais recorrentemente partido do balão e dos seus significados.

Por exemplo: as 2 primeiras sequências de *12 x 9*, que podem ser lidas tanto num sentido linear quanto verticalmente (de cima para baixo, da esquerda para a direita e, de novo, de cima para baixo), dependem exclusivamente do uso do balão de fala e de pensamento que, a partir da diferença numérica ou formal, sugerem discórdia entre ambas as *personagens*.

Álvaro também se serve de outros símbolos, os matemáticos, como na sequência 5, em que, da esquerda para a direita, as letras do alfabeto latino se vão movendo gradualmente de acordo com a lógica de um tríptico. De discurso, elas passam ao discurso que gera mais discurso e logo se tornam *coisas* que, por sua vez, geram computacionalmente mais combinações discursivas. A chave do tríptico, contida na vinheta alinhada na página seguinte, à direita, encerra o conjunto com uma equação irresolúvel.

ESQ. Álvaro de Sá. Sequência 5. *12 X 9*.
DIR. Patrícia Lino. *3 equações irresolúveis*.

Imperativa ensaística diabólica

    A estruturação não verbal do molde propõe a reprodução e recriação de um produto social de massas que, mais do que belo ou feio, se processa a partir e por dentro do consumo da informação para fabricar mais produtos em série, porque "os quadros e os balões, a sua direção, tamanho, localização, texturas, etc., não são expostos formalmente, mas com base na sua relação estrutural".[527] Adaptável, portanto, a qualquer mensagem, a estrutura, passível de ser preenchida ininterruptamente, existe para ser reinventada, como, por exemplo, quando Moacy Cirne (1968) e Falves Silva (1978) apropriam graficamente a página de Sá em 2 momentos distintos.[528]

    O peso da possibilidade, tão realista quanto impossível, de continuar *infinitamente* o mesmo exercício de apropriação, parece ser, de resto, contornado pelo tom naturalmente cômico da linguagem dos HQ. No caso da sequência 4, sorrimos perante a explosão audiovisual ("TRAC") que encerra a sequência *quase* infinita de vinhetas, sobrepostas em perspectiva,

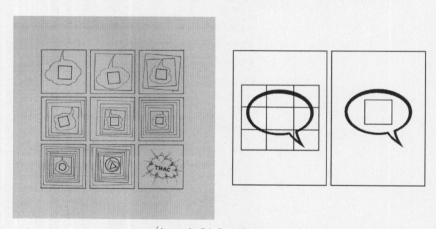

ESQ. Álvaro de Sá. Sequência 4. 12 X 9.
DIR. Patrícia Lino. Organização visual de *12 X 9 & Poemics*.

e a impossibilidade de contestar o chiste gráfico. Há, além do mais, algo de verdadeiramente estratégico e *infantil* no silêncio com que o chiste se desenrola até o sorriso de quem lê.

    Uma língua, se quisermos, posta de fora e apontada à leitora: ao reduzir a página à elementaridade visual dos quadrinhos, Sá faz com que um corpo invisível que fala, grita e pensa devore metonimicamente a palavra e condena, entre provocações contracomunicativas, a leitora ao silêncio de assistir ao processo do próprio silêncio.

O princípio subtrativo da página de Oswald, Tarsila, Vicente ou Pagu é, com efeito, radicalizado pela dimensão vocovisual do livro seguinte, *Poemics*, publicado por Sá 24 anos depois. Se, em *12 x 9*, o balão, bem como as onomatopeias, trucida o discurso, em *Poemics*, as peças-base dos quadrinhos digerem-se umas às outras. Torna-se, aliás, claro que o consumo gradual do verbo abre possibilidades inéditas ao nível do arranjo mesclado do *puzzle* e da leitura: a inversão do valor de tamanho ou função das peças, em que o balão se apodera, por exemplo, da vinheta, corresponde à inversão do valor do tipo de recepção, em que, por exemplo, no lugar de teorizar sobre o quadro, a leitora muda vê e escuta a sequência ou *brinca* no vazio verbal de uma narrativa impraticável.

7.4. A parada do desacato

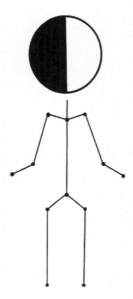

Poema é coisa física, você escreve com papel, escreve com caneta, escreve com tinta [bate na mesa].

Wlademir Dias-Pino em entrevista a Inês de Araujo, Regina Pouchain, Evandro Salles e André Sheik. 2017.

7.4.1. Rasga-rasga, *Arte no Aterro*, desfile literário, poema-pão

A deterioração dos elementos alfabéticos também se desenvolveu como um dos pilares políticos do poema/processo que, desde o seu aparecimento, se distinguiu pelo desacato e pela necessidade de destruir simbolicamente a poesia brasileira. Em fevereiro de 1968, imediatamente após a redação do seu manifesto (dezembro de 1967), as autoras do poema/processo ocuparam, por sugestão do pernambucano Jomard Muniz de Britto, as escadas do Teatro Municipal da Cinelândia para rasgar vários exemplares da poesia modernista nacional. Durante a "rasgação" ou o "rasga-rasga", que, não por acaso, coincidiu com a criação do Ato Institucional nº 5, várias integrantes do movimento desfizeram volumes de Carlos Drummond de Andrade, João Cabral de Melo Neto, Vinicius de Moraes ou Cassiano Ricardo antes e depois de marcharem até o velho Municipal, segurando vários cartazes que, entre outras mensagens, carregavam as seguintes exclamações: "Abaixo a ditadura do canto e do soneto!", "A poesia morreu", "O verso é um drummondicídio", "Abaixo os monogramáticos defensores das letras", "Es usted libre?" ou "Andava ele indeciso entre o Frescobol e o verso".

> Estávamos fazendo uma guerrilha cultural e precisávamos chamar a atenção. Se você rasga um Drummond, um João Cabral, a literatura vai se alvoroçar, porque é uma heresia.[529]

Segundo consta na introdução ao poema/processo do Museu de Arte Abraham Palatnik, uma versão mais radical do *happening*, impedida pela polícia, também foi planejada pelas autoras do poema/processo de Natal que, "em sincronia com a chamada Revolução Cultural de Mao Tse-Tung", "iriam literalmente queimar os autores discutidos e intelectuais consagrados como Luis da Câmara Cascudo".[530]

O gesto manifestamente iconoclasta esteve também na base de outros atos performáticos. Depois da apresentação da música/processo "Relógios" de Marcos Silva e Joel Carvalho num festival de música em Natal (1968),[531] a exposição do poema/processo no evento *Arte no Aterro* foi a primeira delas.[532] Proposto por Frederico Morais, *Arte no Aterro* aconteceu dentro e fora do Pavilhão Japonês no Aterro do Flamengo (Rio de Janeiro) entre 6 e 28 de julho de 1969[533] e incluiu os trabalhos de várias poetas, artistas e

7. Infraleitura 5: O poema/processo e *A história da literatura dos sentidos*

poetartistas como Jackson Ribeiro, Julio Plaza, Lygia Pape, Hélio Oiticica, Ione Saldanha, Pedro Escosteguy, Maurício Salgueiro, Dileny Campos ou Miriam Monteiro. Entre elas e eles, também estiveram as autoras do poema/processo

> Álvaro de Sá (labirinto, caixa-alvo, poemas com jornais), Márcio Sampaio (poemas com bolas de pingue-pongue), Neide Sá (poemas com tubos plásticos e tinta, letras e cordas), Wlademir Dias-Pino (labirintos de papel, etc.), Celso Dias (arremesso de disco, caixa-fumaça), Anselmo Santos, Moacy Cirne, Ney Leandro, Henry Corrêa de Araújo, Sebastião Nunes, Pedro Bertolino, Hugo Mundi Jr. e Dailor Varela.[534]

A organização inclusiva de *Arte no Aterro*, que, como explicou Frederico Morais, foi idealizado para "crianças e adultos, pais e filhos operários, e estudantes",[535] vai ao encontro da coletividade e da popularização que amparavam, por sua vez, a *universalidade* comunicativa de um movimento antiditatorial como o poema/processo que, em 2 momentos diferentes, ao manifestar o seu apoio ao movimento estudantil por ocasião do assassinato de Edson Luís de Lima Souto em março de 1968, defendera o acesso "superlotado" à arte e à educação por parte de todas as classes sociais.[536]

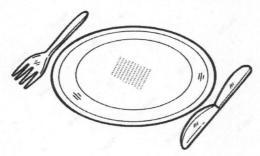

Patrícia Lino. Sétimo passo antropofágico.
Poema comestível. Anos 1970-1980.

Adeptas do "desencadeamento do lúdico"[537] de expressão corporal, as integrantes do poema/processo estenderam, no mesmo ano e durante o II Festival de Poesia, a provocação e a sua peleja democrática até as ruas de Pirapora e, ao defender que "a literatura é, antes de tudo, do povo",[538] organizaram um "desfile de autores e personagens da literatura brasileira".[539]

243

Imperativa ensaística diabólica

O desfile, que começou na "fase colonial" e consistiu na performance do currículo escolar literário, foi dividido, por exemplo, em partes,

a) CLASSICISMO
PADRES JESUÍTAS – PADRE JOSÉ ANCHIETA
BOTELHO DE OLIVEIRA

b) ESCOLA ARCÁDICA – BARROCO MINEIRO
CLAUDIO MANOEL DA COSTA – THOMAZ ANTONIO GONZAGA[540]

e acompanhado, além disso, pela parada do próprio do movimento-processo, onde poetas como Sônia Figueiredo caminharam erguendo, em forma de cartaz, frases como "É preciso espantar pela radicalidade". E, de fato, a radicalidade destas demonstrações públicas e colaborativas aumentou consideravelmente com o tempo.

Depois de Pirapora, o poema/processo organizou, na Feira de Arte de Recife de 1970, que reuniu cerca de 5.000 pessoas, uma performance coletiva no mínimo surpreendente. O poema, desta vez um pão de 2 metros, foi comido coletivamente por muitas das que participavam, como artistas ou coautoras, no evento. Como a nota do dia 7 de abril do *Jornal do Brasil* relata, "o pão poema-processo mostrava cartazes que diziam 'Poema-pão feito por grupo de Boa Viagem de parceria com os padeiros' e 'Esta obra de arte foi boicotada pela gloriosa Fundação Bienal de São Paulo'".[541]

7.4.2. Poemas comestíveis: do livro para o estômago

Além de uma declaração política e geográfica, que se impõe perante as proibições do regime militar e descentraliza, ao mesmo tempo, o crédito do sistema de validação paulistano, há algo de fundamental na ideia por trás do "pão poema-processo": a composição abole por completo a codificação alfabética ao transformar-se em algo comestível e indiferenciado do corpo da autora ou coautora. O princípio antropofágico do "pão poema-processo" foi precedido por "Poemas matemáticos (in)comestibles" (1968) de Edgardo Antonio Vigo e influenciou evidentemente os trabalhos de Álvaro de Sá ("Poemas comestíveis", 1967), Regina Silveira ("Biscoito arte", 1976/2011), Anna Bella Geiger ("O pão nosso de cada dia", 1978), Artur Barrio (*Livro de carne*, 1979), Bartolomé Ferrando ("Menú", *Performances poéticas*, 1988) e Grupo Escombros[542] ("Pizza de poesia concreta", 2002).

7.4.2.1. O desejo infantil de trazer coisas à boca: Sá, Vigo, Silveira, Geiger, Barrio, Ferrando, Grupo Escombros

O gesto leva às últimas consequências o desejo infantil de trazer as coisas à boca.

Se, por um lado, à semelhança do pão de 2 metros, Álvaro e Sá e Bartolomé Ferrando comem, em termos literais, a *palavra*, e Artur Barrio *faz*, literalmente, um livro de carne, o poema adapta-se, por outro, à forma das coisas ou dos recipientes das coisas que *se podem* trazer à boca. Latas de conserva (Vigo), biscoitos (Silveira), um saco de papel e o próprio pão (Geiger), e uma caixa de pizza (Grupo Escombros).

Adicionalmente, a possibilidade de produzir de modo contínuo latas de conserva, biscoitos, sacos de papel ou caixas de pizza amplia não só a dimensão seriada e massificante do poema, tão corriqueiro como um biscoito entre centenas de biscoitos,[543] mas também identifica na composição poética um objeto que surge com o único propósito de desaparecer. Comido ou jogado futuramente no lixo, o poema comestível subverte, ao decompor-se, a ilusão da posterioridade.

A exploração do cheiro, do sabor e da textura amplia, também, a questão sensorial levantada até aqui pelos modernistas, pela poesia concreta e pelo poema espacial neoconcreto, e permite-me, na verdade, ordenar, porque a expansão do poema corresponde cronologicamente à expansão das faculdades do corpo, os sentidos trabalhados pelas vanguardas ou, se preferirmos, a hierarquia de expressões estabelecida pela inclinação logocêntrica do poema ocidental (OLHO/*VISÃO* + OUVIDO/*AUDIÇÃO* + MÃO/*TATO* + CORPO/*TATO* + BOCA/*PALADAR* + NARIZ/*OLFATO*).[544]

Imperativa ensaística diabólica

ESQ. Ruy Castro. Os inimigos da poesia. *Revista Manchete*. 1968.
DIR. CIMA Regina Silveira. Biscoito Arte. 1976/2011.
DIR. BAIXO Anna Bella Geiger. O pão nosso de cada dia. 1978.

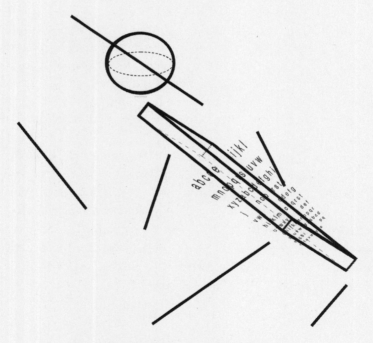

Patrícia Lino. Oitavo passo antropofágico.
Poema-Corpo. Anos 1970-1980.

7.4.3. Ser o poema *digerido*

À ação de comer o poema, segue-se coerentemente a ação de *ser* o poema *digerido*, como em "Poesia viva" (1977) de Paulo Bruscky e Unhandeijara Lisboa, que, depois da publicação final do movimento ("Manifesto PARADA – Opção Táctica", 1972), assinalou, no dia 14 de março, os 10 anos do início do poema/processo.

7.4.3.1. "Poesia viva" (1977) de Paulo Bruscky e Unhandeijara Lisboa

Organizado em Recife, *Poesia viva*[545] reuniu 10 poetas, artistas e poetartistas que, sobre o corpo, vestiram, individualmente, as letras que dão nome à performance coletiva (P-O-E-S-I-A V-I-V-A). O poema, desta vez um conjunto literal de organismos, monta-se com o corpo de cada uma das performers e, com base nas gravações deste ato coletivo,[546] as expressões formadas pelos corpos variam à medida que as 10 performers se movem para escrever outras palavras como, por exemplo, V-O-A ou A-V-E.

Patrícia Lino. 3 outras possíveis variações de Poesia viva.

[E]ste 'acontecimento' que estamos realizando é uma homenagem, escrita em nosso corpo, falada em nossos gestos, amordaçada em nosso silêncio, percorrida em nosso cotidiano. Somos a própria obra, somos as letras móveis, somos o chão das páginas, somos os versos mal-ditos. Faça alguma coisa (o mínimo que estiver a seu alcance) para que a poesia não padeça nos cursos de letras nem venha a morrer nos suplementos literários.[547]

Imperativa ensaística diabólica

O modo lúdico, serpenteado e livre como dão as mãos e se movem em conjunto, deitando-se e pulando, recupera a indistinção física entre corpo e texto de "La corneta" (1967) e "Transformaciones de masas en vivo" (1972) de Luis Pazos ou de "Marca registrada" (1975) de Letícia Parente, e marca tanto o princípio visual d'*O domador de boca* (1978) de Ivald Granato e Ulises Carrión quanto a materialidade do poema-organismo de "Poema" (1980), "Contra-mão" (1994) ou "Mim quer sair de si" (1994) de Lenora de Barros, do manifesto "La performance como linguaje" (*Performances poéticas*, 1998) e de poemas performáticos como "Poema visual" (*idem*, 1998) e "Poema sonoro" (*idem*, 1988) do já mencionado Bartolomé Ferrando.

"Poesia viva" foi performada, de novo, em 2009, nas ruas de Porto Alegre, na 7ª Bienal de Artes Visuais do Mercosul e, em 2017, nas ruas de Paris e Veneza.

7.4.3.2. "Poema" (1979) de Lenora de Barros

Fotografado por Fabiana de Barros, o *acentuadamente erótico*[548] "Poema"[549] é composto por 6 fotogramas e desenrola-se cinematograficamente, em *close-up*, da boca aberta da própria Lenora até as hastes de uma máquina de escrever. Como repara Omar Khouri, a língua, que começa por tocar provocadoramente as teclas das letras da máquina, desenha, durante os fotogramas 2, 3, 4 e 5, um triângulo apontado para baixo que logo se inverte, de modo completo, na última das fotografias.

Patrícia Lino. Representação de Poema.

O que significa, portanto, o encontro da língua com a máquina, "excitada, arrepiada"[550], onde tanto vejo uma ereção como pelos púbicos eriçando-se? Posso, em primeiro lugar, descrever "Poema" como a versão material do confronto entre a escrita ou o sistema alfabético latino, representados pela máquina de escrever inanimada, e a fala, corporalizada pelo órgão animado; e defender, logo depois, que, ao atiçar fisicamente a sistematização opressora da escrita, a oralidade escapa à regra e ao registro. "Um toque de

Eros na frieza das Letras".[551] Posso, inclusive, afirmar que o poema existe, ao mesmo tempo, em *tudo o que escapa* – sensorial, múltiplo, endiabrado – e *no (pouco) que fica*.

7.4.3.3. "Meu negro" (2018) de Ricardo Aleixo

Filmado por Aline Motta em 2018, o poema performático "Meu negro" de Ricardo Aleixo parte, em primeiro lugar, do texto homônimo publicado, em 2014, na revista *Modo de Usar & Co.* e incluído, mais tarde, na antologia *Pesado demais para a ventania* (2018).

Se, por um lado, pode ser lido como a ampliação representativa de "Poesia viva", porque o corpo negro veste agora o alfabeto que o corpo branco carregara antes, "Meu negro" materializa, por outro, a conhecida expressão "I Am Not Your Negro" de James Baldwin, título, aliás, do documentário dirigido por Raoul Peck em 2016 e a porta de entrada para outros trabalhos como o manifesto "I Am Not Your Cholo" (2017) de Marco Avilés.

Os 2 primeiros planos de "Meu negro" dão-nos a ver, respectivamente, a imensidão da metrópole e o corpo como um dos seus detalhes. Depois de um primeiro grande plano tomado pelos arranha-céus, vemos, de cima para baixo, sobre um terraço, e ao lado de 3 antenas parabólicas, Ricardo Aleixo coberto por um manto negro em que reconhecemos, pelo menos, 3 formas tipográficas diferentes grafadas e pichadas a branco – que, por sua vez, se transformam gradualmente desde o registro manual até o da máquina de escrever.[552]

A impossibilidade de ler o que está escrito no manto que Ricardo ergue e move sinuosamente enquanto dança e se deita e rebola sobre o betão traduz provocadoramente a invenção, colonial, hierárquica e sexualizada, do próprio corpo negro que, debaixo do manto e *definido* pela imaginação da branquitude, *não se vê muito bem*.

> O negro é uma invenção do branco. Supondo-se que aos brancos coube o papel de inventar tudo o que existe de bom no mundo, e que sou bom, eu fui inventado pelos brancos. Que me temem mais que aos outros brancos. Que temem e ao mesmo tempo desejam o meu corpo proibido.[553]

O texto que Ricardo diz e compõe o *soundtrack* de "Meu negro" existe, portanto, entre 2 níveis de interpretação. O da **História**, que categoriza e classifica o corpo racializado e o do corpo racializado que se mascara, tão dissimulado quanto estratégico, com as palavras dos brancos para, mais tarde, inverter o seu sentido e oficialidade. Posso, efetivamente, não ler o primeiro nível corporal – os pré-conceitos que enfeitam o manto – e notar, ao mesmo tempo, que a câmara de Aline acompanha apenas o movimento do significado do que é *falado*. Por exemplo: quando Ricardo diz, "eu fui inventado pelos brancos" (1'20), Aline filma o seu rosto em *close-up* e nos coloca, muito de repente, debaixo do manto para de lá expulsar-nos, com o corte e a transição de plano, 11 segundos depois. Já fora, assistimos ao corpo *não* lido e indefinido rebolar e deitar-se sobre o terraço da grande cidade (1'31).

Não há, portanto, como antecipar os seus gestos não verbais.

CIMA Luis Pazos. Transformaciones de masas en vivo. 1972.
BAIXO Paulo Bruscky e Unhandeijara Lisboa. Poesia viva. 1977.

7. Infraleitura 5: O poema/processo e *A história da literatura dos sentidos*

ESQ. Lenora de Barros. Poema. 1979.
DIR. Ricardo Aleixo. Meu negro. 2018.

patricialino.com/imperativa-ensaistica-diabolica

8. INFRALEITURA 6: EDUARDO KAC, UM CASO RECENTE

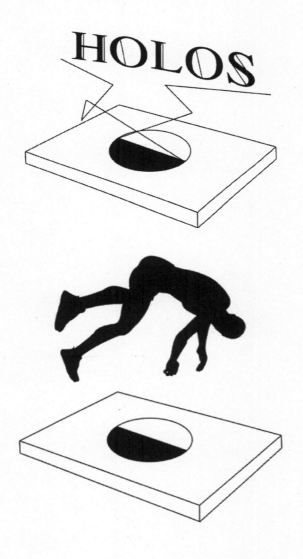

WHITMAN: What do you think the public's and the critic's reaction has been to your work here in the United States?
KAC: I guess that depends on what you call critics because, you know, traditional literary critics won't consider this poetry at all.

Eduardo Kac em entrevista a IV Whitman, 1995.

8.1. O Movimento de Arte Pornô

Influenciado, evidentemente, pelos trabalhos do poema/processo, Eduardo Kac começou por produzir, numa sequência, poemas exclusivamente verbais (*Nabunada não vaidinha*, 1981; *24*, 1981), visuais (1981-1982) e performáticos (1980-1982) no início dos anos 1980.

Textos como "Filosofia" e "Eclipse" (1981) ou o poema-grafite "Overgoze" (1980-1981) inauguram e compõem o que, muito rapidamente, se desenvolve a partir de um conjunto de performances no Rio de Janeiro.[554] O exercício performativo assume, por sua vez, várias formas: o choque entre a palavra pornográfica e os loci idílicos,[555] o Movimento de Arte Pornô (1980-1982), o manifesto consequente ("Manifesto pornô", *Gang*, n. 1, maio de 1980), o uso do poema como veste, estampado sob o peito,

FILOSOFIA

pra curar amor platônico
só uma trepada homérica[556]

a escrita grafada com o corpo (*Pornogramas*, 1981) e a nudez do corpo que performa.

O Movimento de Arte Pornô, proposto no contexto da intervenção *Pelo topless literário* (Posto 9, Praia de Ipanema, Rio de Janeiro, 1980), foi concebido por Eduardo Kac e Cairo Trindade em 1980. Teresa Jardim, Braulio Tavares, Ana Miranda, Cynthia Dorneles, Sandra Terra e Denise Trindade juntar-se-iam à dupla pouco depois. Os 8 formaram o grupo Gang. O "Manifesto Pornô" foi publicado no mesmo ano, no número 1 da zine homônima, *Gang*, e lido em público pela primeira vez na Cinelândia. O ponto alto, bem como o fim das atividades do grupo Gang (produção de livros de artista, banda desenhada, gravuras ou livretos), aconteceram no dia 13 de fevereiro de 1982. A data certeira de *Interversão* ou *Pelo strip-tease da arte* coincidiu com o aniversário dos 60 anos do primeiro dia da Semana de Arte Moderna de 1922. A razão por trás de tal coincidência é explicada num ensaio de 2013, em que, ao contrário do que se poderia assumir (uma homenagem às antecessoras modernistas dos anos 1920?), Kac questiona a validade da "narrativa histórica padrão sobre a arte e a poesia brasileiras do século XX".[557]

A performance de 1982 incluiu, além da passeata pornográfica, em que Eduardo Kac e os restantes membros do grupo Gang se foram despindo gradualmente perante as banhistas que ocupavam o Posto 9, a distribuição da revista *Pornô Comics*, feita por Ota (nome artístico de Otacílio Costa d'Assunção Barros), e a apresentação de "poemas, diálogos, canções"[558] e outros objetos, precedida e sucedida por ações interativas que culminaram no mergulho coletivo protagonizado pelo grupo Gang e pelas banhistas que, incitadas pelo primeiro, decidiram participar no ato *pornográfico*.

A tensão entre os termos sublime ("arte") e abjeto ("pornô") sintetiza, de resto, o objetivo do grupo Gang: a instrumentalização da pornografia, que condensa, em favor da experimentação poética, a ideia da própria instrumentalização em si.[559]

A defesa determinada e insolente da práxis sexual ou o encontro real com o corpo, "estranho à [nossa] consciência de viver",[560] pressupõe, em simultâneo, a exploração dos tabus escatológicos, a indecência explícita e o escrutínio do obsceno. Questiona, além disso, os limites da linguagem que estão sujeitos, por seu turno, aos preconceitos que limitam o corpo ou a percepção social da identidade corpórea ("Antes de dominar a palavra escrita, o homem já desenhava/ sacanagem nas paredes das cavernas").[561] Ao questionamento sucede a lógica corporal do movimento que se destaca, antes de tudo, pela irreverência pré-social com que abole a linguagem fetichizada – até que a linguagem seja *linguagem* de novo: "eu falogrito, peido e chupo: isto não é bom em fase de transição. q se dane o mundo".[562]

8.2. Rumo à trimensionalidade

Se a tridimensionalização do poema coincide e possibilita a entrada do corpo no processo de leitura, é natural que a sexualização e materialidade do corpo pornô, que ergue os desenhos verbais do poema (coloquial, urbano, antiditatorial) em público,[563] preceda, à semelhança do caminho trilhado pelos antecessores do autor, o interesse pelas 3 dimensões do poema e, no caso particular de Kac, a obsessão pelas 3 dimensões dos elementos do *significante*. Tridimensionalizar o significante corresponde a dar um passo em frente relativamente ao uso bidimensional da palavra no âmbito do poema tridimensional neoconcreto.

8.2.1. "Não!" (1982), contra o coro do sim

Depois de performar *Interversão* em 1982, Kac criou, no mesmo ano, o seu primeiro poema digital, "Não!" (1982), influenciado e em permanente diálogo com vários artistas tecnológicos, como Hudinilson Jr., um dos principais nomes do movimento xerográfico brasileiro,[564] Mário Ramiro, com quem elabora *Retrato suposto-rosto roto* (1988),[565] Otávio Donasci, conhecido pelo seu projeto de videoteatro ("videocriaturas", anos 1980), Carlos Fadon Vicente, autor do projeto *ARTTE* (1985), e Wilson Sukorski, que compôs, no Laboratório de Música Eletroacústica do Instituto de Artes do Planalto, *MEL I*, *MEL II* e *MEL III* em 1978, 1979 e 1981.

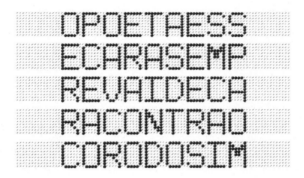

Eduardo Kac. Não!. Estrutura esquemática. 1982.

"Não!" responde visualmente ao verso de Torquato Neto ("o coro dos contentes"), escrito a partir de uma expressão de Augusto de Campos, que a cunhou, aliás, "compactando palavras de Sousândrade"[566] e os acordes de Jards Macalé em "Let's Play That" (1972). Como um anúncio eletrônico, que passa, num leitor pontilhado de 9 em 9 letras, OPOETAESS/ **E**CARASEMP/ **RE**VAIDECA/ **RA**CONTRAO/ CORODOSIM, "Não!", estruturalmente similar ao anterior "Máquina" (1980) de Philadelpho Menezes e ao mais tardio "Druga" (1985) de Valnei Andrade, foi criado, um pouco à maneira do lema social do já mencionado "Poema cartaz de agitação" (1980), também de Philadelpho Menezes — para ser lido na rua, no ônibus ou numa repartição pública.

Tampouco é coincidência: a tridimensionalidade deste objeto antecipou o primeiro holopoema de Eduardo Kac, feito no ano imediatamente a seguir, 1983, e a sua primeira exposição holográfica (Museu de Imagem e Som, 1985).[567]

8.3. A poesia é um enigma tridimensional

O que acrescenta exatamente o holopoema aos objetos poéticos tridimensionais desenvolvidos pelas neoconcretas, pelas autoras do poema/processo ou pelas artistas conceituais dos anos 1950-1970, como, por exemplo, Willys de Castro (*Objetos ativos* [1959-1962]), Neide de Sá, Ferreira Gullar ou Osmar Dillon?

a) A tridimensionalização do significante

No que diz respeito às primeiras manifestações do objeto poético tridimensional, a atenção de Gullar ou Dillon centra-se, em termos gerais, na tridimensionalidade de um objeto que se baseie, inclua e amplie o signo e permita, assim, a interação corporal da leitora com o significado da matéria. A palavra como parte bidimensional da matéria. Mas, ao contrário do poema espacial gullariano, que imprimia sobre uma ou mais estruturas geométricas a palavra conceitual,[568] o holopoema forma-se a partir da tridimensionalização de cada uma das letras do significante. A palavra é matéria.

b) A corporalização da palavra

No caso particular de Kac, a prática holográfica vem ampliar coerentemente a dimensão performática e a obsessão espacial que sustentam o seu projeto poético desde os trabalhos em que, provocadoramente, expunha o corpo indefinido e indefinível na Cinelândia. Se o corpo, que começa por substituir a página, pode ser entendido como um escape à bidimensionalidade da escrita, a holografia é a própria palavra corporalizada. Kac esclarece em 1984:

> Com as experiências levadas a cabo pela poesia visual, que estimularam as pesquisas individuais de inúmeros poetas, a consciência da página impressa e o conhecimento dos inúmeros recursos gráfico/visuais levaram este código bidimensional a um ponto de saturação. Isto não significa, contudo, que não se possa fazer excelentes poemas visuais. Antes, ao contrário: o máximo que se pode realizar neste terreno são excelentes poemas. E ao poeta cabe ousar, conquistar o desconhecido, habitar a terra-de-ninguém onde as novas linguagens nascem e se multiplicam.[569]

A holografia foi teorizada por Dennis Gabor em 1948.[570] Mas só em 1960, graças à invenção do LASER (*Light Amplification by Stimulated Emission of Radiation*), Emmett Leith, Juris Upatnieks e Denisyuk conseguiram produzir as primeiras imagens tridimensionais holográficas. As raízes da palavra, "holos", *o todo* + "graphia", *a escrita*, explicam o objetivo da experiência sem grandes rodeios: além de transmitir as qualidades visuais de um ou mais objetos, a imagem holográfica capta a espacialidade dos objetos representados.

O holopoema parte justamente das limitações do poema escrito para estudar "todas as possibilidades combinatórias entre as letras (objetos tridimensionais) e os ângulos de visão do espectador (paralaxe)".[571] A palavra, esculpida em luz, e o processo de tridimensionalização, que articula volumes invisíveis e buracos negros, correspondem, segundo Kac, ao fim do "branco mallarmaico". O *verbo* ganha, pela primeira vez, independência do suporte e "permite que o espectador passe a mão entre a página e a sua projeção holográfica".[572]

A experiência tridimensional do significante desenvolveu-se e aperfeiçoou-se ao longo da criação dos primeiros 7 holopoemas de Kac entre 1983 ("HOLO/OLHO") e 1988 ("Quando?").[573] O *fazer* dos 7 holopoemas permitiu, consequentemente, a teorização de alguns dos conceitos-chave da prática holográfica ("Poesia Holográfica: As Três Dimensões do Signo Verbal", 1984). Parece também ter incentivado os projetos holográficos de Augusto de Campos, Julio Plaza, Moysés Baumstein, Ormeo Botelho e outras autoras internacionais.[574] E foi, além do mais, descrita como "quadrimensional", porque, ao constituir-se como um evento espaço-temporal, pode ser lida de modo fragmentado.

Ao distinguir-se da não linearidade do poema-desenho oswaldiano, do poema concreto ou do poema espacial neoconcreto, pelo fato de o movimento do olho ou do corpo fazer-se em relação à tridimensionalidade da palavra, e não em relação às 2 dimensões da página ou da base, o tempo do holopoema é reversível e avesso ao *tempo sequencial da sintaxe*[575] ao repartir-se entre passado, presente e futuro. Rompe, consequentemente, com os princípios poetográficos de Max Bense,[576] formulados a partir das formas primárias da linha e da superfície textuais, por existir quanticamente em mutação[577] num espaço descontínuo e abandonar expressamente ambas.

8.3.1. "Holo/Olho" (1983), 4 olhos

Ao tirar vantagem das semelhanças fonéticas e gráficas entre ambos os termos, a forma do paronomástico e metadiscursivo "HOLO/OLHO" (1983) de Eduardo Kac e Fernando Eugenio Catta-Preta, em que "as duas palavras possuem quatro letras e as duas primeiras letras de 'OLHO' (corpos pequenos) formam 'olho' com as duas primeiras letras de 'HOLO' e as duas últimas formam 'holo' com as duas últimas de 'HOLO' (corpos grandes)",[578] assemelha-se estrategicamente à forma de 4 olhos e sugere, ao mesmo tempo, a tensão entre o *todo*, "holo", e o próprio *olho*.

8.3.2. "Chaos" (1986), Feigenbaum versão neon

Como escreve Reynaldo Röels Jr., "Chaos" "afasta-se bastante" dos 4 holopoemas produzidos até 1986 por empregar, sob a forma holográfica, "a teoria do caos de Feigenbaum".[579] "Em vez dos sóbrios e discretos hologramas, ele tentou um diálogo entre a holografia e o neon, criando uma peça cinética"[580] em que as letras C, H e A são distribuídas desordenadamente no espaço pseudoscópico e completadas por S e O, que, por sua vez, de um espaço ortoscópico, desenham, ao piscar uma e outra vez, a sigla SOS por entre a visualização invertida das 3 primeiras.

8.3.3. "Holo/olho", "Chaos" e a insuficiência

A reconstrução fenomenológica da descontinuidade dos holopoemas depende exclusivamente do movimento e abrangência do olho e do corpo da leitora "porque no vazio não há em cima nem em baixo nem de um lado nem de outro nem muito pelo contrário porque duas letras holográficas podem acontecer ao mesmo tempo no mesmo lugar no espaço".[581]

Os títulos e a forma de "HOLO/OLHO" e "Chaos" insinuam, pela sua carga etimológica, não só o fim da ilusão da estabilidade proporcionada pela impressão a 2 dimensões do poema na página ou da ilusão do conforto interpretativo do poema, mas também a constatação da insuficiência e fragmentação do próprio corpo perante o vasto mundo das coisas que vê, lê e interpreta.

Se em "HOLO/OLHO" o *todo* concorre com algo tão mínimo como o *olho* e, por sua vez, o olho concorre com algo tão incomensurável como o *todo*, "Chaos", que, em grego antigo, diz respeito a uma enorme massa de matéria sem forma, emite *flashs* de socorro, SOS-SOS-SOS, perante a imensidão cosmológica.

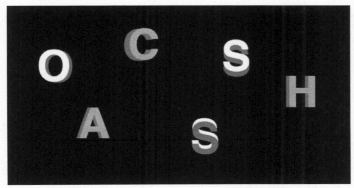

Patrícia Lino. **CIMA** Representação de Holo/Olho.
BAIXO Representação de Chaos.

8.4. *Space Poetry*

> *Space Poetry is poetry conceived for, realized with, and experienced in conditions of micro or zero gravity. In other words, Space Poetry is poetry that requires and explores weightlessness ("micro or zero gravity") as a writing medium.*
>
> Eduardo Kac

> *The aerospace industry is currently dominated by several national space agencies, such as the American National Aeronautics and Space Administration (N A S A), European Space Agency (E S A) and Russian Federal Space Agency (R K A). Even the Chinese Space Agency (C N S A) is becoming an increasingly important participant for space launches (Morley, 2006). Increasingly, private companies are also starting to develop commercial spaceflight, either in cooperation with national space agencies or by developing separate independent projects.*

Janez Mekinc & Iztok Bončina

Ao contrário de parte considerável dos exercícios artísticos que privilegiam o espaço como tema,[582] a *Space Poetry* não diz respeito à representação mimética da(s) paisagem(ns) do aeroespaço. Destaca-se, sim, por, num ambiente antigravitacional capitalizado por instituições públicas e privadas, lançar a pergunta: como nos adaptaremos a um espaço antigravitacional a partir do poema?

A Poesia do Espaço, é, por outras palavras, o resultado prático das conclusões "gravimórficas"[583] a que Kac chegou depois de fazer o holopoema "Ágora" (1986) que, além de explorar uma das particularidades da prática holográfica – a ausência de massa e, portanto, de peso –, foi concebido com o propósito de ser enviado na direção da galáxia Andrômeda. E deve ser, além disso, lida com base noutro dos conceitos cunhados por Kac 10 anos antes, a *Bio Art*, que, ao reconhecer o colapso entre natureza e artificialidade ou *humano* e *não humano,* materializa algumas das questões levantadas por Donna Haraway em *Cyborg Manifesto* (1985) ou *Primitive Visions* (1989).

Com efeito, Haraway e Kac encontram-se, respectivamente, na teorização e fabricação estéticas e políticas do corpo "pós-humano", adverso ao essencialismo corporal e à informática da dominação (*informatics of domination). Time Capsule* (1997), *Genesis* (1999), *GFP Bunny* (2000) ou "Chyper" (2009), que levam ao limite o questionamento do corpo – do *corpo* humano, do *corpo* como o que determina e é determinado pelo espaço que ocupa ou do *corpo* como a extensão da máquina ou da máquina como extensão do *corpo* –, explicam o interesse por várias formas de vida ou *humanidade* e a exploração das possibilidades de adaptação da identidade corpórea aos mais variados meios.

Patrícia Lino. Nono passo antropofágico.
Poema no espaço. Anos 2000.

8.4.1. "Inner Telescope" (2017), o corpo que se devora a si mesmo

A antropofagia *não devora* corpos; *ela* produz corpos.

Raúl Antelo

A desconstrução social e identitária do corpo corresponde, no contexto do percurso intermedial de Eduardo Kac, ao desenvolvimento do corpo antropófago que, ao longo do século XX, se foi, ao expandir as faculdades expressivas contra os ares ditatoriais do registro escrito, reconhecendo na sua própria animalidade, dependência tecnológica e *não humanidade*.[584]

Semelhante, portanto, a um espelho, a primeira manifestação concreta da Poesia do Espaço, "Inner Telescope",[585] aconteceu em 2017, na Estação Espacial Internacional, e disse essencialmente respeito à interação do astronauta Thomas Pesquet com o poema tridimensional de Eduardo Kac num contexto de gravidade zero.

"Inner Telescope" é conciso: inclui 2 folhas de papel modeladas para formar a palavra francesa "MOI" (M-O-I).[586] A primeira folha, recortada, sugere as formas das letras "M" e "O", que, lidas a partir de perspectivas distintas, sugerem, por sua vez, o desenho de um corpo *humano* em suspensão. "O" surge do círculo vazio no centro de "M". A segunda folha, um cilindro que entra em "O", equivale à letra "I". "I", escreve Eleanor Heartney, pode ler-se, homofonicamente em inglês, como "eu" e "olho",[587] o que, a julgar pelo título (oximórico) e "MOI", imprime ao poema a dimensão introspectiva do reflexo onde Pesquet vê múltiplos Pesquets.[588]

Patrícia Lino. Série de desenhos a partir de Inner Telescope.

"Inner Telescope" também se assemelha a um cordão umbilical: o corpo devora-se ao devorar o que o cataloga socialmente e renasce, sem gravidade, fora do planeta.

O que quer dizer que, ao anular o estatuto da gravidade como uma força metafórica, o poema antigravitacional porá em causa e tirará, simultaneamente, partido do próprio questionamento material levantado pelas vanguardas. Ou: é certo que, além de nos fazer reconsiderar o conteúdo, bem como a matéria, "Inner Telescope" não esquece o princípio corporal e intuitivo da poesia expandida brasileira ao ponto de Pesquet ser parte integral e reconhecida da composição.

A condição multilíngue deste corpo, tão sem peso quanto sem gênero, raça ou nacionalidade, movendo-se, pela *primeira vez*, num espaço desconhecido, antecipa igualmente o recomeço conteudístico e formal, também sem peso, gênero, raça ou nacionalidade, da própria linguagem poética.

Há, ao mesmo tempo, algo de profundamente solitário e promissor neste corpo flutuando longe da comodidade e da consolação; que Eduardo Kac compensa e esclarece, 5 anos mais tarde, ao criar "Adsum" e resgatar, no ano imediatamente a seguir, o holopoema de 1986, *Ágora*, para criar, em 2023, a sua segunda versão (espacial).

8.4.2. "Adsum" (2019-2022), aqui estou!

Eduardo Kac. Adsum. Desenho. 2019.

De acordo com Eduardo Kac, o desenho gravado na escultura cúbica de vidro de "Adsum" foi feito a partir das letras S, N e O. Se a letra S compõe o símbolo do *infinito* e a letra N está na base da *ampulheta*, O, grafado em maiúscula e minúscula – Lua e Terra –, une ambas e forma, além disso, da esquerda para a direita, SOoN e, da direita para a esquerda, NoOS. Quando se cruzam, no espaço cúbico da estrutura do poema, as 4 letras sobrepõem-se para desenhar um círculo de 2 tempos. Por um lado, o tempo humano (*ampulheta*) e, por outro, o tempo cósmico (*infinito*).

265

"Adsum" foi enviado para a Estação Espacial Internacional, transportado por Antares 230+, em fevereiro de 2022, e voltou à Terra a bordo de SpaceX Dragon 2 9 meses depois.

8.4.3. "Ágora" (1986/2023), Marte-Vênus-Sol-Terra

ESQ. Eduardo Kac. Ágora. 1986-2023.
DIR. Eduardo Kac. Ágora. 1986-2023.

Contido numa cápsula, *Ágora* ocupa a área *aft skirt* do Centaur 5. O seu título pode ser lido, tendo em conta descrição e objeto, com ou sem acento. "Ágora", o espaço público de reunião, ou "Agora", advérbio, e, portanto, uma chamada de atenção para a atualidade e a urgência do debate em grupo. Prestes a ser lançado para a órbita interplanetária Marte-Vênus-Sol-Terra, o holopoema amplia coerentemente o propósito de "Inner Telescope" – um novo corpo surge, o aviso surge logo depois ("aqui estou!"), a ágora aparece –, e acolhe, em simultâneo, o corpo não binário (humano, animal, *cyborg*) que ocupava, contra a norma social impositiva, a Cinelândia. "Ágora" foi também desenhada com o propósito de ser lida por comunidades extraterrestres, e a sua dimensão comunicativa assenta num dos princípios mais importantes do *fazer* do poema expandido.

O poema é sempre expandido porque a vida é expandida.

patricialino.com/imperativa-ensaistica-diabolica

9. NOTAS

1   César Aira. La nueva escritura, s/p.

2   Frase original de Ulises Carrión. "La intención es la madre de la retórica". *El nuevo arte de hacer libros*, p. 24.

3   D'"Outros problemas da poesia", que escrevi em 2021, depois d'"O grande problema da poesia" e antes de "Ainda — outros problemas que me ocorreram entretanto".

4   Parafraseio Carlos Drummond de Andrade. "Apelo a meus dessemelhantes em favor da paz". In: *Antologia poética*, p. 368-370.

5   Montaigne. *Les Essais*. I. 31. 337.

6   Andrade. "Descoberta da África". A marcha das utopias. In: *Do pau-brasil à antropofagia e às utopias, obras completas de Oswald de Andrade*, p. 226.

7   Topor. *A cozinha canibal*, p. 61.

8   Adília Lopes. *A pão e água de colónia*, p. 71.

9   Hatherly. *A reinvenção da leitura:* breve ensaio crítico seguido de 19 textos visuais, p. 5.

10   Reparo, por experiência, que o salto entre as 3 expressões é, sobretudo, geográfico e acontece, respectivamente, entre o Brasil, Portugal e os Estados Unidos. Há também, entre estas expressões, outra que muito me agrada, "poema indisciplinado", e se usa menos do que as anteriores.

11   Perguntei, em 2020, durante o começo d'"O prazer rigoroso e a leitura *pós verso*": o que é mais legível para quem não domina o grego antigo, uma passagem da *Ilíada* ou "O ovo" de Símias de Rodes? Este último, feito no séc. III a.C., e um dos 3 poemas visuais, com "O machado" e as "Asas", de Símias de Rodes. Cf. *Cibertextualidades*.

12   Já o objeto, que é criativo, pode ser crítico. Cf. Eliot. *Selected Essays*, p. 30-31.

13   "Ao mesmo desembargador Belchior da Cunha Brochado". Cf. Matos. *Poemas escolhidos*, p. 205.

14   Refiro-me ao poema-carimbo "Miramar", feito a 4 mãos por Oswald e Inácio. Cf. Andrade. *O perfeito cozinheiro das almas deste mundo*, s/p.

15   *Experiência n. 3*, 1956.

16   Cf. Kac. "Inner Telescope".

17   Approprio livremente a expressão de Haroldo de Campos: "Em matéria de literatura, é sempre bom colocar-se, de quando em quando, a diacronia em pânico". Cf. *Transcriação*, p. 10.

18   Campos; Campos; Pignatari. *Teoria da poesia concreta:* textos críticos e manifestos 1950-1960, p. 118.

19   Campos. *Transcriação*, p. 56.

20   É assim que o autor denomina "Código" ao incluir o poema na seção "Enigmagens" (*Viva Vaia 1946-1976*, 2014).

21   A análise detalhada deste poema pode ser lida na Infraleitura 3.

22   Cuja análise detalhada pode ser também lida na Infraleitura 3.

Imperativa ensaística diabólica

23 Apesar de a minha atenção se centrar no poema concreto ou expandido, nada impede que a infraleitura se baseie, igualmente, na natureza indisciplinada do poema de código convencional com o propósito de expandir um dos seus aspectos evidentemente visuais ou sonoros.

24 "[...] inque tuo sedisti, Sisyphe, saxo". Ov. *Met.* X. 44. Os castigos circulares de Tântalo, Ixião e Tício, que penam, junto a Sísifo, no Hades, também são, pela primeira e única vez na história da literatura ocidental, interrompidos. Ov. *Met.* X. 40-49.

25 Infraleitura 2, Livros de poemas com desenhos.

26 Infraleitura 3, 5.5.10.

27 Perloff. *Unoriginal Genius:* Poetry by Other Means in the New Century.

28 Expressão de Deleuze. Cf. *A Dobra* – Leibniz e o Barroco.

29 *Jornal do Brasil*, quarta-feira, 9 de julho de 1924.

30 Ou, a propósito do "Poema Giratório", *Terra Roxa e outras terras* (1926).

31 Primeiro seminário da Sorbonne.

32 O artigo saiu no mesmo número em que Luís Aranha publicou o "Poema giratório" e foi precedido pelos primeiros comentários críticos de Mário de Andrade à poesia de Aranha incluídos n'*A escrava que não é Isaura*, escrito em 1922 e publicado em 1925 pela Livraria Lealdade.

33 Mário também o mencionaria, mais tarde, no já referido "Luís Aranha ou a poesia preparatoriana": "[...] já no acabar desse ano de 1922, o poeta [Luís Aranha] me aparecia com um livro a que, pelos cacoetes da época, dera o nome de *Cocktails*". Cf. *Aspectos da literatura brasileira*, p. 73.

34 Citado por Machado. *Manuscritos do modernista Luís Aranha*, p. 96.

35 Cf. Manuscritos do modernista Luís Aranha. *O modernismo dá as cartas:* circulação de manuscritos e produção de consensos na correspondência de intelectuais nos anos de 1920, p. 85.

36 A de Mário e Bandeira em particular, com especial atenção para o poema "Camelots" da autoria do último.

37 "Ao ingressar no curso de direito da Faculdade do Largo de São Francisco da Universidade de São Paulo, concluído em 1926, sai da cena literária contemporânea como quem foge de um mal. (Reproduz, de certa maneira, a sua mudez diante das vaias da plateia do Teatro Municipal de São Paulo, em 1922, durante a Semana de Arte Moderna)". Cf. "Luís Aranha: a química e a crise", p. 12.

38 Aranha. "Telegrama". *Cocktails*, p. 130.

39 Archer e Leite acrescentam aos 22 poemas inéditos os 4 publicados na *Klaxon*.

40 Repetindo, assim, os esforços de figuras como José Lino Grünewald, Mário Chamie ou Antonio Risério que, entre as décadas de 1960 e 1970, escreveram sobre a inovação e o cunho pioneiro de *Cocktails*.

41 São de destacar o artigo e a respectiva tese de pós-graduação de Maria Regina Jaschke Machado ("Manuscritos do modernista Luís Aranha", 2001; *O modernismo dá as cartas:* circulação de manuscritos e produção de consensos na correspondência de intelectuais nos anos de 1920, 2012), Eduardo Coelho ("Luís Aranha: a química e a crise", 2012) e Júlio Bernardo Machinski (*Uma leitura de* Cocktails: justaposição de imagens e associação de ideias na poesia de Luís Aranha, 2016).
É também de extrema relevância a entrevista que Eduardo Kac fez a Luís Aranha em 1987. Cf. "A teia do desconhecido: entrevista de Luís Aranha", *Folha de S.Paulo*,

9. Notas

Folhetim, 30 de janeiro de 1987. p. B6-B7. A entrevista foi depois incluída em Eduardo Kac, *Luz & Letra:* ensaios de arte, literatura e comunicação. Rio de Janeiro: Contra Capa, 2004. A conversa entre os 2, primeira e última que Luís Aranha concederia, aconteceu 5 meses antes da sua morte.

Importa ainda chamar a atenção para as seguintes antologias: Kopke. *Antologia da poesia brasileira moderna:* 1922-1947; V/a. Poesia sempre. *Revista da Biblioteca Nacional do Rio de Janeiro*; Bastos. *Antologia de poesia brasileira do século XX:* dos modernistas à actualidade; Guedes. *Paixão por São Paulo* e Bonilla. *Aviones plateados.* 15 poetas futuristas latinoamericanos.

42 Grünewald. "Um marco esquecido".

43 Aranha. *Cocktails*, p. 52.

44 "Luís Aranha esboçou a lápis preto a capa de *Cocktail* (no singular), manuscrito que reúne 22 textos em datiloscrito esmerado, acrescido das notas do amigo modernista". Cf. Machado. *Manuscritos do modernista Luís Aranha*, p. 79.

45 Aranha. *Cocktails*, p. 124.

46 Aranha. *Cocktails*, p. 128.

47 *Idem*, p. 110.

48 Autor, também, de *Cinematographo:* Chronicas Cariocas (1909).

49 Refiro-me, obviamente, à conhecida passagem, "Perte d'auréole", de Baudelaire em *Le Spleen de Paris* (1869).

50 Aranha. *Cocktails*, p. 194.

51 Cf. Jauss. "Tradição literária e consciência atual da modernidade"; Campos. *O arco-íris branco.*

52 Aranha. *Cocktails*, p. 78.

53 Machinski. *Uma leitura de* Cocktails: justaposição de imagens e associação de ideias na poesia de Luís Aranha, p. 75.

54 Aranha. *Cocktails*, p. 68.

55 Apollinaire incluiu trabalhos como "Il pleut" (1914) e ideogramas coloridos a aquarela no projeto de livro *Et Moi Aussi Je Suis Peintre* (Eu também sou pintor), que foi interrompido pela eclosão da primeira guerra e nunca chegou a ser editado. E se "Il pleut" foi depois incluído na revista *SIC* (1916), editada por Pierre Albert-Birot, a ideia de colorir ideogramas seria retomada no catálogo de abertura da Primeira Exposição das Soirées de Paris. *Et Moi Aussi Je Suis Peintre* foi recriado e traduzido, no Brasil, por Juliana Di Fiori Pondian (2018).

56 Aranha. *Cocktails*, p. 70.

57 Aranha. *Cocktails*, p. 70.

58 "Somos na realidade os primitivos duma era nova. Esteticamente: fui buscar entre as hipóteses feitas por psicólogos, naturalistas e críticos sobre os primitivos das eras passadas, expressão mais humana e livre de arte". Andrade. *Poesias completas*, p. 74.

59 Andrade. A marcha das utopias. In: *Do pau-brasil à antropofagia e às utopias*, p. 191. O verso também lança a crítica, como nota Júlio Bernardo Machinski, ao atraso "da arte ou dos artistas ou, ainda, do academicismo reinante nas escolas de belas-artes, diante dos avanços da sociedade e das vertentes estéticas". Cf. *Uma leitura de* Cocktails: justaposição de imagens e associação de ideias na poesia de Luís Aranha, p. 77.

60 Lévy-Bruhl. *A mentalidade primitiva.*

Imperativa ensaística diabólica

61 "O primitivo, que, pela sua teimosa vocação de felicidade, se opunha, a uma terra dominada pela sisudez de teólogos e professores, só podia ser comparado ao louco ou à criança". Cf. Andrade. A marcha das utopias. In: *Do pau-brasil à antropofagia e às utopias, Obras completas de Oswald de Andrade*, p. 190.

62 Sirvo-me, obviamente, da conhecida expressão de Lévi-Strauss (*La Pensée Sauvage*, 1962). Aconselho também, sobre este assunto, a leitura dos trabalhos de Kaj Århem e Eduardo Viveiros de Castro.

63 Que, a um nível mais superficial, rejeita a cultura europeia como um todo e, portanto, as suas bases teóricas e estéticas.

64 Recomendo, a este propósito, os trabalhos de Walter Mignolo.

65 Aranha. *Cocktails*, p. 80.

66 Como nota Maria Helena da Rocha Pereira, a grande novidade da escola pitagórica consistiu em perseguir a ideia de *elevação* com recurso a formas racionais. Cf. *Estudos de história da cultura clássica*, p. 175.

67 Expressão original: "*l'apprendimento di molte cose, per esperienza diretta o attraverso l'insegnamento*". Cf. Cambiano. *Scienza greco-romana*. Nascita delle scienze e relazioni tra discipline.

68 Aranha. *Cocktails*, p. 70-72.

69 Mais: ainda que a associação de "Poema Pitágoras" com as vanguardas europeias, sobretudo francesas e hispânicas, sobretudo a criacionista e a ultraísta, ou com Álvaro de Campos futurista, sejam as mais evidentes, parece-me que um texto como este, que existe como convicção, tentativa e queda, também desbrava terreno para que, décadas mais tarde, um livro surrealista, espacial e interdisciplinar como *Paranóia* (1963) de Roberto Piva e Wesley Duke Lee possa ser escrito e fotografado.

A propósito do *criacionismo* e do *ultraísmo*, refiro-me, concretamente, e em primeiro lugar, a Vicente Huidobro, Juan Larrea e Gerardo Diego. São, também, de ressaltar os nomes de Rafael Cansinos-Asséns, Eugenio Montes, Isaac del Vando e Jorge Luis Borges.

Em relação a Álvaro de Campos, são vários os poemas que podem ser comparados aos trabalhos de Aranha a partir da "vontade física de comer o Universo": "Ah, por uma nova sensação física/ Pela qual eu possuísse o universo inteiro/ Um uno tacto que fizesse pertencer-me,/ A meu ser possuidor fisicamente,/ O universo com todos os seus sóis e as suas estrelas/ E as vidas múltiplas das suas almas...". Cf., por exemplo, *Livro de versos*, p. 36.

70 Aranha. *Cocktails*, p. 78.

71 Aranha. *Cocktails*, p. 74.

72 Aranha. *Cocktails*, p. 74. Este verso em particular contraria o interesse que Aranha expressa recorrentemente ao longo dos seus poemas. Como escreve Eduardo Coelho, os poemas de Aranha incluem "elementos consagradamente não-poéticos, subvertendo as orientações passadistas" e enumerações que "caracterizam positivamente a drogaria", espaço central na escrita e na vida do jovem modernista. Cf. Coelho. "Luís Aranha: a química e a crise", p. 16.

73 Aranha. *Cocktails*, p. 74.

74 Aranha. *Cocktails*, p. 72.

75 Como são lidos, de resto, os trabalhos de Oswald. Recomendo, a este propósito, o estudo de Maite Conde. "Brazilian modernism and the movies: Oswald de Andrade's cinematic consumption", p. 8-21. Conde dedica-se, em particular, à linguagem cinética

9. Notas

de *Memórias sentimentais de João Miramar* (1924) e *Seraphim Ponte Grande* (1928). O interesse de certos realizadores de cinema nos trabalhos ou na figura de Oswald também comprova a dimensão cinética dos seus textos. Cf. Rogério Sganzerla, *O bandido da luz vermelha*, de 1967; Julio Bressane, *Tabu* (1982) e *Miramar* (1997).

76   Aranha. *Cocktails*, p. 34-36.

77   Aranha. *Cocktails*, p. 80.

78   Petric. *Constructivism in Film*, p. 140-143.

79   Petric. *Constructivism in Film*, p. 72.

80   Aranha. *Cocktails*, p. 116.

81   Aranha. *Cocktails*, p. 38.

82   Aranha. *Cocktails*, p. 28.

83   Aranha. *Cocktails*, p. 26.

84   Os "intervalos" dizem respeito, como escreve Vertov, à passagem de um movimento para outro, e nunca aos próprios movimentos, e é precisamente esta sequência de *passagens* que constitui "a arte do movimento". Cf. "NÓS – Variação do manifesto" [1919], p. 250.

85   Aranha. *Cocktails*, p. 76.

86   "*Kino-glaz*" ou, em inglês, "*kino-eye*", expressão de Dziga Vertov. Cf. "We: variant of a manifesto", p. 5-21.

87   Petric. *Constructivism in Film*, p. 139. Expressão original: "[...] *the impression of a previous image merges with the perception of the succeeding image*".

88   "*Simultaneous appearance*". Petric. *Constructivism in Film*, p. 139.

89   Aproprio a expressão "*montage of conflicts*" de Sergej Eisenstein. Cf. Eisenstein; Leda. *Film Form*: Essays in Film Theory.

90   Andrade, O. *Poesias reunidas*, p. 105.

91   Aranha. *Cocktails*, p. 78.

92   Andrade. *Schema ao Tristão de Athayde*, p. 3.

93   Uso a expressão de Mário de Andrade. "O desenho fala, chega mesmo a ser muito mais uma espécie de escritura, uma caligrafia, que uma arte plástica. Creio ter sido Alain quem chegou até o ponto de afirmar que o desenho não é, de natureza, uma plástica; mas se há exagero de sistema numa afirmativa assim tão categórica, sempre é certo que o desenho está pelo menos tão ligado, pela sua finalidade, à prosa e principalmente à poesia, como o está, pelos seus meios de realização, à pintura e à escultura. É uma arte intermediária entre as artes do espaço e as do tempo, tanto como a dança. E se a dança é uma arte intermediária que se realiza por meio do tempo, sendo materialmente uma em movimento, o desenho é a arte intermediária que se realiza por meio do espaço, pois a sua matéria é imóvel". Cf. "Do desenho". In: *Aspectos das artes plásticas no Brasil*, p. 65.

94   Penso, acima de tudo, em *Quelques Visages de Paris*, publicado em Paris, mas não esqueço *Légendes, Croyances et Talismans des Indiens de l'Amazone* do mesmo autor, publicado 2 anos antes na mesma cidade. Se *Légendes* [...] reúne histórias da mitologia amazônica e ilustrações, "reutilizadas por Mário de Andrade, 5 anos depois, em *Macunaíma*", *Quelques Visages* inverte, ao justapor poemas e ilustrações, a lógica de *Feuilles de Route*. No lugar do europeu que "descobre" o Brasil, Vicente do Rego Monteiro coloca um chefe indígena fictício da Amazônia que, ao contrário do pri-

Imperativa ensaística diabólica

meiro, viaja até Paris e conta, à semelhança de Tarsila e Cendrars, com recurso ao poema e ao desenho, o que vê. Oswald convidou o autor para integrar o movimento antropofágico em 1930, mas, como nota Gustavo Piqueira, "o pernambucano recusou". Cf. *Mestiços:* Primeiros cruzamentos entre texto, imagem e objeto nos livros do modernismo brasileiro, p. 16; p. 31.

95 Gosto de pensar em *Pau Brasil* como a oficialização de uma colaboração que acontecia, até 1925, em separado. Como quando, por exemplo, a paisagem descrita por Oswald no "Manifesto Pau-Brasil" ("Os casebres de açafrão e de ocre nos verdes da Favela, sob o azul cabralino") corresponde à paisagem de *Morro da Favela*, que Tarsila começa por esboçar em 1924 e expõe mais tarde em 1926. É, aliás, Mário Pedrosa quem primeiro destaca a influência de Tarsila do Amaral e da sua obra sobre o projeto poético de Oswald. Pedrosa vai até mais longe para dizer que foi precisamente o contato dos poetas com as artes plásticas que os conduziu a "uma visão global do problema da arte e da criação contemporânea". Cf. Pedrosa citado por Amaral. *Da importância da pintura e escultura na Semana de Arte Moderna*, p. 288-289.

96 Sobre o poema, Apollinaire (citado por Perloff. *O momento futurista*, p. 41) escreveu no ano seguinte: "Blaise Cendrars e Mme Delaunay-Terk produziram uma experiência única em simultaneidade, escrita em cores contrastantes a fim de levar o olho a ler, de um só golpe de vista, o conjunto do poema".

97 O projeto inicial de *Feuilles de Route* previa 7 volumes. O primeiro, *La Formose*, foi publicado pela editora francesa Au Sans Pareil, que lançaria, um ano depois, *Pau Brasil* de Oswald de Andrade e Tarsila do Amaral com as mesmas medidas e a mesma diagramação na quarta capa. O segundo, *São Paulo*, incluiu 6 poemas que integraram o catálogo da exposição de Tarsila na galeria parisiense Percier em 1926. Os poemas de Cendrars ("Debout", "La ville se réveille", "Klaxons électriques", "Menu fretin", "Paysage" e "Saint-Paul") acompanharam os 17 desenhos, aquarelas e pinturas de Tarsila (*São Paulo, Négresse, Passage à niveaux, Paysage nº 1, Paysage nº 2, Lagoa Santa, La nègre du Saint-Esprit, Barra do Piraí, Portrait de l'artiste, La foire, La gare, Paysage nº 3, Marchand de Fruits, Les anges, A Cuca, Les enfant au sanctuaire* e a já referida *Morro da Favela*). Cendrars nunca terminou os restantes 5 volumes.

Considero que, mais do que os poemas de *Feuilles de Route*, é a opção interdisciplinar de *La Formose*, com desenhos de Tarsila do Amaral na capa e no miolo, que influencia Oswald. A par dela, importa também ressaltar os poemas anteriores de Cendrars, incluídos, por exemplo, no seu livro *Kodak* (1924) que, pela sua brevidade, vão mais ao encontro dos poemas que Oswald escreveria imediatamente depois e incluiria em *Pau Brasil*.

98 "*Drawing reveals the process of their own making, their own looking, more clearly. The imitative facility of a painting often acts as a disguise – i.e. what it refers to becomes more impressive than the reason for referring to it*". Cf. Berger. "Drawn to That Moment". In: *How To Lose a War*, p. 43.

99 A "Carta-Oceano" de Oswald, prefácio de *Pathé Baby* (1926) de Alcântara Machado e Paim, é inspirada por 2 objetos estrategicamente visuais. "Lettre-océan" dá, ao mesmo tempo, título ao texto mais graficamente audacioso de *Calligrammes* (1914) de Guillaume Apollinaire e ao poema homônimo de Blaise Cendrars em *Feuilles de Route. "Le lettre-océan n'est pas un nouveau genre poétique"*, cf. Cendrars, *Feuilles de Route/ Sud-Américaines (Poèmes), Folhas de Viagem/Sul-Americanas (Poemas)*, p. 29.

9. Notas

100 "[A antropofagia] é a reflexão meta-cultural mais original produzida na América Latina até hoje. Ela foi a única contribuição realmente anti-colonialista que geramos. Ela não é uma teoria do nacionalismo, da volta às raízes, do indianismo". Cf. Viveiros de Castro. *Encontros*, p. 168.

101 Expressão de Kenneth Goldsmith. Cf. *Uncreative Writing*. Managing Language in the Digital Age.

102 Perrone-Moisés. "Literatura comparada, intertexto e antropofagia". In: *Flores da escrivaninha*, p. 98-99.

103 Expressão de Roberto Schwarz. Cf. "Nacional por subtração". In: *Que horas são?*

104 Cf. Perloff. *Unoriginal Genius:* Poetry by Other Means in the New Century.

105 Cito A. Aracy Amaral a propósito da viagem de Cendrars pelo Brasil na companhia das modernistas: "[um] marco na redescoberta do passado brasileiro pelos modernistas, em termos de revisão de nosso acervo de tradições até então menosprezadas. A ânsia de europeização [...] ainda não se interrompera, e, pela primeira vez, um grupo [...] se interessava pela terra". Cf. *Correspondência Mário de Andrade & Tarsila do Amaral*, p. 149.

106 Importa, ainda, reconhecer que a decisão de incluir desenhos em *Feuilles de Route* não é inédita nem absolutamente irreverente. Afinal de contas, a diagramação e o jogo visual de *Calligrammes* de Guillaume Apollinaire, publicado em 1918, não só precede a ousadia de Cendrars e Tarsila, como a ultrapassa em termos gráficos. Em *Feuilles de Route*, o poema e o desenho ocupam, com efeito, o mesmo espaço material e e captam seguramente, como fotografias, a mesma ideia ou objeto, mas não são o mesmo. São, no mínimo, o resultado conjunto de uma predisposição poética crescentemente pictórica.

Cendrars escolhe 8 desenhos de Tarsila para ilustrar o primeiro volume de *Feuilles de Route*. O esboço d'*A Negra*, "Casa, mar, montanha", "Estrada e igreja", "Igreja de N. Sra. Do Ó", "Ilhas e barco", "Serra da Mantiqueira – Rio Paraíba" e "Locomotiva". As ilustrações dispõem-se de modo organizado ao longo do texto e cada uma delas encerra um conjunto específico de poemas. Não seguem, curiosamente, o trajeto narrado pelos poemas.

Sobre a relação dos poemas de Cendrars com a fotografia: "Cendrars veio pra cá e de alma rica armou seu trombombó. Pescou um dilúvio de sensações gostosas, fotografou-as em poemas curtos. Saiu um livro calmo e puro. Meio exótico até pra nós". Cf. Mário de Andrade citado por Eulalio. *A aventura brasileira de Blaise Cendrars*, p. 170.

107 Parafraseio Pierre Furter citado por Haroldo de Campos: "se ele [Cendrars] foi, como creio, um dos primeiros europeus a ser um verdadeiro *elo* entre o novo e o velho mundo, a condição de *mediação* prejudicou a tomada de consciência da sua própria posição. Não é mais um suíço, nunca foi um brasileiro, e a França só é um ponto de partida, uma solução precária". Também Haroldo de Campos, comparando os trabalhos de Cendrars e Oswald, descreve o primeiro como um *despaisado*, "um homem sem um possível contexto de situação". Cf. "Uma poética da radicalidade". In: Oswald de Andrade, *Poesias reunidas, obras completas* — v. 7, p. 39.

108 Depois de conhecer, em 1923, Tarsila do Amaral e Oswald de Andrade na cidade de Paris, Blaise Cendrars aceita o convite do casal para viajar até o Brasil. O poeta, que embarca no dia 12 de janeiro de 1924 no navio Formose, chega ao continente americano no dia 6 de fevereiro e regressa à França no dia 19 de agosto de 1924. Além de Cendrars, Tarsila, Oswald e Mário, participaram na viagem a Minas Gerais: Nonê, filho do

Imperativa ensaística diabólica

primeiro casamento de Oswald, René Thiollier, intelectual paulistano, responsável por alugar o Teatro Municipal de São Paulo durante a Semana de Arte Moderna de 1922, Olívia Guedes Penteado ("Nossa Senhora do Brasil", como Mário a apelidava) e o seu genro, Gofredo da Silva Telles.

109 Sigo, além da terminologia do próprio Oswald, a terminologia usada por Antonio Candido em "Oswald Viajante" (1954) em relação ao trabalho de Oswald de Andrade e Tarsila do Amaral. Cf. *Vários escritos*.

110 Embora, como se sabe, grande parte dos poemas de *Pau Brasil* tenha sido escrita antes da publicação de *Feuilles de Route* e o próprio Cendrars, que lia em português, deverá tê-los conhecido, ainda inéditos, por intermédio de Oswald. É de não esquecer igualmente que Cendrars dedica *Feuilles de Route: Le Formose* aos seus amigos brasileiros, entre eles Oswald, e que Oswald dedica, por sua vez, *Pau Brasil* a Cendrars ("A Blaise Cendrars por ocasião da descoberta do Brasil").

111 Incluído em *Losango Cáqui* que, apesar de publicado em 1926, foi escrito no final de 1922.

112 *Sintético* é o termo que Sérgio Milliet escolhe para designar o modo como Tarsila capta a realidade brasileira de então, e *sintético* quer aqui fazer referência às cores puras, às linhas simples e à "ingenuidade *'voulue'* [desejada] de composição e de execução". Cf. "Tarsila do Amaral", p. 366-367.

113 "O livro de poemas quando continha a intervenção de um artista plástico era mais no sentido de uma ilustração dos poemas. A partir de *Pau Brasil* [...] o desenho e a poesia se interpenetram. Há um diálogo muito mais preciso e muito mais intenso entre esses dois universos. É a própria concepção do livro que se modifica. Nós já estamos nos defrontando com exemplares daquilo que vai constituir o livro-objeto". Cf. Augusto de Campos. *Miramar de Andrade*. TV2 Cultura, 1990.

114 Que estará, aliás, na base de trabalhos posteriores e mais sofisticados como a série "Não" (1990) de Augusto de Campos.

115 Cf. Lima. *A ilustração na produção literária*: São Paulo – Década de vinte, p. 109.

116 Cf. Lima. *A ilustração na produção literária*: São Paulo – Década de vinte, p. 109.

117 Eco do também provocador "Manifesto da Poesia Pau Brasil" e da exploração colonial da madeira vermelha batizada, pelos europeus, de "pau-brasil".

118 A associação entre a bandeira de Tarsila e a *pop art* foi pela primeira vez sugerida por Décio Pignatari. Cf. *Informação linguagem comunicação*.

119 Como nota Silva Meira, em "'A Negra' de Tarsila do Amaral: escuta da condição da afrodescendente na formação do povo brasileiro", a mulher negra representada por Tarsila do Amaral, quer em *Feuilles de Route*, com *A Negra*, quer, acrescento eu, em *Pau Brasil*, corresponde ainda à representação das mucamas, "criadas negras que prestavam serviços a seus senhores, na época da escravidão, vistas como escravas de estimação". Cf. "'A Negra' de Tarsila do Amaral: escuta da condição da afrodescendente na formação do povo brasileiro". Lembro ainda a performance *Axexê da Negra ou O Descanso das Mulheres que Mereciam Ser Amadas* (2017) de Renata Felinto, em que a performer segura, por vários minutos, o quadro *A Negra* de Tarsila do Amaral com o propósito de inverter e problematizar a oficialidade da representação.

A Negra, ou o estudo d'*A Negra*, que ilustra a capa de *Feuilles de Route*, lembra, no seguimento deste encantamento europeu pelo *exótico*, *La Négresse Blanche* (1923) de Constantin Brancusi e resume a fúria eurocêntrico de algumas das modernistas em

9. Notas

relação às Américas. Não é claro, porém, o momento em que Tarsila terá desenhado ou pintado respectivamente o estudo ou a peça. Em carta datada de 8 de outubro de 1923, enviada para a sua família desde Paris, Tarsila conta que uma das obras que despertara o interesse de Fernand Léger, dono do ateliê onde Tarsila começaria a trabalhar logo depois, teria sido *A Negra*, acrescentando "que [Léger] gostaria que seus alunos vissem a tela". Cf. Amaral. *Correspondência Mário de Andrade & Tarsila do Amaral*. Deduz-se, por isso, que a tela foi pintada antes do estágio da artista no ateliê de Léger.

120 Da conhecida paródia oswaldiana dos versos de Gonçalves Dias em "Canção do exílio" ("Não permita Deus que eu morra,/ Sem que eu volte para lá").

121 Recomendo, sobre esta questão, a leitura de Amir Brito Cadôr. *Eu nunca leio, só vejo as figuras* (2024). "Qual a relação entre os livros ilustrados e os livros de artista? Será possível fazer alguma distinção entre um livro infantil e um livro de artista que se parece com um livro infantil? Basta ser um livro feito por um artista para que seja considerado um livro de artista?", p. 9.

122 Cf. "Uma poética da radicalidade", p. 39.

123 Holanda. *Visão do paraíso*, p. 5.

124 Genette. *Palimpsests:* Literature in the Second Degree.

125 Andrade. *Pau Brasil*, p. 25.

126 Aproximei ambas as práticas, a paródica e a da apropriação *não original*, no artigo "Contra a anestesia, a gargalhada corrosiva: o processo de escrita d'*O kit de sobrevivência do descobridor português no mundo anticolonial*", *Texto Poético*, v. 17 n. 32, Universidade Federal de Goiás, 2021.

127 Recomendo, a este propósito o pequeno texto de Marjorie Perloff sobre a colagem. Cf. "Collage and poetry". In: *Encyclopedia of Aesthetics*.

128 Andrade. *Pau Brasil*, p. 37-38.

129 Andrade. *Pau Brasil*, p. 39.

130 Andrade. *Pau Brasil*, p. 37.

131 Tristão de Athayde (pseudônimo de Alceu Amoroso Lima) citado por Boaventura. *O salão e a selva: uma biografia ilustrada de Oswald de Andrade*, p. 114.

132 Entre os autores dos ataques à qualidade dos versos de *Pau Brasil*, constam, além de Tristão de Athayde, os nomes de Graça Aranha, Afonso Arinos, Carlos Drummond de Andrade e, mais tarde, Mário de Andrade em carta de 21 de janeiro de 1928 para Ascânio Lopes.

133 Athayde citado por Boaventura. *O salão e a selva: uma biografia ilustrada de Oswald de Andrade*, p. 114.

134 Apesar das suas incoerências e visão são-paulocêntrica, Oswald, "um antropófago de cadillac", e Tarsila acreditavam que a atualização dos símbolos nacionais se deveria fazer a partir da mescla entre as várias culturas originárias do Brasil e a cultura europeia. Nem todas as modernistas, com especial atenção para Mário e Graça Aranha, encontravam sentido nesta proposta. Vejo, aliás, nas conhecidas viagens etnográficas de Mário, que sempre defendeu um processo de reabilitação nacional a ser desenvolvido exclusivamente dentro do Brasil ("Abandona Paris! Tarsila! Tarsila! Tarsila vem para a mata-virgem, onde não há arte negra, onde não há também arroios gentis. Há mata virgem..."), avesso ao primitivismo "vesgo e insincero" europeu e propenso à ideia das brasileiras como os "primitivos duma nova era", a necessidade de corrigir

Imperativa ensaística diabólica

ideologicamente a excursão que faz por Minas Gerais na companhia de Oswald, Tarsila, Cendrars e outras em 1924.

A expressão "um antropófago de cadillac" é de Marcos Rey ("A última entrevista de Oswald de Andrade", 1954). A segunda passagem foi retirada da carta que Mário escreveu a Tarsila no dia 15 de novembro de 1923 e pode ser lida em Amaral. *Correspondência Mário de Andrade & Tarsila do Amaral*, p. 77. As restantes 2 expressões foram citadas a partir de Andrade. "Prefácio Interessantíssimo", in: *Poesias Completas*, p. 74. As 2 viagens etnográficas de Mário pelo Norte e Nordeste brasileiros aconteceram entre 1927 e 1929.

Já Graça Aranha não encontrava, de todo, um propósito no retorno: "O primitivismo dos intelectuais é um ato de vontade, um artifício como o arcadismo dos acadêmicos. O homem culto de hoje não pode fazer tal retrocesso, como o que perdeu a inocência não pode adquiri-la. Seria um exercício de falsa literatura naqueles que pretendem suprimir a literatura". Cf. Teles. *Vanguarda europeia e modernismo brasileiro*, p. 322-323.

135 Expressão de David Gullentops. Cf. *Poétique du Lisuel*.

136 É Haroldo de Campos quem primeiro alerta, em 1956, para o perigo de esquecer a obra e a figura de Oswald de Andrade: "Há entre nós o caso alarmante de Oswald de Andrade, de longa data processado de olvido sob a pecha (?!) de clownismo futurista, por certas camadas de nossa mais 'virtuosa' *intelligentsia*". Cf. "Kurt Schwitters ou o júbilo do objeto". In: *A arte no horizonte do provável*, p. 51-52.

137 Marques. *Joaquim Pedro de Andrade e o modernismo*; Soares. "A simultaneidade cinematográfica nas *Memórias sentimentais de João Miramar,* de Oswald de Andrade".

138 Dos quais quero destacar Freitas. "O poema curto de Oswald de Andrade: surgimento de uma tendência da literatura brasileira contemporânea".

139 Perrone. "Pau-Brasil, antropofagia, tropicalismo e afins. O legado modernista de Oswald de Andrade na poesia e canção brasileiras dos anos 60/80". In: *Tropicália*, s/p.

140 Oliveira. *Poesia, mito e história no modernismo brasileiro*, p. 133-134.

141 Oliveira. *Poesia, mito e história no modernismo brasileiro*, p. 28-29.

142 Lévy. *O Que é o Virtual?.*

143 Gândavo. *A primeira história do Brasil:* história da Província Santa Cruz a que vulgarmente chamamos Brasil, p. 99.

144 A discussão atual de estratégias como esta coincide igualmente com o tempo da sua prática. De fato, são cada vez as autoras que, à semelhança de Edimilson de Almeida Pereira (*Árvore dos Arturos*, 1988), Alberto Pucheu (*A vida é assim*, 2001; *Mais cotidiano que o cotidiano*, 2013), Leonardo Gandolfi (*A morte de Tony Bennett*, 2010), Angélica Freitas com a *googlagem* (*Um útero é do tamanho de um punho*, 2012), Veronica Stigger (*Delírio de Damasco*, 2012), Marília Garcia (*Teste de resistores*, 2014), Oswaldo Martins (*Manto*, 2015), Guilherme Gontijo Flores (*l'azur Blasé, ou o ensaio de fracasso sobre o humor*, 2016), Flávia Peret (*Uma mulher*, 2017), Adriano Scandolara (*Parsona*, 2017) ou Carlito Azevedo (*Livro das postagens*, 2018), reproduzem, alargam e radicalizam, ao aproveitar os recursos das novas tecnologias, o princípio mesclado que rege o *fazer* do poema colado.

145 Andrade. "Manifesto da poesia Pau Brasil".

146 Andrade. "Manifesto da poesia Pau Brasil", p. 46.

147 Discuti em detalhe esta questão, a que chamei "poética do *punctum*", na alínea b) do capítulo 3 de *Manoel de Barros e a poesia cínica*.

9. Notas

148 Andrade. "Manifesto da poesia Pau Brasil".

149 Andrade. "Manifesto da poesia Pau Brasil", p. 93.

150 Andrade. "Manifesto da poesia Pau Brasil", p. 96-97.

151 Monteiro. "Por ocasião da descoberta da poesia Pau-Brasil", p. 19.

152 Pseudônimo de Oswald de Andrade.

153 "Daisy" era a alcunha da jovem Maria de Lourdes Castro Dolzani. Entre os outros frequentadores da garçonnière, constam os nomes de Menotti del Picchia, Monteiro Lobato, Guilherme de Almeida, Edmundo Amaral ou Léo Vaz.

154 Cf. Monteiro. "Por ocasião da descoberta da poesia Pau-Brasil", p. 10.

155 Matos. *Poemas escolhidos*, p. 205. "É Gregório quem sabiamente inicia a festa da carnavalização antropofágica, devorando, muitas vezes, a palavra do pai, transformando-a noutro discurso, destituído da oficialidade, transgressora, por vezes, enigmática". Cf. Lima. *Do barroco à antropofagia*, p. 43.

156 José Cláudio repetiria e simplificaria a técnica em 1969 (*Processo 1*) e 1970. De Marcus do Rio, saliento "Anistia para loucos", um postal com marcas de carimbos que, em várias línguas, marcam o papel com a frase homônima; de Edgard Braga, "Limite do olho" (1965). Destaco, também, "Carimbos" (1982) de Carmela Gross e "Di versos" (2015), poema visual de Paulo Bruscky.

157 Pseudônimo de Roman Jakobson.

158 Campos. "Oswald, livro livre". In: *Primeiro caderno do alumno de poesia Oswald de Andrade*, p. 20.

159 Andrade. *Primeiro caderno do alumno de poesia Oswald de Andrade*. Seguirei a grafia e a diagramação da edição de 2018 que inclui a grafia da primeira edição e não inclui números de página.

160 Andrade. *Primeiro caderno do alumno de poesia Oswald de Andrade*.

161 Andrade. *Primeiro caderno do alumno de poesia Oswald de Andrade*.

162 Andrade. "Manifesto antropófago", p. 3.

163 Andrade. "Manifesto antropófago", p. 3.

164 Andrade. "Manifesto antropófago", p. 3.

165 "Spatial Form in Modern Literature", p. 221-240; 433-456; 643-653. Sobre a teoria de Frank, recomendo a leitura de "The Literary Image and the Reader: A Consideration of the Theory of Spatial Form" (1957) de Walter Sutton.

166 Expressão de Walter Burkert. Cf. *Mito e mitologia*.

167 Recomendo, sobre este assunto, Jammer. *Concepts of Space:* The History of Theories of Space in Physics; Mitchell. *Spatial Form in Literature:* Toward a General Theory.

168 Andrade. "Manifesto antropófago", p. 38.

169 Andrade. "Manifesto antropófago", p. 39.

170 Andrade. "Manifesto antropófago", p. 45.

171 "É que a poesia oswaldiana inclinava-se naturalmente a 'dar precedência à imagem sobre a mensagem, ao plástico sobre o discursivo', para nos valermos de uma fórmula que João Cabral de Melo Neto aplicou a Murilo Mendes". Cf. Campos. "Uma poética da radicalidade", p. 37.

172 Andrade. "Manifesto antropófago", p. 104.

173 Parte IV dos *Four Quartets* [1941].

174 Cf. Campos. "Uma poética da radicalidade", p. 43.

Imperativa ensaística diabólica

175 Lima Mendonça. *Poesia de vanguarda no Brasil:* de Oswald de Andrade ao poema visual, p. 46-48.

176 Lima Mendonça. *Poesia de vanguarda no Brasil:* de Oswald de Andrade ao poema visual, p. 48.

177 Lima Mendonça. *Poesia de vanguarda no Brasil:* de Oswald de Andrade ao poema visual, p. 67.

178 "O chiste diz o que tem a dizer nem sempre em poucas, mas sempre em palavras de menos". Cf. Freud. *Os chistes e sua relação com o inconsciente,* p. 26.

179 Campos. "Oswald, livro livre". In: *Primeiro caderno do alumno de poesia Oswald de Andrade,* p. 18.

180 Lembro o que diz Augusto de Campos: "Segundo Rudá de Andrade, a posição correta do desenho seria mesmo a [horizontal] da primeira edição. Ele se recorda de um comentário de Nonê (Oswald de Andrade Filho), afirmando que a imagem representaria um canhão da guerra de 1914". Cf. *Primeiro caderno do alumno de poesia Oswald de Andrade,* p. 21. Este canhão desengonçado lembra, obviamente, o canhão doméstico de Serafim Ponte Grande que era, de acordo com ele próprio, o "único cidadão livre [daquela] formosa cidade, porque [tinha] um canhão no [seu] quintal". Cf. Andrade. *Serafim Ponte Grande,* p. 76.

181 Andrade. *Poesias reunidas. Obras completas* – v. 7, p. 177.

182 Campos. "Uma poética da radicalidade", p. 44.

183 Pignatari. "Nova poesia: concreta", s/p.

184 Barros. Concerto a céu aberto para solos de Ave. In: *Poesia completa,* p. 290.

185 Bakhtin. *A cultura popular na Idade Média e no Renascimento:* o contexto de François Rabelais, p. 17.

186 Andrade. *Primeiro caderno do alumno de poesia Oswald de Andrade.*

187 O que, a meu ver, afastou e afasta ainda, sobretudo a partir dos tão politizados anos 1960 brasileiros, as leitoras da sua obra. Vale a pena destacar o ensaio *Formação e Política Racial no Brasil,* que Lima escreve em alemão durante o ano de 1924 e que sai, na cidade de Leipzig, em 1934, pela Adolf Klein Verlag, uma editora "*völkisch*" (nacionalistas de extrema-direita), com prefácio de Hans Bayer, da Deutsche Nachrichtenbüro, a agência de notícias oficial do Terceiro Reich no Brasil. As considerações de Lima sobre o "aprimoramento étnico" são muito semelhantes às do mexicano José Vasconcelos em *La Raza Cósmica,* de 1925, que esteve, aliás, entre as principais leituras dos membros do movimento Verde-Amarelo.

188 Bosi. "Jorge de Lima". In: *História concisa da literatura brasileira,* p. 452.

189 Bosi. *Jorge de Lima.* "Poeta em movimento. Do 'menino impossível' ao *Livro de sonetos*", p. 183.

190 Sugiro, a este propósito, o catálogo da exposição homônima, curada por Simone Rodrigues, que, além de republicar as fotomontagens do livro de 1943, compila igualmente os textos escritos por Mário de Andrade sobre as fotomontagens de Lima (*O Estado de S. Paulo,* 1939) e por Murilo Mendes (prefácio da primeira edição d'*A pintura em pânico*).

191 Não é claro, até hoje, se Murilo e Lima terão produzido colagens a 4 mãos. Sabemos, no entanto, que Murilo não continuou, como Lima, a fazer fotomontagens por muito mais tempo. Mais: apesar de alguns fotógrafos, como José Oiticica Filho e Geraldo de Barros, terem criado as suas fotografias construtivistas, só o fizeram a partir do

9. Notas

final dos anos 1940. O que garante a Lima não só o estatuto de precursor da técnica no Brasil, mas também o lugar de quem, ao lado de Athos Bulcão, se dedicou consistentemente à sua prática.

192 Frequentador e estudante do atelier de Sylvia Meyer, estreou-se, numa exposição coletiva, em 1942, no 7º Salão do Sindicato dos Artistas Plásticos, na Galeria Prestes Maia (São Paulo) e, individualmente, em 1946, na ABI (Rio de Janeiro).

193 Paulino. *Poesia e pintura*. Paulino também é a autora de *O poeta insólito*: fotomontagens de Jorge de Lima.

194 Importa referir que, dentre os 300 exemplares, 2 foram impressos em cambraia e oferecidos ao irmão Hildebrando e a Oswald de Andrade, pelo que podemos assumir que Oswald e Jorge de Lima estavam a par dos projetos um do outro. Além disso, *Primeiro caderno de alumno de poesia Oswald de Andrade* foi publicado apenas alguns meses antes d'*O mundo do menino impossível*.

195 Mendes. *Poliedro*; Barros. *O guardador de águas*; Barros. *Memórias inventadas: a infância*; Barros. *Escritos em verbal de Ave*.

196 Lima. *O mundo do menino impossível*, s/p.

197 Lys. "João-corta-pau e outras observações (Sobre *O mundo do menino impossível*, poema de Jorge de Lima)" citado por Andrade. "Jorge de Lima e as artes plásticas", p. 72.

198 Lys. "João-corta-pau e outras observações (Sobre *O mundo do menino impossível*, poema de Jorge de Lima)" citado por Andrade. "Jorge de Lima e as artes plásticas", p. 72.

199 Lima. *O mundo do menino impossível*, s/p.

200 E das suas *irmãs* europeias (*Pervyi Zhurnal Russkikh Futuristov* [1914], *Blast* [1914-1915] ou *L'Italia Futurista* [1916-1918]). Como repara Augusto de Campos em "Oswald, livro livre" (1992), o risco visual que as modernistas brasileiras corriam dizia sobretudo respeito à capa, e nunca ao miolo da revista.

201 Desenvolvida, sobretudo, durante os anos 1970 e os anos 1980 (*Rock/Trip* [1975] de Jorge Lima Barreto e Mário Vaz, *Babilaques* [1979] de Waly Salomão, *Ás de Colete* [1979] ou *Ximerix* [2013] de Zuca Sardan, *Caderno de Desenhos: Portsmouth – Colchester* [1980] de Ana Cristina César ou *O Guardador de Águas* [1989] de Manoel de Barros). Vale também a pena referir os desenhos e bordados de Leonilson produzidos entre os anos 1980 e 1990.

202 Menos óbvios e, ainda assim, prova da influência interdisciplinar d'*O primeiro caderno*, são, na poesia, a primeira edição de *Cobra Norato* (1931) de Raul Bopp com capa de Flávio de Carvalho e, na prosa, *Pathé-Baby* (1926) escrito por Antônio de Alcântara Machado e ilustrado por Paim.

203 Todas as passagens, verbais e visuais, do *Álbum* serão citadas de acordo com a grafia original a partir do n. 2 da revista *Código* (1975).

204 O *caderno de croquis* de Pagu foi publicado por Lúcia Maria Teixeira Furlani sob o título de *Croquis de Pagu, e outros momentos felizes que foram devorados reunidos* (Editora Unisanta, 2004).

205 Que, além de corresponder ao termo original, joga também com primeira letra do seu nome + a palavra "salmo".

Imperativa ensaística diabólica

206 A disposição desta vinheta, em que a personagem feminina ocupa, isolada, a paisagem, pode estar efetivamente na base do desenho da composição de *Figura Só*, pintada um ano depois, em 1930, por Tarsila.

207 Este pequeno poema entra em diálogo direto com o poema de Oswald, "Adolescência", incluído no *Primeiro caderno do alumno de poesia Oswald de Andrade*, em que o autor representa dois corpos. Um, *feminino* e o outro, *masculino*.

208 ("Jinn", جِنّ).

209 De acordo com Silvia Meira, em "'A Negra' de Tarsila do Amaral", a representação da mulher negra, quer em *Feuilles de Route*, quer, acrescento eu, em *Pau Brasil*, corresponde ainda à representação das mucamas, "criadas negras que prestavam serviços a seus senhores, na época da escravidão, vistas como escravas de estimação". Cf. "'A Negra' de Tarsila do Amaral: escuta da condição da afrodescendente na formação do povo brasileiro", p. 945.

210 Descoberto em 2013. Cf. Almeida. *Um desenho inédito de Pagu*.

211 Lembro que, em 2016, Pagu foi, por ocasião do dia Internacional da Mulher, homenageada com a criação do selo *Pagu Comics* (*Social Comics*, HQs da América Latina), que destaca o trabalho de mulheres quadrinistas brasileiras. Similares aos desenhos do *Álbum*, as tiras de Pagu são declaradamente feministas e socialmente interventivas. Os traços que definem Kabelluda, a sua personagem mais recorrente, que aparece pela primeira vez no dia 28 de março (*O homem do povo*, n. 2. p. 6), podem ser lidos como a extensão das características que definiam a protagonista no primeiro exercício. Trazida por uma cegonha, Kabelluda, "pomo da discórdia" entre Malakabeça e Fanika, desperta os ciúmes da primeira e o encanto do segundo. Irreverente e *desobediente*, Kabelluda também foge para Portugal na tira de 7 de abril (n. 6. p. 6). A narração da fuga permite a Pagu largar duras críticas sobre as sociedades portuguesa e brasileira. Se na segunda vinheta sugere que os portugueses assediam Kabelluda ("Os portugueses sentiram o cheirinho e deram em cima") e na terceira insinua que Kabelluda regressa grávida a São Paulo ("Kabelluda voltou com Kabelludinha"), na quarta e última representa, sem desvios, Fanika assassinando a criança. O ferro com que Fanika perfura o corpo da criança alude, sem desvios, ao aborto clandestino imposto pela família às mulheres que engravidavam fora do casamento. Coerentes com os temas da sua coluna feminista, "A mulher do povo", publicada no mesmo jornal, as restantes tiras interventivas de Pagu dizem respeito aos empecilhos financeiros que empatam os projetos culturais e à secundarização do trabalho da mulher (27 de março de 1931, n. 1. p. 5), às críticas dirigidas à igreja católica ("Improprio para menores", 28 de março de 1931, n. 2. p. 1) ou à perseguição dos comunistas (2 de abril de 1931, n. 4. p. 6) durante o "estado policial" de Getúlio Vargas.

212 Antecedidos pela *charge* (1837) de Manuel de Araújo Porto-Alegre, que criou, depois, a *Lanterna Mágica* (1844), e pela história em quadrinhos "O namoro, quadros ao vivo" (*Brasil Ilustrado*, 13 de outubro de 1855) do francês Sébastien Auguste Sisson.

213 Refiro-me à série de quadrinhos "Como construir um não-objeto", incluído no catálogo da Exposição Neoconcreta (1959) e à capa de *Teoria da Poesia Concreta: Textos Críticos e Manifestos 1950-1960*, que alinha à esquerda e na vertical 4 vinhetas.

214 Em particular, Álvaro de Sá ("Alfabismo", 1967; *12 x 9*, 1967; *Poemics*, 1991), Wlademir Dias-Pino ("Brasil Meia-Meia", 1966) e Anchieta Fernandes ("Olho", 1967). Ver Infraleitura 5.

9. Notas

215 À exceção de Haydée Nicolussi, autora de *Festa na sombra* (1943), que publica uma resenha do livro no dia 9 de setembro no jornal *Dom Casmurro*. Também esquecida pela crítica brasileira, os trabalhos de Nicolussi vêm sendo divulgados, desde 2018, pelo projeto *Gente do Benevente:* memória, cultura e meio ambiente. Importa igualmente lembrar que Julieta Barbara reaparece em 1996, no âmbito do evento "São Paulo Espelho da Poesia", como uma das poetas da antologia homônima organizada por Claudio Willer. "O texto de José Paulo Paes 'São Paulo, Comoção da minha Vida' abre a publicação, com textos de Arnaldo Antunes, Augusto de Campos, Augusto Massi, Álvaro Álvares de Faria, Alice Ruiz, Beatriz Azevedo, Carlos Rennó, Claudio Willer, Haroldo de Campos, Julieta Bárbara, Mônica Rodrigues Costa, Nelson Ascher, Roberto Piva e Wally Salomão, entre outros". Cf. Mônica Maia, "Poetas comemoram 442 anos de São Paulo com festa no centro".

216 Cf. "Dia garimpo?". In: Barbara. *Dia garimpo*, p. 97.

217 Barbara. *Dia garimpo*, p. 64.

218 Barbara. *Dia garimpo*, p. 17.

219 Barbara. *Dia garimpo*, p. 33.

220 Barbara. *Dia garimpo*, p. 38.

221 Barbara. *Dia garimpo*, p. 49.

222 Barbara. *Dia garimpo*, p. 51.

223 Barbara. *Dia garimpo*, p. 57.

224 Barbara. *Dia garimpo*, p. 59.

225 Barbara. *Dia garimpo*, p. 18.

226 Barbara. *Dia garimpo*, p. 17.

227 Barbara. *Dia garimpo*, p. 31.

228 Barbara. *Dia garimpo*, p. 32.

229 Barbara. *Dia garimpo*, p. 31.

230 Barbara. *Dia garimpo*, p. 36.

231 Joaquim Osório Duque Estrada, "Hino nacional".

232 Barbara. *Dia garimpo*, p. 36.

233 Barbara. *Dia garimpo*, p. 35-36.

234 Barbara. *Dia garimpo*, p. 49.

235 Barbara. *Dia garimpo*, p. 64.

236 Barbara. *Dia garimpo*, p. 19.

237 Barbara. *Dia garimpo*, p. 19.

238 Barbara. *Dia garimpo*, p. 28.

239 Barbara. *Dia garimpo*, p. 28.

240 Clara alusão a "Ditirambo" (*Pau Brasil*, 1925) de Oswald.

241 Barbara. *Dia garimpo*, p. 39.

242 Barbara. *Dia garimpo*, p. 40.

243 Barbara. *Dia garimpo*, p. 40.

244 Barbara. *Dia garimpo*, p. 40-41.

245 Barbara. *Dia garimpo*, p. 41.

246 "Natal" não faz parte de *Dia garimpo* e foi incluído, pelas editoras deste volume, na seção "Inéditos".

Imperativa ensaística diabólica

247 Barbara. *Dia garimpo*, p. 86.

248 Ao contrário de Lêdo Ivo ou José Lins do Rego, cujas incursões agressivas a propósito do movimento concreto se reduziram ao insulto fácil, Manuel Bandeira reconheceu, em vários artigos e crônicas, o valor e a necessidade do *fazer* dos poemas concretos. Bandeira não cingiu, além disso, a curiosidade à teoria: *fez*, ele mesmo, poemas concretos. O interesse que João Cabral, autor muito admirado pelo grupo *Noigandres*, teve por outros métodos inventivos resultou do que o próprio considerava ser um *autocerramento* da poesia brasileira. É, aliás, conhecida a leitura do movimento concreto a partir "Da função moderna da poesia" (1954), tese apresentada no Congresso Internacional de Escritores, em São Paulo. Mário Faustino também se pronunciou: ao descartar os nomes de Drummond, Cecília Meireles, João Cabral, Murilo Mendes e outras na busca de um "safanão" literário ("'A poesia concreta' e o momento poético brasileiro", 1957) e ao acolher, com agrado, as transformações propostas pelo movimento concreto.

249 Refiro-me especificamente ao Cinema Novo, em particular às reinterpretações modernistas de Joaquim Pedro de Andrade, à instalação *Tropicália* (*Nova Objetividade Brasileira*, 1967) de Hélio Oiticica, à música homônima (1968) de Caetano Veloso ou ao seu livro mais tardio, *Verdade tropical* (1997), às releituras do movimento tropicalista ou, por exemplo, à recuperação d'*O rei da vela*, escrita em 1933 e encenada por José Celso em 1967.

250 Depois de classificar o esquecimento da obra oswaldiana como um "caso alarmante", queixa já aqui citada (*A arte no horizonte do provável*, 1956), Haroldo publica, no ano seguinte, "Oswald de Andrade" no *Jornal do Brasil* (1 de setembro) para pedir, de novo, a reedição dos trabalhos do modernista. Em 1973, 17 anos depois da primeira reclamação, Haroldo escreverá em "Marcação do percurso": "A revisão de Oswald de Andrade está feita. Oswald, o pai antropófago de vitalidade rabelaisiana, é hoje uma redescoberta das novas gerações, da literatura à música popular, do teatro ao cinema de vanguarda". Cf. *Morfologia do Macunaíma*, p. 9.

251 Campos. *A arte no horizonte do provável*, p. 168.

252 Pignatari. "Marco zero de Andrade".

253 Cf. *Vanguardas latino-americanas*: polêmicas, manifestos e textos críticos, p. 86-91.

254 Campos. "Da razão antropofágica: diálogo e diferença na cultura brasileira". In: *Metalinguagem & Outras Metas*, p. 243.

255 Termo de Benedito Nunes. Cf. "A antropofagia ao alcance de todos". In: *Do Pau-Brasil à Antropofagia e às Utopias, Obras Completas de Oswald de Andrade*.

256 Sirvo-me dos termos de José Miguel Wisnik em *Caetano Veloso*, p. 47-50.

257 Expressão de Marli Siqueira Leite. Cf. *Ronaldo Azeredo*: O Mínimo Múltiplo (In) comum da Poesia Concreta.

258 Criado e difundido por Mário Chamie, o poema-práxis, mais teorizado do que praticado, conduz, como resultado do seu fracasso estético-prático, à pergunta que, em primeiro lugar, fundamentou a crítica acesa de Chamie à poesia concreta: pode o poema conciliar, ao mesmo tempo, 2 propósitos? Estético e, mais do que prático, político?

Cabe também lembrar, a par destes exemplos, a performance poética e cinematográfica do *poeta rock-star* dos anos 1970 e 1980, marcada pelos nomes de Waly Salomão, Paulo Leminski, Nicolas Behr e Chacal. A propósito da videopoesia, evidencio os casos de

9. Notas

autoras como Walter Silveira, Arnaldo Antunes, Lenora de Barros, Omar Khouri ou, num registro um pouco distinto, Álvaro Andrade Garcia. E, finalmente, no que diz respeito à poesia eletrônica e à infopoesia, interessa sublinhar os nomes de Augusto de Campos, Erthos Albino de Souza, André Vallias ou dos portugueses E. M. de Melo e Castro e Pedro Barbosa.

O princípio concreto também chamou a atenção das mais variadas autoras latino--americanas e europeias. Entre elas, Edgar Bailey ("Introducción al arte concreto", 1946, e "Poesía concreta: un testimonio y un manifiesto", 1980), Clemente Padín (*Los Huevos del Plata*, 1965-1969), Luis Pazos (*La corneta*, 1967), Octavio Paz, com os seus 6 topoemas (1968), Edgardo Antonio Vigo (*Poemas matemáticos incomestibles*, 1968), Nicanor Parra (*Artefactos*, 1972), Ulises Carrión (*The New Art of Making Books*, 1975), Guillermo Deisler (*HABITAT*, 1978), Juan Luis Martinez (*La poesía chilena*, 1978) ou, em plena atividade, o Grupo Escombros (*Pizza de poesia concreta*, 2002) ou Felipe Ehrenberg ("El poema visual más largo del mundo", 2015). Do outro lado do Atlântico, a poesia concreta cativou, durante os anos 1960, o olhar atento das poetas experimentais portuguesas como, por exemplo, E. M. de Melo e Castro (*Ideogramas*, 1962), Ana Hatherly (série "Leonorana", 1965-1970), António Aragão (*Visopoemas*, 1965), Salette Tavares (*BRINCAR, BRINCADEIRAS, BRINCADE IRAS*, 1979) e, mais recentemente, de poetas como Fernando Aguiar (*Minimal Poems*, 1994), Marta Bernardes (*Ulises*, 2013) ou Álvaro Seiça (Ö, 2018).

259 Expressão de Augusto de Campos: "por uma estruturação ótico-sonora irreversível e funcional e, por assim dizer, geradora da ideia, criando uma entidade todo-dinâmica, verbivocovisual". Cf. "Poesia concreta". In: *Teoria da poesia concreta: textos críticos e manifestos 1950-1960*, p. 55.

260 Expressão de Hélio Oiticica. Cf. *Aspiro ao grande labirinto*, p. 72-75.

261 Pignatari. "Nova poesia: concreta", s/p.

262 Expressão de Édouard Glissant. Cf. "*Pour l'opacité*". In: *Poétique de la Relation (Poétique III)*.

263 Andrade. "Manifesto antropófago", p. 3.

264 Nunes. "Antropofagia ao alcance de todos". In: *Do pau-brasil à antropofagia e às utopias, Obras completas de Oswald de Andrade*, p. 25.

265 Comentando o aumento cada vez mais evidente de antologias e exposições sobre a poesia concreta e expondo, ao mesmo tempo, o silêncio da crítica perante o fenômeno, Augusto de Campos prevê o seguinte: "De então para cá muitos itens foram acrescentados à bibliografia e vários acontecimentos sobrevieram, destacando-se o surto de exposições e antologias internacionais ocorrido em meados dos anos 60, depois de publicada a Teoria. Mas nenhum dos três autores revelou disposição para coletar esses dados. Tarefa que os historiadores literários farão certamente muito melhor, principalmente quando a poesia-bumerangue-concreta, depois de ter sido exportada, refizer o circuito e voltar a cair sobre as suas cabeças". Cf. "Poesia concreta". In: *Teoria da poesia concreta*: textos críticos e manifestos 1950-1960, p. 6.

266 Recomendo a leitura da entrevista que Augusto deu a Edison Veiga. Cf. "'Concreto, sim, mas não tanto...', pede Augusto de Campos".

267 Sterzi. "Todos os sons, sem som". In: Süssekind; Guimarães. *Sobre Augusto de Campos*.

268 Sterzi. "Todos os sons, sem som". In: Süssekind; Guimarães. *Sobre Augusto de Campos*, p. 105.

Imperativa ensaística diabólica

269 Campos. "O rei menos o reino". In: *Viva Vaia 1946-1976*, p. 9.

270 Campos. "O rei menos o reino". In: *Viva Vaia 1946-1976*, p. 47.

271 Campos. "O rei menos o reino". In: *Viva Vaia 1946-1976*, p. 44.

272 Campos. "O rei menos o reino". In: *Viva Vaia 1946-1976*, p. 46.

273 Campos. "O rei menos o reino". In: *Viva Vaia 1946-1976*, p. 47.

274 Campos. "O rei menos o reino". In: *Viva Vaia 1946-1976*, p. 44.

275 Campos. *O arco-íris branco*, p. 269.

276 Oliveira. "O poema e a margem de recusa – notas de leitura sobre Augusto de Campos".

277 Campos. *Poesia da recusa*.

278 Aconselho, a este propósito, uma das seções da tese de doutorado de Raquel Campos. Cf. "Teoria do caos: um desafio poético à ciência". In: *Entre vivas e vaias:* a visualidade concreta de Augusto de Campos, p. 74-80.

279 Campos. "NÃOfácio". In: *Não*, p. 11.

280 Junior. "O poeta da experimentação: Augusto de Campos e a crise do verso", p. 140.

281 Em muito similares às críticas que perpassam vários textos de Mário Chamie: "[os poetas concretos] firmaram pé em que um poema 'não é intérprete de objetos exteriores'. Ora, se não é intérprete de objetos do mundo exterior, só pode ser intérprete de si mesmo. Para tanto teria que eliminar todas as conotações possíveis com o que está fora dele, inclusive com o leitor que não vê nem lê, jamais, sem um mínimo suficiente de interpretação". Cf. *Instauração Praxis II*, p. 36. E outros comentários mais tardios, como os de Bruno Tolentino ou de Marcelo Coelho em 1994, rebatidos, de resto, por Augusto de Campos e Arnaldo Antunes. Cf. Milton. "Augusto de Campos e Bruno Tolentino: a guerra das traduções", p. 13-25.

282 Campos; Campos; Pignatari. *Teoria da poesia concreta:* textos críticos e manifestos 1950-1960, p. 9.

283 Expressão de Haroldo de Campos a propósito de "Luxo". Cf. "Arte pobre, tempo de pobreza, poesia menos", p. 67.

284 Entre as variações, esta é a que mais se diferencia das restantes, por abandonar tanto o adorno como a repetição da palavra "LUXO". A metamorfose de "LUXO" em "LIXO" depende, neste exercício, do recorte e do movimento curvado da folha.

285 A 2ª edição da coletânea é de 1993.

286 Augusto de Campos citado por Tosin. "Sim/Oui e Poubelle: transcriando poesia com animação digital", p. 4. Augusto viu o referido anúncio, de apartamentos de luxo em Higienópolis, n'*O Estado de S. Paulo* e baseou a tipografia de "Luxo" na tipografia *kitsch* do documento original.

287 Zhou. "A palavra-valise de Augusto de Campos", p. 18.

288 Wisnik. "A multiplicação dos sentidos".

289 Ressalto ainda a versão de Erthos Albino Souza (1975), o projeto de larga escala de Julio Plaza para o prédio da Fundação Bienal (1987), a versão incluída no CD *Poesia é Risco* (1995), o vídeo de 1999, o objeto tridimensional de Ana Lúcia Ribeiro (2014) e, em diálogo óbvio com o referido poema de Felipe Ehrenberg, o painel de 2016, exposto no Sesc Pompeia.

290 A propósito da *absurdez* concentrada na duração destes poemas sonoros, impossível não lembrar dos 6 poemas sonoros (1916) de Hugo Ball ou de um poema tão recente

9. Notas

como "Poesia Fonètica" (2016) de Bartolomé Ferrando e "A Jacques Lacan" (2019) performado por Bartolomé Ferrando e Laura Tejeda nas *Jornadas de la ELP*.

291 Expressão de Nelson Rodrigues. Depois de performar "É proibido proibir", influenciada pelas greves gerais e ocupações estudantis do maio de 1968 francês, Caetano foi *monstruosamente* vaiado pela multidão: "A massa coral repetia, em furiosa cadência, uma obscenidade espantosa. Era o massacre de um artista, um desesperado artista que se propunha a cantar o 'É proibido proibir'. A canção era a flor que o nosso Vandré quer expulsar do seu horrendo paraíso socialista. Já nenhum telespectador suportava mais a humilhação, que se transferia para as casas. (E a jovem massa insistia no refrão torpe.) Súbito, os brios de Caetano Veloso se eriçaram mais que as cerdas bravas do javali. Ele começou a falar. Era um contra 1500". Cf. "Os centauros". In: *A cabra vadia: novas confissões*, s/p.

292 Cabe lembrar que "Amor" é lembrado e desenhado entre as variações sequências verbais e gráficas do primeiro estudo de "VIVA VAIA" exibido no Sesc Pompeia em 2016.

293 Perrone. "Viva vaia: para compreender Augusto de Campos". In: Süssekind; Guimarães. *Sobre Augusto de Campos*, p. 209-218.

294 Jackson. "Desenho e disfarce em Augusto de Campos".

295 Está, além do mais, por trás da versão em acrílico de 2001, exposta durante o lançamento da 3ª edição da *Viva Vaia*.

296 A *Folha de S.Paulo* publicou, no dia 14 de junho de 2014, uma versão de "VIVA VAIA" de Augusto para ilustrar um texto de qualidade, no mínimo, duvidosa sobre os insultos dirigidos à presidente Dilma Rousseff. Como escreveu o próprio autor 3 dias depois, na seção "Painel do leitor" do mesmo jornal, o poema foi publicado sem a sua autorização: "A Folha utilizou o meu poema 'VIVA VAIA' [...] sem minha autorização, sem pagar direitos autorais: sem me dar a mínima satisfação. [...] A reportagem, em que meu poema é cercado de legendas sensacionalistas, deixa dúvidas sobre a validade dos xingamentos da torcida e, por tabela, me envolve nessa forjada querela".

297 Expressões de Denise Pahl Shaan. Cf. *A linguagem iconográfica da cerâmica marajoara*, p. 138.

298 Pacheco; Souza. "Grafismos em varinhas: memórias e estéticas afro-indígenas em margens amazônicas", p. 135.

299 Amarante; Medeiros. "A interação entre Josef Albers e Augusto de Campos", p. 82.

300 Recomendo, a propósito das representações indígenas nas religiões afro-brasileiras, o texto de Ornar Ribeiro Thomaz, incluído em Grupioni. *Índios no Brasil*, p. 205-216.

301 A recriação de Sophia pode ser encontrada na sua página Instagram: @sophiaxpinheiro.

302 A instalação pode ser vista na página Instagram do Coletivo Transverso. Acessar: @coletivotransverso.

303 Camargo. "Dos poetas e/em suas revistas", p. 228. O autor refere-se especificamente à querela entre Roberto Schwarz e Augusto de Campos. No dia 31 de março de 1985, mais ou menos 2 meses depois de "Póstudo" (27 de janeiro) ter saído na *Folha de S.Paulo*, Roberto Schwarz publicou no mesmo jornal uma leitura, no mínimo depreciativa, do poema. Augusto respondeu logo depois, num tom similar ao do primeiro, com "Dialética da maledicência". O que começou aparentemente como um simples embate estético é, na verdade, como nota Arlindo Rebechi Junior, a "ponta do iceberg" de 2 correntes críticas do Brasil contemporâneo. Cf. Junior. "Entre o marco histórico e a

dialética da maledicência: a polêmica entre Roberto Schwarz e Augusto de Campos em torno do poema 'Póstudo'", p. 11-26.

304 Correa. "Análise de 'Pós-tudo': metalinguagem na poesia concreta", p. 63-69.

305 Campos. "Poesia e modernidade: da morte da arte à constelação. O poema pós-utópico". In: *A linguagem iconográfica da cerâmica marajoara.*

306 Hollanda. *Esses poetas:* uma antologia dos anos 90, p. 16.

307 Siscar. *A cisma da poesia brasileira*, p. 41-60.

308 Cavalcanti. *Entrevista com o poeta Augusto de Campos.*

309 Disponível no canal de YouTube do autor.

310 "Nego-lhes [à Academia Brasileira de Letras] autoridade para conferir prêmios e prebendas. E encerro com as palavras de um poema instrutivo e fácil de entender: NÃO ME VENDO / NÃO SE VENDA / NÃO SE VENDE". Cf. Campos. "Um neocordeiro superconcreto e um expremio", s/p. Para ler sobre o episódio em detalhe, recomendo a leitura de "Ferreira Gullar e seu último combate" de Eleonora Ziller Camenietzki, publicado na revista *Texto Poético*, v. 13, n. 23, Universidade Federal de Goiás, p. 430-447, jul.-dez. 2017.

311 "Cubograma" está, a meu ver, na origem da série quadrática.

312 Que se materializará, com mais evidência, 10 anos depois, em 2000, sob a forma do poema "Sem saída", impresso na contracapa de *Não.*

313 "Prefiro, diante das agressões, responder que os contemporâneos não sabem ler". Cf. Mallarmé. *"Le mystère dans les lettres",* p. 290.

314 "Outro *is a work that plays with the limits of authorship and with the limits of readability, both as an affirmation and a negation of concrete poetry's legacy. On the one hand, the paratexts of* Outro *work to present, indeed, affirm Augusto's authorship throughout. On the other, we are led to question, ultimately, to expand, our perception of such authorship when confronted with translations, appropriations, and alterations of work by other poets, where the degree of manipulation renders them quasi originals and authorship is substantially shared".* Cf. Cisneros. *"Augusto de Campos's Outro: The Limits of Authorship and the Limits of Legibility",* p. 38-63.

315 Zhou. "A palavra-valise de Augusto de Campos", p. 74-77.

316 Zhou. "A palavra-valise de Augusto de Campos", p. 76.

317 Para ver e ler mais sobre a fonte concreta, recomendo a leitura de Marco; Fernandez. "Augusto de Campos e as fontes tipográficas de Tony de Marco".

318 Augusto de Campos sobre Paul Valéry. *Paul Valéry:* A Serpente e o Pensar, p. 69.

319 Campos. "Um lance de 'Dês' do *Grande Sertão*". In: *Poesia antipoesia antropofagia & cia*, p. 33-34.

320 Não esqueço, porém, os primeiros 5 textos de 1955, entre os quais, 4 foram publicados no *Diário de São Paulo:* "Poesia, estrutura" (20 de março) e "Poema, ideograma" (7 dias depois) de Augusto de Campos; "Poesia e paraíso perdido" (5 de junho) e "Obra de arte aberta" (3 de julho) de Haroldo de Campos; e o já referido "Poesia Concreta" de Augusto de Campos, publicado na revista *Fórum* do mês de outubro.

321 Décio Pignatari citado por Aguilar. *Poesia concreta brasileira:* as vanguardas na encruzilhada modernista, p. 21.

322 Pietroforte. "Os enigmas das imagens", p. 147.

323 Hatherly. *A Casa das Musas*, p. 12.

9. Notas

324 Rehermann. "El hacha de dos filos", s/p.

325 Eco. *Obra aberta*, s/p.

326 Cito, a este propósito, Kenneth David Jackson: "O leitor tem que traçar as letras componentes do "código" para poder chegar a uma leitura, que nunca será linear, mas sempre vertiginosa". Cf. "Desenho e disfarce em Augusto de Campos", s/p.

327 Pietroforte. "Os enigmas das imagens"; Brenner. "'Código': leitura de um poema de Augusto de Campos"; Marquardt. "Código – uma apresentação".

328 Ou em braille, como 7 anos depois, em "Anticéu" (1984; *Despoesia*, 2016).

329 Augusto de Campos. *Música de invenção.*

330 Vale a pena lembrar da tradução que Augusto de Campos fez de "Lecture on Nothing" (1959) de John Cage, por ocasião do "Recital Poético Musical Medieval Contemporâneo: Antoni Rossell e Augusto de Campos" (TUCA-SP, 2011). Vídeo gravado por Wanderley Mendonça e editado por André Vallias no canal Youtube do último.

331 A tradução alemã de Richard Wilhelm, vertida, mais tarde, para o inglês (*The I Ching or Book of Changes*, 1950), deu a conhecer o I Ching ao mundo ocidental. Foi, aliás, devido à sua tradução, bem como aos seus ensaios ou palestras sobre o tema (1987) que o I Ching influenciou, por décadas, não só a contra-cultura dos Estados Unidos, mas variadíssimos autores e artistas latino-americanos e europeus. Entre eles, Leibniz, Carl Jung, Hermann Hesse, Xul Solar ou Jorge Luis Borges.

332 Relembro o que escreve Augusto de Campos no prefácio "CAGE:CHANCE:CHANGE": "[John Cage] mediante operações de acaso/ a partir do i ching (livro das mutações)/ compôs, em 1952, music of changes (música das mutações)/ com sons e silêncios distribuídos casualmente/ lançamentos de dados ou moedas/ imperfeições do papel manuscrito/ passaram a ser usados em suas composições/ que vão da indeterminação/ à música totalmente ocasional. música?". Cf. Cage. *De segunda a um ano*, p. 17-18. O título do prefácio de Augusto dialoga, obviamente, com o título do livro-*objeto* de Julio Plaza, *I Ching Change* (1978), uma tradução intersemiótica do *Livro das Mutações*.

333 Cary F. Baynes. *The I Ching or Book of Changes:* The Richard Wilhelm Translation rendered in English by Cary F. Baynes, p. 101.

334 Nyffeler. *"Interview with John Cage about Music and Politics".*

335 A carta que John Cage escreveu a Augusto de Campos no dia 31 de maio de 1977 em Nova Iorque começa assim: *"Thank you for everything and now for the pentahexagram".* Cf. *The Selected Letters of John Cage*, p. 462. A tradução da carta completa de John Cage para Augusto de Campos foi incluída na seção "Anexos" deste livro.

336 Pignatari. *Semiótica e literatura.*

337 Cf. "Criptocardiograma", canal YouTube do Observatório da Literatura Digital Brasileira.

338 Traduzo livremente a partir do original em francês: *"une histoire de « cœur » poétiquement enveloppée dans l'idiome « apprendre par cœur », celui de ma langue ou d'une autre, l'anglaise (to learn by heart), ou d'une autre encore, l'arabe (hafiza a'n zahri kalb) – un seul trajet à plusieurs voies".* Cf. Derrida. "Che cos'è la poesia?". In: *Points de Suspension*, p. 304.

339 Apollinaire. *Calligrammes.* Poèmes de la Paix Et de la Guerre, p. 56.

340 Campos. *Poesias de Álvaro de Campos*, p. 84.

341 Assis. *Memórias póstumas de Brás Cubas*, p. 169.

342 Ambas as versões (1984 e 2014) podem ser encontradas nos canais Youtube de Barreto e Aguilar.

343 Que começa, aliás, no ínfimo. Cf. Regina Silveira, "Pulsar", 2001/2003.

344 O áudio, algumas imagens do livro e o seu texto explicativo podem ser ouvidos e vistos no blog da autora.

345 Laforgue. *Litanias da lua.*

346 Recomendo a leitura de Bram Dijkstra. *Idols of Perversity – Fantasies of Feminine Evil in Fin-de-Siècle Culture.*

347 Sigo a grafia de Haroldo.

348 Lorenz. *"Deterministic Nonperiodic Flow".*

349 No canal Youtube @imPrgrmr.

350 Campos. *Galáxias.*

351 Ov. *Met.* IV, 458-459. "[...] *tibi, Tantale, nullae/ deprenduntur aquae, quaeque inminet, effugit arbor".*

352 Campos. "Dois poemas". Ambos os poemas foram depois incluídos n'*O outro* (2015).

353 Sirvo-me do termo de Danièle Huillet e Jean-Marie Straub. Cf. *Toute Révolution Est Un Coup de Dés,* 1977. 35 mm. 10 min.

354 Mallarmé. *Un Coup de Dés Jamais N'Abolira Le Hasard.*

355 Relação, aliás, explorada 7 anos mais tarde em "Pó do cosmos" (1981; *Ex Poemas,* 1985).

356 De *ghen* e de χάος (*khaos*), o *caos* diz respeito, originalmente, a uma massa de matéria sem forma, ao vazio espaço-temporal anterior à criação do mundo ou ao deus que, segundo Hesíodo, criou Nix e o seu irmão gêmeo Érebo. A seguir a Nix, a noite, e a Érebo, a escuridão, surgiram Gaia, Tártaro e Eros. *Teo.* vv. 116-133.

357 Perloff. "Linguaviagem: correspondência com Augusto de Campos". A expressão original: "*factorial formula for permutation".*

358 "A coerência das 90 histórias não foi planeada. Limitei-me simplesmente a fazer uma lista de todas as histórias de que me lembrei e fui marcando-as à medida que as escrevia". In: Cage. *Indeterminacy:* 190 Zen Stories, p. 9. Expressão original: "*The continuity of the 90 stories was not planned. I simply made a list of all the stories I could think of and checked them off as I wrote them".*

359 *Caos:* terrorismo poético e outros crimes exemplares, p. 15-16.

360 *Caos:* terrorismo poético e outros crimes exemplares, p. 16.

361 Albert Einstein em resposta a Max Born. Cf. *The Born-Einstein Letters:* Correspondence Between Albert Einstein and Max and Hedwig Born from 1916-1955.

362 Leminski. *Toda poesia,* p. 299.

363 Leminski. *Catatau,* p. 20.

364 Jean de Léry ou ainda Gabriel Soares de Sousa. Descrição incluída em *Catatau* a partir de Thévet. *Les Singularitez de la France Antarctique,* fl. 99-100.

365 Henrique. *Augusto de Campos, 90 años del poeta icono del concretismo brasileño.*

366 O que, por sua vez, deve ser lido à luz dos trabalhos de Robert Montgomery, Joseph Kosuth, Maurizio Nannucci, Tracey Emin, Enrique Baeza, Olivia Steele ou Jung Lee.

367 "[...] *je ne vous ai pas oubliées, depuis que vos savantes leçons, plus douces que le miel, filtrèrent dans mon cœur, comme une onde rafraîchissante".* Cf. Lautréamont. *Les Chants de Maldoror,* p. 99-100.

9. Notas

368 Gilles Deleuze e Félix Guattari, *Capitalisme et Schizophrénie. L'Anti-Œdipe*; Alain Badiou. *Court Traité*. e "De la Vie comme nom de l'Être".

369 Deleuze; Guattari. *Capitalisme et Schizophrénie. L'Anti-Œdipe*, p. 445.

370 Lembro, por curiosidade, "Lance secreto", poema visual (1981) e interativo (1996) de Philadelpho Menezes.

371 Wisnik. *Caetano Veloso*, p. 90.

372 Campos. *O outro*, p. 319. Desenvolvi esta questão no artigo "Augusto de Campos, as farpas virtuais e os cibercéus do futuro".

373 Perloff. *Differentials:* Poetry, Poetics, Pedagogy.

374 Campos. *Paul Valéry:* A Serpente e o Pensar, p. 17.

375 Jackson. "Augusto Fingers: dacto, grypho, grama, clip", p. 106.

376 Senado Federal. *Constituição da República Federativa do Brasil*, p. 16.

377 Desde o futurismo ao dadaísmo, do surrealismo ao grupo Fluxus ou do minimalismo ao conceptualismo. Cf. Perloff. *Writing as Re-writing:* Concrete Poetry as Arrière-Garde

378 Expressão original: "*There is inside the discussion of post-modernism a tactic of wanting to put aside swiftly the recovery of experimental art and to say all this is finished!*". Cf. Perloff. *Writing as Re-writing:* Concrete Poetry as Arrière-Garde, s/p. Tradução minha.

379 Ambos os poemas foram posteriormente incluídos no livro *Lula Livre/Lula Livro*, de 2018, coorganizado por Ademir Assunção e Marcelino Freire.

380 Shellhorse. *The Verbivocovisual Revolution:* Anti-Literature, Affect, Politics, and World Literature in Augusto de Campos, p. 173.

381 Leite. *Ronaldo Azeredo:* o mínimo múltiplo (in)comum da poesia, p. 132.

382 Este último, autor do poema visual "Solto" (2016).

383 Jogo linguístico explorado, mais tarde, no poema "A injustiça paranaica", publicado por @poetamenos no dia 6 de fevereiro de 2019.

384 Refiro-me especificamente aos poemas "Agora!" e "Pelé" de 1964.

385 Sobre esta questão, aconselho a leitura do artigo "Memes, poemas e algumas suspeitas sobre o não original" (2019) de Filipe Manzoni.

386 Recomendo, a este propósito, a leitura do ensaio "A ilusão da contiguidade" de Décio Pignatari, incluído em *Semiótica e Literatura Icônico e Verbal Oriente e Ocidente* (1979).

387 Jackson. "A View on Brazilian Literature: Eating the *Revista de Antropofagia*", p. 1-9.

388 Shellhorse. *The Verbivocovisual Revolution:* Anti-Literature, Affect, Politics, and World Literature in Augusto de Campos, p. 166.

389 Lembra, além disso, outros mosaicos ou pinturas que incluem a mesma expressão latina. 3 exemplos possíveis: os mosaicos incluídos, respectivamente, na coleção do Museu Arqueológico de Nápoles e na coleção do Parque Arqueológico de Marsala (Sicília) ou o quadro de Jean-Léon Gérôme, *Cave Canem,* de 1881.

390 Campos. *O anticrítico*, p. 140.

391 Campos. *O anticrítico*, p. 140.

392 Agradeço as sugestões de Kenneth David Jackson em relação aos poemas de Ronaldo Azeredo e de Augusto de Campos, e de Eduardo Ledesma em relação ao poema de Alexandre O'Neil, partilhadas comigo durante o congresso [TRANS]CREATION na McGill University no dia 10 de junho de 2021. Acrescento a ambas as recomendações a faixa "Velocidade" de Cid Campos (*No Lago do Olho*, Dabliú Discos, 2007, com a

Imperativa ensaística diabólica

participação de Augusto de Campos) e a adaptação sonora de "Opressão", feita por Américo Rodrigues, e disponível no arquivo digital da PO.EX.

393 Tomkin. "Introduction". In: *Marcel Duchamp:* The Afternoon Interviews.

394 Excerto de *Poetas de Campos e Espaços* (1992), produzido pela TV Cultura de São Paulo, dirigido por Cristina Fonseca, com animação gráfica de Paulo Rebesco, trilha sonora de Cid Campos e voz de Augusto de Campos. A versão inclui a cantiga "Can vel la lauzeta mover/ Ao ver a cotovia mover" do trovador provençal Bernart de Ventadorn (séc. XII).

395 Nesta adaptação de Menezes, vemos Vladimir Maiakóvski dirigindo-se a uma multidão e, ao fundo, lemos a supramencionada frase de Pound, acrescentada por Menezes à fotografia original.

396 Campos. *O outro*, p. 309.

397 Parra. *Artefactos visuales*, p. 21.

398 D'Harnoncourt; McShine. *Marcel Duchamp*, p. 275.

399 Benedeti. *Preguntas al azar*, p. 85-86.

400 De fato, Jair Bolsonaro ignorou e minimizou, desde o início, a gravidade da doença e atrasou, por negar a sua importância e validade, a introdução da vacina no Brasil. Cf. Gullino. *Bolsonaro muda discurso e passa a defender vacina e compra por empresas.*

401 Campos. *Paul Valéry:* A Serpente e o Pensar, p. 26.

402 Freeman. *Tanmatras:* The Life and Work of Giacinto Scelsi.

403 Pignatari. *31 Poetas, 314 Poemas*, p. 35.

404 Carson. *Men in the Off Hours*, p. 42.

405 Disponível no canal YouTube do autor.

406 "*Ambiguity of feelings*". Cf. Cisneros. "*Augusto de Campos's Outro:* The Limits of Authorship and the Limits of Legibility", p. 5.

407 S/a. "Brasil registra 1.971 novas mortes por Covid em 24 horas e vítimas passam de 460 mil".

408 Expressão original de Silverstein. "*In our politics, identity is 'message' embodied*". Cf. *Talking Politics:* The Substance of Style from Abe to 'W'.

409 Parafraseio Ruth Wodak. Cf. *The Politics of Fear:* What Right-Wing Populist Discourses Mean, p. 7.

410 Gullar. "Lygia Clark", s/p.

411 Gullar. *Etapas da arte contemporânea:* do cubismo à arte neoconcreta, p. 293.

412 Expressão de Hélio Oiticica em "*The Senses Pointing Towards a New Transformation*" (1969). O texto, em que o artista reflete sobre o seu próprio percurso até 1969, foi escrito depois da criação em retrospectiva do projeto *Éden* (Whitechapel Gallery, Londres, 25 de fev. – 6 de abr. 1969) e apresentado, meses depois, no colóquio internacional *Touch Art*, sob o título "*The Senses Indicating a Sense of the Whole*", na California State College, Long Beach. Sobre o texto de Oiticica, recomendo a leitura de Jo Melvin e Luke Skrebowski. *Introduction to Hélio Oiticica's 'The Senses Pointing Toward a New Transformation'* (1969), p. 115-128.

413 Penso, primeiro, na afinidade de Lygia e Hélio e, depois, em séries como *Bólides* (1963), *Penetráveis* (1961-1980), *Tropicália* (1967), *Parangolés* (1967) ou *Ninhos* (1970) que, em conjunto com os trabalhos da primeira, rejeitam a ideia da arte como representação e desenham, com base na entrada do corpo ou do "quase-corpo" no espaço da vida,

9. Notas

um dos principais sentidos da arte de vanguarda brasileira das décadas de 1960 e 1970. Penso, mais tarde, nas peças produzidas por Pape na década de 1950, como as que integram a série *Tecelar*, ou, ainda, na performance *Divisor* (1968-1990) e, logo depois, nos *Desenhos Objetos* (1974-2010) de Maiolino que, influenciada pelos 2 artistas neoconcretos, tentou, nas palavras de Suely Rolnik, "*liberate the artistic object from its formalist inertia*". Cf. "*Molding a Contemporary Soul:* The Empty-Full of Lygia Clark", catálogo da exposição *The Experimental Exercise of Freedom* (cf. Rolnik, 1999).

414 Blanchot. *L'Espace littéraire*, 1955; Barthes. "*La mort de l'auteur*", 1967; Foucault. *Qu'est-ce qu'un auteur?*, 1969. Vale ainda a pena referir o nome de Willys de Castro, Judith Lauand, Mira Schendel ou Aluísio Carvão e, fora do Brasil, Tomás Maldonado, Jesús Rafael Soto ou Raúl Lozza.

415 Cf. "A obra de Lygia Clark". In: *Acadêmicos e modernos*. Textos escolhidos III, p. 352.

416 Expressão de Lippard. Cf. *Six Years:* The Dematerialization of the Art Object from 1966 to 1972.

417 Conto, por exemplo, entre estes objetos, sacos de rede sintética, sacos de plástico, água, areia, conchinhas, sementes, um cascalho, o próprio ar, balões, bolinhas de isopor, almofadas, palha de aço, luvas ou punhados de estopa.

418 Expressão de Deleuze.

419 Clark. "1969: o corpo é a casa". In: *Lygia Clark:* textos de Ferreira Gullar, Mário Pedrosa e Lygia Clark, p. 37-38.

420 É conhecida a influência que a ideia do "*corps propre*" de Merleau-Ponty teve na teoria neoconcreta, em particular nos trabalhos de Ferreira Gullar e Hélio Oiticica.

421 Importa lembrar que, em 1961, Gullar se mudou para Brasília para presidir a Fundação Cultura de Brasília e que, um ano depois, o *Suplemento Dominical* do *Jornal do Brasil* encerrou as atividades. O grupo neoconcreto dissolveu-se, aos poucos, durante os mesmos anos e as conquistas estéticas do movimento estenderam-se com mais evidência às artes visuais do que à poesia, essencialmente porque Gullar, então envolvido com o Centro Popular de Cultura da União Nacional dos Estudantes, passou a dedicar-se exclusivamente ao fazer do poema politicamente interventivo.

422 Gullar. "Teoria do não-objeto". In: *Poesia neoconcreta*, p. 147.

423 Gullar. *Toda poesia*, p. 7.

424 Gullar. *Toda poesia*, p. 38.

425 Gullar. *Toda poesia*, p. 54.

426 Cicero. "Prefácio". In: *Poema sujo*, p. 10.

427 Cunha; Rabello; Moraes. "Na vertigem da poesia – Uma conversa com Ferreira Gullar", s/p.

428 Há algo de efetivamente comum à lógica do desenho de "Wind" (1953) de Eugen Gomringer, autor, igualmente, do mais tardio "Do you think" (2005) e do desenho de *O formigueiro*. Interessante, também, reparar como, 10 anos depois de Gullar, Emmett Williams faz *13 Variations on 6 Words of Gertrude Stein* e, através da repetição das mesmas 6 palavras ("*when this you see remember me*"), *engana* a legibilidade para desenhar *o sentido*.

429 Silva. *New Perspectives on Brazilian Constructivism*, p. 115.

430 Apesar de Gomringer, assim como Öyvind Fahlström ("Manifesto para a poesia concreta", 2016 [1953]), e os concretos desconhecerem os trabalhos e os avanços concretos uns dos outros nos inícios dos anos 1950 e de a coincidência ser, como nota o

Imperativa ensaística diabólica

primeiro e depois Augusto de Campos ou Ana Hatherly, resultado e necessidade dos tempos, é certo que, em 1958, Gullar já estava mais do que familiarizado com as ideias do poeta suíço-boliviano. A repetição, bem como o espacialismo destes poemas, estão, além do mais, na origem de "Manifeste pour la poésie – visuelle et phonique" (1962) de Pierre Garnier.

431 "Poesia concreta: palavra viva". In: Gullar. *Poesia neoconcreta*, p. 71.

432 "Poesia concreta: palavra viva". In: Gullar. *Poesia neoconcreta*, p. 72.

433 E nem sempre assim representado, porque o sentido vertical/horizontal muda consoante a edição como, por exemplo, em *Toda poesia*, em que os lados verticais são menores do que os horizontais.

434 Ou a forma de uma árvore, através da repetição pela repetição de "árvore" no pequeno poema de Gullar incluído em "Espaço na poesia concreta" (*Suplemento Dominical*, 5 de abril de 1959) de Theon Spanudis.

435 Gullar. "Experiência neoconcreta: momento-limite da arte". In: *Experiência neoconcreta*, p. 21-72.

436 Gullar. "Experiência neoconcreta: momento-limite da arte". In: *Experiência neoconcreta*, p. 32.

437 Última versão da série. Publicada a 10 de agosto de 1958 no *Suplemento Dominical do Jornal do Brasil*.

438 Os livros-poema foram incluídos em *Expressão neoconcreta*.

439 Gullar. *Autobiografia poética e outros textos*.

440 Gullar. *Experiência Neoconcreta*.

441 Palavra, aliás, incluída no famoso "Ovonovelo" (1956) de Augusto de Campos.

442 Escrito a 6 mãos, com Oliveira Bastos e Reynaldo Jardim, este artigo-manifesto, publicado em 23 de junho de 1957 no *Suplemento Dominical*, dividiu a primeira página do encarte com o "excessivamente racionalista" (expressão de Cicero. *Poema Sujo*, p. 11) "Da fenomenologia da composição à matemática da composição" de Haroldo de Campos. Reynaldo Jardim, responsável pela publicação, o fez propositadamente com o intuito de aumentar a polêmica entre as 2 vertentes, paulista e carioca, da poesia concreta no Brasil.

443 Pape. "Livro: poemas-xilogravuras". In: *Poesia neoconcreta*, p. 201.

444 Sá; Cirne. "A origem do livro-poema", p. 49.

445 V/a. "Manifesto concreto", p. 96.

446 Termo do próprio Gullar em "Teoria do não-objeto" ou "Diálogo sobre o não-objeto". Cito o último, publicado no *Suplemento Dominical* a 26 de março de 1960: "O não-objeto verbal é o antidicionário: o lugar onde a palavra isolada irradia toda a sua carga".

447 Sobre o objeto de Pape, recomendo a leitura de *"A criação do Livro da Criação"* (*Suplemento Dominical*, 3 de dezembro de 1960) de José Guilherme Merquior. Pape criaria, logo depois, entre 1961 e 1963, *O Livro da Arquitetura* e *O Livro do Tempo*.

448 Gullar. "Não-objeto: poesia". In: *Poesia Neoconcreta*, p. 164.

449 Os relevos podem ser vistos no website oficial da Dan Galeria.

450 Frase de José Guilherme Merquior. Cf. "A criação do *Livro da criação*". In: *Poesia neoconcreta*, p. 221.

9. Notas

451 Roberto Pontual, "O não-objeto verbal como síntese". In: Gullar. *Poesia Neoconcreta*, p. 248. Publicado originalmente no *Suplemento Dominical do Jornal do Brasil* a 17 de dezembro de 1960 como objeção aos comentários expostos por Carlos Diegues no artigo "Exposição Neoconcreta e Não-objeto" (*Metropolitano*, 4 de dezembro de 1960).

452 Expressão de Dácio Galvão. Cf. *Da poesia ao poema*: leitura do poema-processo, p. 188.

453 Homófona de "acorda" e instalada no Museu de Arte Moderna do Rio de Janeiro e na Escola Superior de Desenho Industrial entre 1967 e 1968, *A corda* diz literalmente respeito a uma corda horizontalmente disposta no centro de uma sala em que as participantes penduravam, com molas e *clips*, recortes de fotografias e textos de revistas da época, como a *Manchete* e *O Cruzeiro*.

454 Série em que Neide, numa linha muito semelhante, porém menos verbal do que *Popcretos* (1964-1965) de Augusto de Campos, *devora* várias imagens de rostos sorrindo e gritando e as dispõe, em grupos majoritariamente de 4, no espaço de várias circunferências. A acomodação circular do riso e do grito corresponde, de resto, à circularidade do som que, não verbalmente, se evidencia e ecoa de dentro para fora do papel. Não é também um acaso que, no mesmo ano, Neide crie outra série, *Gritos e Sussurros*, em que, ao dispor caoticamente as letras do alfabeto latino sobre as páginas para desintegrá-las de modo gradual, a autora explora, consequentemente, a ampliação crescente do silêncio.

455 Álvaro de Sá citado por Margutti. *Do poema visual ao objeto-poema*: a trajetória de Neide Sá, p. 127.

456 Mário Margutti e como César Horacio Espinosa, definem "Ciclo infinito vida-morte" como um "livro de artista" a partir da formulação interdisciplinar, e sobretudo visual, de Paulo da Silveira n'*A Página Violada* (2001). Tal não nos impede, porém, de ler o trabalho de Neide como um poema. Cf. Espinosa, "Ciclo infinito vida-morte: los metasignos y la trayectoria de Neide Sá" (2015); e Da Silveira, *A página violada*: da ternura à injúria na construção do livro de artista (2016).

457 Margutti. *Do poema visual ao objeto-poema*: a trajetória de Neide Sá, p. 19.

458 Neide de Sá citada por Margutti, *Do poema visual ao objeto-poema*: a trajetória de Neide Sá, p. 19.

459 Numa das versões, a caixa e as peças foram concebidas em acrílico. Noutra versão, em metal.

460 De Nicanor Parra, ressalto *Artefactos* (1972), de Joan Brossa e Juan Luis Martínez, todos os seus poemas-objetos disfuncionais, de Regina Silveira, "Introbjeto" (1993) ou "Matar a sede" (2018), e de Lenora de Barros, *Ping-Poems*: revirando formas (2015).

461 Gullar. "Poema enterrado". In: *Poesia neoconcreta*, p. 278.

462 Gullar. "Poema enterrado". In: *Poesia neoconcreta*, p. 276.

463 Além do "Poema enterrado", a maqueta de *Cães de caça* inclui os *Penetráveis* do próprio Hélio e o Teatro Integral de Reynaldo Jardim. Como explicou o seu autor em depoimento para o Museu de Arte Moderna em outubro de 1961: "Trata-se de um grande labirinto com três saídas: à medida em que se penetra nesse labirinto vão-se sucedendo os elementos de ordem estética que o compõem, que são: o "Poema enterrado" de Ferreira Gullar, o *Teatro Integral* de Reynaldo Jardim, e cinco *Penetráveis* de minha autoria". Cf. "O projeto *Cães de caça*". In: Gullar. *Poesia Neoconcreta*, p. 267-268.

464 Danyella Proença. *Braxília*.

Imperativa ensaística diabólica

465 Penso, por exemplo, em Bernard Tschumi, que, em "The Pleasure of Architecture", publicado originalmente em 1977, discute precisamente a dificuldade que há em associar à arquitetura a ideia de inutilidade: "É apenas com muita relutância que se admite associar a inutilidade à arquitetura. Mesmo em uma época em que o prazer encontra um certo apoio teórico (o 'deleite' ao lado da 'comodidade' e da 'solidez'), a utilidade oferecia sempre uma justificação prática". Cf. Tschumi. *Uma nova agenda para a arquitetura:* antologia teórica (1965-1995), p. 578.

466 Como, por exemplo, John Furnival (1933), Clemente Padín (1939), Daniel Santiago (1939), Mario Noburu Ishikawa (1944), Paulo Bruscky (1949), Glauco Mattoso (1951), Almandrade (1953) ou Eduardo Kac (1962). Penso especificamente, a propósito de Mattoso, no *Jornal Dobrabil*, composto pelas folhas datilografadas e fotocopiadas a xerox que reproduziam parodicamente a diagramação de um jornal e que o autor distribuiu por correio, entre 1977 e 1981, por várias intelectuais brasileiras. Entre os textos homoeróticos de Mattoso incluídos neste trabalho anedótico, constam os "datilogramas", poemas visuais grafados com uma máquina de escrever.

467 Neide de Sá citada por Margutti. *Do poema visual ao objeto-poema:* a trajetória de Neide Sá, p. 29.

468 Expressão de Álvaro de Sá em "Alfabismo", publicado na *Processo 1* (1969): "O autor move com uma tradição de 3.000 anos: a codificação alfabética. Compete, hoje, ao poeta mostrar e provar que o alfabeto é apenas uma convenção que pode ser manipulada em todos os rumos, assim como pode ser atomizada, ou, em outro sentido, fragmentada como acontece atualmente com as vogais em oposição ao corte reto-tipográfico".

469 Moacy Cirne citado por Cruz. "Do poema processo ao experimentalismo na linguagem", s/p.

470 Recordo que, no início da formação do movimento, Anchieta Fernandes, Dailor Varela e Marcos Silva sugeriram que o movimento se chamasse "programações/processo". "Mas a sugestão não foi aceita pelos do Sul e não pegou nacionalmente. Achávamos que, para radicalizar totalmente contra a literatura, nossas produções não deveriam ser chamadas de poemas". Cf. S/a. "Entrevista com Anchieta Fernandes", s/p.

471 S/a. "Entrevista com Anchieta Fernandes", s/p.

472 Álvaro de Sá. *Vanguarda – Produto de comunicação*, p. 102.

473 Também por isso, Álvaro de Sá e Moacy Cirne, no seu texto "A origem do livro-poema", publicado em 1971 na revista *Vozes*, separam, a partir de 3 denominações, os trabalhos de ambos ao incluir Gullar na primeira denominação ("simbólico-metafísica") e Dias-Pino na terceira ("linguagem matemática"). A segunda ("rigor estrutural") denominou, por sua vez, os trabalhos do grupo Noigandres.

474 Casa Nova. "Outros concretismos: desdobramentos entre Amílcar de Castro, Lygia Clark, Wlademir Dias Pino, conceitualistas e minimais", p. 142.

475 Para recuperar a expressão de Ferreira Gullar.

476 S/a. "Entrevista com Anchieta Fernandes", s/p.

477 Dias-Pino. *Processo:* linguagem e comunicação, p. 15.

478 Sontag. "Against interpretation". *Against Interpretation and Other Essays.*

479 Os trabalhos de Dias-Pino integraram, em 1956, a Exposição Nacional de Arte Concreta, em que participaram apenas outros 5 poetas (Ferreira Gullar, Haroldo e Augusto de Campos, Décio Pignatari e Ronaldo Azeredo).

9. Notas

480 Freitas. "Wlademir Dias-Pino contra o alfabeto": "– Eu sou contra o alfabeto [...] O código alfabético é uma arbitrariedade. Se ele estabelece que a letra 'O' é redonda, eu não posso usar uma cruz no lugar dela. O código se tornou um modelo para todo raciocínio humano, sua carga arbitrária é uma escravidão. Assim como cada povo inventa sua língua, compete a cada poeta, no meu ideal, inaugurar uma escrita própria." Lembro também as palavras do autor em 2010: "O CÓDIGO ALFABÉTICO É, POR CERTO, O INSTRUMENTO MAIS CRUEL QUE O HOMEM JÁ INVENTOU". Cf. Dias-Pino. *Wlademir Dias-Pino*. A necessidade de chegar a uma forma individual escrita, em que *escrita* pode querer dizer o reverso do alfabeto, prende-se com a inevitabilidade de criar, ao mesmo tempo, novas formas de conhecimento enciclopédico. Desde 1974, Dias-Pino publicou 6 volumes (*A marca e o logotipo* com João Felício dos Santos, *A lisa escolha do carinho, Escritas arcaicas, Naquele flutuar das escritas caligramas, Pré-história: uma leitura projetada, Febres do capricho*) de 1.001 volumes imaginados para a *Enciclopédia Visual*. Sobre a escolha da palavra "indigenista": Dias-Pino pertenceu ao quadro técnico da Universidade Federal de Mato Grosso, em Cuiabá, entre 1973 e 1978, e, durante este período, insistiu na criação da Universidade da Selva, um projeto pedagógico que assentaria nos saberes do pensamento indígena.

481 Dalate. *A escritura do silêncio:* uma poética do olhar em Wlademir Dias Pino, p. 86.

482 Marimon. "A poesia infinita de Wlademir Dias-Pino", s/p.

483 Realizado entre 1960 e 1961 e publicado apenas em 1986, *Numéricos* partilha semelhanças, ao esperar da leitora a decifração de um código, com *A ave* e *Solida*. A edição, singular e mais conceitual do que as 2 anteriores, é apresentada à leitora sob a forma de um quadrado. A capa, onde não consta o nome do autor ou um título, inclui um quadrado azul sobre um fundo branco. Este *recorte de céu* antecede 68 páginas sem numeração, das quais uma parte considerável está em branco. As restantes incluem composições textuais e numéricas, algumas observações e uma abertura circular. É, sem dúvida, o mais difícil e misterioso dos livros-poema produzidos por Dias-Pino e, por isso, a leitura interpretativa de *Numéricos* parece exigir mais da leitora que, envolto em dificuldade e estranhamento, aceitar o desafio da decifração.

484 Sá; Cirne. "A origem do livro-poema".

485 Termos de Álvaro de Sá (*Vanguarda – Produto de comunicação*. Petrópolis: Vozes, 1977), Marta Arruda (*Wlademir Dias-Pino e a crítica nacional*. Cuiabá: Edições do Meio, 1998) e Alberto Saraiva (citado por Dias-Pino, *Wlademir Dias-Pino*. Rio de Janeiro: Aeroplano, 2010).

486 Expressão de Kac. "Entrevista com Wlademir Dias-Pino, poeta revolucionário", s/p.

487 Segundo Alckmar Luiz dos Santos (*Leituras de nós:* ciberespaço e literatura. São Paulo: Itaú Cultural, 2003), Christopher Funkhouser (*Prehistoric Digital Poetry:* An Archaeology of Forms, 1959-1995. Tuscaloosa: University of Alabama Press, 2007) e Thea Pitman ("(New) Media Poetry", *The Cambridge Companion to Latin American Poetry*, ed.: Stephen M. Hart, Cambridge, Cambridge University Press, 2018).

488 Evidentemente ligada, também, à validação do design gráfico como disciplina. A este propósito, cf. *A literatura como design gráfico:* da poesia concreta ao poema-processo de Wlademir Dias-Pino (2008) de Angelo Mazzuchelli Garcia.

489 A respeito deste duplo sentimento de cidadania, ser brasileiro e *cuiabano*, Silva Freire, Wlademir Dias-Pino e Célio Cunha escreveram o "Manifesto Mosaico Cuiabano" (*Diário de Mato Grosso*, Suplemento n. 3, fev. 1977). O manifesto foi precedido por

Imperativa ensaística diabólica

vários poemas de Freire sobre a mesma questão e pelos 2 primeiros volumes da *Trilogia cuiabana* de Dias-Pino.

490 A mesma técnica seria depois usada por Augusto de Campos em poemas como, por exemplo, "Greve" (1961).

491 Termo usado por Augusto de Campos a propósito dos trabalhos de Dias-Pino. Cf. Campos citado por Dias-Pino. Catálogo da exposição *A separação entre inscrever e escrever*, p. 32.

492 Pereira. "O livro voa: do poema concreto à Ave de Wlademir Dias Pino", p. 228.

493 Que, por construir a animação *flash* de um pássaro-caligrama com recurso a combinações incluídas no livro-poema de Dias-Pino, interpreto como a leitura intermedial d'*A ave*.

494 Padín. "Poesía electrónica: dos precursores latinoamericanos, Eduardo Kac y Ladislao Pablo Györi", p. 1.

495 "Poemas/proceso: 40 años", s/p.

496 A criação autônoma de alfabetos exclusivamente visuais resulta na publicação de livros posteriores como, a título de exemplo, *Latências* (projeções de linhas e planos, s/d) ou o *Humor da linha* (ilustrações em serigrafia publicadas em 1962). A propósito do primeiro, interessante reparar que, até no contexto de uma linguagem puramente visual, o autor parte da desconstrução de figuras geométricas, como o cubo, para chegar, sob a forma, uma vez mais, de um processo, a figuras abstratas.

497 Cirne. "*A ave*: o livro como objeto/poema", p. 7.

498 Refiro-me aos 3.000 Contrapoemas, sem palavras, e aos 2.000 Anfipoemas, "poemas geométricos com a utilização das palavras luz e cor". Cf. Casa Nova. "Os infopoemas de Wlademir Dias-Pino: considerações tecnopoéticas". Feres; Mingote; Nova. "Outros concretismos: desdobramentos entre Amílcar de Castro, Lygia Clark, Wlademir Dias Pino, conceitualistas e minimais", p. 201.

499 Num dos poucos registros audiovisuais da performance, que aconteceu em Recife no dia 14 de março, vemos como, entre outras palavras, as participantes formam, com os próprios corpos, o termo "voa".

500 As referências à associação entre poesia e matemática, assentes sobretudo em combinações, seriam depois propostas por Ariel Tacla, uma das poetas do poema/processo, em *Poesia matemática* (*Ponto 2*, 1968) e, mais tarde, por Neide de Sá em, por exemplo, "Fatorial de 6" (1977) e Philadelpho Menezes em "Máquina" (*Achados construídos*, 1980).

501 *Solida* tem, segundo Eduardo Kac e a *Enciclopédia visual* (CNPq), 3 versões. Um folheto desdobrável, uma caixa e um envelope feito em colaboração com Álvaro de Sá e publicado na revista *Ponto 2*. O propósito desta última, ao contrário das 2 primeiras, é aporético. Não há um fim para os recortes dispostos dentro do envelope. Cf. Kac, *Luz e Letra:* ensaios de arte, literatura e comunicação, p. 229-233.

502 Arruda. *Wlademir Dias-Pino e a crítica nacional.*

503 Vale a pena lembrar como Décio Pignatari e Luiz Ângelo Pinto se referiram a Dias-Pino em "Nova linguagem, nova poesia" (1964): "Falando de novas linguagens, não podemos deixar de citar, ainda, como precursor, o conjunto de textos *SOLIDA* (1962), de Wlademir Dias Pino. Daí a idéia de uma linguagem em que a forma dos signos seja projetada de modo a condicionar a sintaxe, dando margem a novas possibilidades de comunicação". Cf. *Invenção*, n. 4, s/p. Importa também não esquecer Augusto de Campos que, em "Poesia e/ou pintura" (Suplemento Literário do *Estado de São Paulo*,

9. Notas

12 de fevereiro de 1966), escreveu: "A apresentação [de *Solida*] é revolucionária. Ao invés de livro, uma caixa contendo 40 cartões. Só nos dois primeiros se encontram palavras".

504 Expressão de Moacy Cirne. Como nota Cirne, a arte/correio interativa "acabava por se valer de procedimentos semióticos trabalhados pelo poema/processo desde o final dos anos 60". Cirne. "Do Poema/processo à arte postal, da arte postal ao poema-processo", s/d.

505 Recomendo a leitura de *Poesia intersignos* (São Paulo, Timbre, 1985) e *Poética e visualidade*: uma trajetória da poesia brasileira contemporânea (Campinas, Editora da Unicamp, 1991).

506 Oliveira. *A arte dos "quadrinhos" e o literário*, p. 28.

507 Os quadrinhos são sobretudo estudados nos cursos de comunicação e continuam, até hoje, a ser excluídos dos cursos de literatura. Iria até mais longe para dizer que, se há estudos literários sobre quadrinhos, eles tendem a dedicar-se à análise intertextual de adaptações de clássicos da literatura aos quadrinhos, e não aos próprios quadrinhos como um objeto *literário* independente. O estudo dos quadrinhos também parece ter como objetivo aplacar a indiferença das estudantes em relação aos textos literários no espaço da sala de aula. Cf. Ferro. "Clássicos literários adaptados para história em quadrinhos: um recurso para ensinar línguas e despertar para a leitura".

508 Melo também esteve por trás da criação de uma Comissão de Eventos sobre Histórias em Quadrinhos (Universidade de São Paulo, 1989) e do Núcleo de Pesquisa de Histórias em Quadrinhos (1990) na mesma Universidade.

509 Este último volume inclui os 3 artigos que Anchieta escreveu sobre quadrinhos entre 1972 e 1976: "Do Pererê aos quadrinhos norte-rio-grandenses" (*Revista de Cultura Vozes*, 1972); "Desenhistas potiguares" (Secretaria Municipal de Educação e Cultura de Natal, 1973); e "Literatura e quadrinhos – do verbal ao iconográfico" (*Revista de Cultura Vozes*, 1976).

510 McCloud. *Understanding the Invisible Art of Comics*, p. 10-19.

511 Cirne. *Quadrinhos, sedução e paixão*, p. 29.

512 Para recuperar um dos termos de Harry Morgan que, opondo o *cartoon* aos quadrinhos, escreveu que o que o primeiro se distingue pela condensação e o segundo pela relação de causa-consequência entre as vinhetas que gera, por sua vez, uma ideia de sequencialidade. Cf. Morgan. *Principes de Littératures Dessinées*, p. 41-42.

513 Aguilar. *Poesia concreta brasileira*: as vanguardas na encruzilhada modernista.

514 A "palavra como imagem" adapta o que Will Eisner defende a propósito do tratamento gráfico da tipografia que, a serviço da história, funciona como uma extensão da imagem. Cf. *Comics and Sequential Art*: Principles and Practices from the Legendary Cartoonist.

515 Ramos. *A leitura dos quadrinhos*, p. 17.

516 S/a. "'Documento', *Processo 1*". In: Nóbrega. *Poema/processo*: uma vanguarda semiológica, p. 170.

517 S/a. "'Documento', *Processo 1*". In: Nóbrega. *Poema/processo*: uma vanguarda semiológica, p. 170.

518 Parafraseio Merquior em "A criação do *Livro da criação*", p. 212: "o *Livro* é uma história em quadrinhos que se despiu das legendas. E que assim restando nuamente plástica,

despiu-se mais ainda, e se livrou de qualquer figuração, ou no mínimo estilizou todas as duas figuras".

519 "Brasil meia-meia" citado por Nóbrega. *Poema/processo:* uma vanguarda semiológica, p. 68.

520 "Brasil meia-meia" citado por Nóbrega. *Poema/processo:* uma vanguarda semiológica, p. 68.

521 Cirne. *Dez poemas para José Bezerra Gomes*, s/p.

522 Em 2005, "Olho" também integrou o álbum *Poemusica* (2005) da Nação Potiguar.

523 *"Sinister message of surveillance"*. Expressão de Marjorie Perloff em *"Linguaviagem:* Corresponding with Augusto de Campos".

524 Ao extravasar, em tamanho, o círculo, o triângulo, contido antes pelo primeiro, passa a conter o próprio círculo.

525 Do próprio editor, de Anchieta Fernandes, Clemente Padín, Dailor Varela, Falves Silva, George Smith, Nei Leandro de Castro, Neide de Sá, Ronaldo Werneck e Sanderson Negreiros.

526 Sá abre a sequência de "Alfabismo" com um texto explicativo em que, brevemente, inclui cada letra em 8 grupos visuais: "contra-forma" (K, X, Y, V), "contorno/volume" (O, U), "extensão do contorno" (G, Q), "duas formas" (F, S, E, B, J, L, P, R, T), "inclinação" (Z), "verticalidade dupla" (H), "horizontalidade" (base: M; cabeça: W) e "corte" (C, D).

527 Clemente Padín. "Álvaro de Sá: de la estructura al proceso". Passagem original: "[...] los cuadros y los globos, su dirección, tamaño, ubicación, texturas, etc., son expuestos no formalmente sino en su relación estructural".

528 Ambas as apropriações da sequência de Sá fazem parte do artigo de Clemente Padín, "Álvaro de Sá: de la estructura al proceso".

529 Depoimento de Wlademir Dias-Pino. Cf. Bortoloti. "Mostras resgatam a história de um grupo que radicalizou a poesia".

530 Cirne. *Poema/processo.*

531 O festival aconteceu no Palácio dos Esportes. Silva e Carvalho criaram a música a partir do uso simultâneo de um número incontável de despertadores. Experiências eletroacústicas como esta levaram a outras tão sugestivas como aquelas que J. Lins ("antifonia") e Marcus Vinícius ("Dédalus") compuseram ou como a que Joel Carvalho e Jota Medeiros fizeram com base numa passagem das *Galáxias* de Haroldo de Campos, transformada, mais tarde, durante 1991, no vídeo *Galáxias.*

532 Partes do evento foram gravadas por Raymundo Amado e podem ser vistas em *Apocalipopótese (Guerra & Paz).* 35 mm 15".

533 Ainda que, como repara Tamara Silva Chagas, "as fortes chuvas [...] impediram a apresentação dos parangolés de Hélio Oiticica, vestidos por passistas da Escola de Samba Estação Primeira de Mangueira. Dessa forma, o encerramento de Arte no Aterro foi adiado para o domingo seguinte". Cf. "A noção de *happening* em Arte no Aterro (1968)", p. 3.

534 Frederico Morais citado por Nóbrega. "Poema no Atêrro: ato coletivo". In: *Poema/ processo:* uma vanguarda semiológica, p. 130. O texto foi escrito originalmente em 1968 e incluído em *Processo:* linguagem e comunicação (1971) de Wlademir Dias-Pino.

535 Cf. "Arte no Atêrro", no cartaz da chamada para o evento. Citado a partir de Nóbrega. *Poema/processo:* uma vanguarda semiológica, p. 124.

9. Notas

536 Refiro-me a 2 panfletos de 1968 publicados, depois, na *Ponto 2* (1968) e assinados pelo grupo.

537 Expressão usada por Frederico Morais em "Poema no Atêrro: ato coletivo". In: *Poema/processo:* uma vanguarda semiológica, p. 131.

538 "Apresentação. Pirapora 1º de junho de 1969". In: *Poema/processo*, p. 169.

539 "Apresentação. Pirapora 1.º de junho de 1969". In: *Poema/processo*, p. 169.

540 "Apresentação. Pirapora 1º de junho de 1969". In: *Poema/processo*, p. 169.

541 Cf. "Pão poema-processo com 2m é comido por 5 mil pessoas na Feira de Arte de Recife".

542 Formado por Luis Pazos e Héctor Puppo.

543 Não por acaso, depois da primeira versão de *Biscoito Arte*, feita em 1976 e disposta num prato, Regina Silveira reproduziu o mesmo biscoito em série e assinou repetidamente algumas das embalagens de plástico que envolviam o objeto em 2011.

544 Apesar de o poema comestível apelar igualmente às capacidades olfativas da leitora, defendo que o olfato será apenas realmente testado como parte central da interpretação no contexto de trabalhos como *Aromapoetry* (2011) ou *Olfactory Art* (2014) de Eduardo Kac.

545 Paulo Bruscky e Unhandeijara Lisboa citados por Bessa. *Paulo Bruscky:* poesia viva, s/p.

546 Acessíveis no canal YouTube de Paulo Bruscky.

547 Paulo Bruscky e Unhandeijara Lisboa citados por Bessa. *Paulo Bruscky:* poesia viva, s/p.

548 Parafraseio Omar Khouri em "Lenora de Barros: uma produtora de linguagem transpondo fronteiras", p. 43.

549 Barros. *Zero à esquerda.*

550 Barros. *Zero à esquerda.*

551 Khouri. "Lenora de Barros: uma produtora de linguagem transpondo fronteiras", p. 46.

552 Uma delas foi *escrita* à mão, outra delas foi *desenhada* à mão e a última foi claramente *pichada* no manto a partir da forma impressa de letras computadorizadas.

553 Aleixo. "Fragmento de um texto inédito de Ricardo Aleixo", s/p.

554 Não esqueço, igualmente, o conjunto de poemas visuais publicados entre 1982 e 1984.

555 "Eclipse": "o dia amanheceu tesudo// o mar chupa/ a bucetinha do horizonte escancara um sorriso/ azul/ enquanto o sol de pau duro/ goza junto cualua", citado por Tinoco. "Eduardo Kac e a escrita do corpo no espaço", s/p.

556 Kac citado por Tinoco. "Eduardo Kac e a escrita do corpo no espaço". Kac descreve como os poemas "Filosofia" e "Overgoze" foram, durante os tempos das suas performances na Cinelândia, parte dos uniformes que usava para questionar a sociedade heteronormativa e expor eroticamente o corpo nas ruas: "Meus dois trajes usuais eram o uniforme de 'Bufão do Escracho' – composto de botas de mergulho de borracha vermelha, calças de pijama feitas em casa, um cinto no estilo peruano e uma camiseta com meu poema pornô 'Filosofia' – ou uma minissaia rosa normalmente combinada a uma camiseta em que estava escrito meu poema-grafite 'Overgoze', mais um cinto de metal artesanal no qual pendurava meus piróculos (óculos com nariz em forma

de pênis)". Cf. Grupo Gang. "Manifesto de Arte Pornô". In: *Perder la forma humana*, p. 40.

557 Kac. "O Movimento de Arte Pornô: a aventura de uma vanguarda nos anos 80", p. 32.

558 Tinoco. "Eduardo Kac e a escrita do corpo no espaço", s/p.

559 São incontáveis as revistas de cunho erótico e pornográfico censuradas pelo Juizado de Menores de São Paulo durante a ditadura: "Para o Juizado de Menores de São Paulo, que de 1961 a 1966 proibiu a venda de 85 publicações, tratava-se de literatura 'altamente imoral, ofensiva aos bons costumes e de caráter obsceno'. Mas há quem prefira distinguir revistas eróticas e revistas pornográficas. 'As primeiras', diz o publicitário Roberto Duailibi, diretor da Standard Propaganda, "mostram a beleza, a nudez e a sensualidade num contexto de sofisticação e cultura. As outras exploram o erotismo sem inteligência nem bom gosto". Cf. *Realidade* [junho 1968, p. 15] citado por Ribeiro. "A pornografia brasileira e a memória esquecida: revistas eróticas e pornográficas na ditadura militar (1964-1985)", p. 303.

560 Zumthor. *Performance, recepção, leitura*, p. 78.

561 Eduardo Kac. "Manifesto de arte pornô".

562 Kac. *Escracho*.

563 Recomendo a apresentação, "Movimento de arte pornô", que Eduardo Kac fez em 2021 a este propósito, a convite da Galeria Leme, e que pode ser vista no canal Youtube da instituição.

564 Como Hudinilson, Kac também produziu xerografias e o ano de 1982 foi particularmente intenso no que diz respeito ao uso desta técnica. Cf., por exemplo, *2x3X*, *Publigrama I & II*, *Pictogram Sonnet* ou *Bon Appétit*.

565 *Retrato Suposto-Rosto Roto*, uma performance colaborativa entre Kac e Ramiro, aconteceu em 2 lugares em simultâneo. Enquanto Ramiro transmitia, desde os estúdios da TV Cultura, através de um fax, um conjunto de informações para o ateliê de Kac, que ficava no Rio de Janeiro, Kac montava, com base no mesmo conjunto de informações, um retrato que depois enviaria de volta para Ramiro. Todo o processo de *Retrato Suposto-Rosto Roto* foi transmitido ao vivo: "*The goal was not to create pictures remotely but to explore the interactive, improvisational quality of both personal and public telecommunications media simultaneously, integrating the apparently antagonist media into a single process*".

566 Augusto de Campos em entrevista para *Revestrés*. A expressão "desafinar o coro dos contentes" foi usada pela primeira vez por Augusto numa entrevista ao *Estadão* (1966) e aparece, também, na apresentação de *Balanço da Bossa* (1968).

567 A prática holográfica é parte de um sistema digital maior e parte das expressões poéticas e tecnológicas que a antecedem ou acompanham no tempo. Entre as peças produzidas antes da prática holográfica, aponto o poema computacional "Cyberneutic Landscape I" (1975) de Aaron Marcus e a videopoesia de Ernesto Melo e Castro (1969). Merecem também destaque, a partir dos anos 1980, a série holográfica de Dieter Jung, o texto interativo de Jeffrey Shaw, a escrita multimédia e os *hyperpoems* de Jim Rosenberg e William Dickey, e as experimentações digitais do poeta brasileiro André Vallias.

568 Cf., por exemplo, os livros-poema *Osso nosso* (1958) e *Fruta* (1959), os poemas espaciais "Ara" (1959), "Não" (1959) ou o poema arquitetônico "Poema enterrado" (1959).

569 Kac. "Poesia holográfica: as três dimensões do signo verbal", p. 43.

9. Notas

570 "Holografia" foi, na verdade, o termo escolhido por Gabor para designar "um novo princípio microscópico". Cito o próprio a propósito das dificuldades com que se deparou ao produzir as primeiras amostras holográficas entre 1947 e 1948: *"Holography was of course three dimensional from the start, but in my early, small holograms one could see this only by focusing through the field with a microscope or short-focus eyepiece. But it was not enough to make the hologram large, it was also necessary that every point of the photographic plate should see every point of the object. In the early holograms, taken with regular illumination, the information was contained in a small area, in the diffraction pattern"*. Gabor. *Holography, 1948-1971*, p. 22.

571 Kac. "Poesia holográfica: as três dimensões do signo verbal", p. 44.

572 Kac. "Poesia holográfica: as três dimensões do signo verbal", p. 44.

573 No total, Kac produziu, em 10 anos, 24 holopoemas: "HOLO/OLHO" (1983), "Abracadabra" (1984/1985), "Oco" (1985), "Zyx" (1985), "Chaos" (1986), "Ágora" (1986), "Wordsl 1 e 2" (1986), "Quando? (When?)" (1987/88), "Lilith" (1987/1989), "Phoenix" (1989), "Albeit" (1989), "Shema" (1989), "Multiple" (1989), "Omen" (1989/1990), "Andromeda souvenir" (1990), "Amalgam" (1990), "Eccentric" (1990), "Zero" (1991), "Adrift" (1991), "Adhuc" (1991), "Havoc" (1992), "Astray in deimos" (1992), "Zephyr" (1993) e "Maybe then, if only as" (1993).

574 Catta-Preta e Botelho colaboraram, respectivamente, com Kac na criação de holopoemas como "HOLO/OLHO", "Abracadabra", "Oco", "Zyx" (Catta-Preta) e "Quando?" (Botelho). Cf. Eduardo Kac, "Holopoetry and fractal holopoetry: Digital holography as an art medium". Os holopoemas de Augusto de Campos, Julio Plaza e Moysés Baumstein foram produzidos entre 1985 e 1987. Constam, entre eles, "Luzmentemudacor" (1985) e "Poema-bomba" (1987).

575 Parafraseio o próprio Eduardo Kac citado por Kurt Heintz, "How do you read your text? Eduardo Kac and Hypermedia poetry".

576 Bense. *Pequena estética*.

577 O holopoema existe como processo. Os vários passos da sua construção sequencial foram já apontados por Maria Teresa Vilariño Picos em "Redefiniendo la poesía experimental: la holopoesía de Eduardo Kac". Para Picos, os principais estágios do holopoema podem ser divididos em quatro. Cf. "Redefiniendo la poesía experimental: la holopoesía de Eduardo Kac". In: Picos. *Eduardo Kac: el creador de seres imposibles*, p. 69-74.

578 Kac. "Poesia holográfica: as três dimensões do signo verbal", p. 44.

579 Röels Jr., "Inteligência e High Tech". In: Kac. *Holopoetry*. Essays, Manifestos, Critical and Theoretical Writings, p. 12.

580 Röels Jr., "Inteligência e High Tech". In: Kac. *Holopoetry*. Essays, Manifestos, Critical and Theoretical Writings, p. 12.

581 Röels Jr., "Inteligência e High Tech". In: Kac. *Holopoetry*. Essays, Manifestos, Critical and Theoretical Writings, p. 14.

582 Cf., por exemplo, os trabalhos de Chesley Bonestell (Estados Unidos, 1888-1986), Robert McCall (Estados Unidos, 1919-2010), John Berkey (Estados Unidos, 1932-2008), David A. Hardy (Estados Unidos, 1936) ou Donald Davis (Estados Unidos, 1952).

583 Ou, como acrescenta ainda Kac, "gravi-trópicas". Cf. Kac. "Poesia espacial", p. 335.

584 Gibson. *Poetry for Animals, Machines and Aliens:* The Art of Eduardo Kac, Furtherfield, 06'19".

Imperativa ensaística diabólica

585 O trailer do filme feito a partir da performance "Inner Telescope, A Space Artwork" (Virgile Novarina, Observatoire de l'Espace), em colaboração com o astronauta Thomas Pesquet, pode ser visto no canal Vimeo APRES VISION. Foram vários os trabalhos que Kac produziu, antes e depois do lançamento de "Inner Telescope", na Estação Espacial Internacional. Contam-se, entre eles, *Ground-based Research* (série fotográfica, 2014), *Performance for one astronaut, one pair of scissors and two sheets of paper* (série de desenhos, 2015), *Space Poetry* (livro de artista, 100 exemplares, 2016), *ISS#71904* (livro de artista, 100 exemplares, 2017), *ITP* (instalação, 2017), *In Orbit* (série fotográfica, 2017) e "Inner Telescope" (vídeo, 12", 2017).

586 Cito Eduardo Kac a partir do texto de Frank Rose a propósito da escolha da palavra "MOI": "*Mr. Kac* [...] *means this not as an individual 'me' but in the collective sense: His 'moi' stands for all of us. The piece itself is called 'Inner Telescope,' for reasons that become clear only when you look through the O formed by the paper tube and view a tiny portion of Earth. 'We point a telescope to the stars,' he said. 'But this is a telescope that from the stars we point to ourselves'*". Cf. Rose. "*A Space Odyssey*: Making Art Up There".

587 Heartney. "Eduardo Kac em órbita: *Telescópio interior*", p. 3.

588 Técnica, aliás, usada por Eduardo Kac 6 anos antes no livro-objeto olfativo *Aromapoetry* (2011), em que a leitora se vê distorcidamente no reflexo de cada uma das páginas a serem cheiradas.

589 John Cage enviou a Augusto de Campos um dos plexigramas de *Not Wanting to Say Anything About Marcel* (1969). A etimologia da palavra "plexigrama", inspirada muito provavelmente pela raiz grega *plex*, de *plexus* (πλεκτος, *plektos*), que significa "interlaçado" ou "intercruzado", explica, a nível da composição, a peça tridimensional e plástica de Cage.

10. VIDEOEXPOBIBLIOGRAFIA

AGUILAR, Gonzalo. *Poesia concreta brasileira*: as vanguardas na encruzilhada modernista. São Paulo: Edusp, 2005.

AIRA, César. La nueva escritura. *Boletín n. 8 del Centro de Estudios de Teoría y Crítica Literaria* (Universidad Nacional de Rosario), Rosario, out. 2000.

ALEIXO, Ricardo. Fragmento de um texto inédito de Ricardo Aleixo. *Modo de Usar & Co.*, 2014.

ALEIXO, Ricardo; MOTTA, Aline. Meu negro. Todavia, 2018. 2'14".

ALMEIDA, Guilherme de. Um desenho inédito de Pagu, *Piauí*, 25 de setembro de 2013.

APOCALIPOPÓTESE. Guerra & Paz. (Diretor) Raymundo Amado. 1968. 35 mm. 15".

AMARAL, Aracy A. Da importância da pintura e escultura na Semana de Arte Moderna. *Artes Plásticas na Semana de 22*. São Paulo: Perspectiva, 1970.

AMARAL, Aracy A. *Correspondência Mário de Andrade & Tarsila do Amaral*. São Paulo: Edusp, 2003.

AMARANTE, Dirce Waltrick do; MEDEIROS, Sérgio. A interação entre Josef Albers e Augusto de Campos. *Revista da Anpoll*, v. 52, n. 3, Associação Nacional de Pós-Graduação e Pesquisa em Letras e Linguística, 2021.

ANDRADE, Carlos Drummond de. *Antologia poética*. Rio de Janeiro: Record, 2004.

ANDRADE, Gênese. Jorge de Lima e as artes plásticas. *Teresa – Revista de Literatura Brasileira*, n. 3, Universidade de São Paulo, 2002.

ANDRADE, Mário de. *A escrava que não é Isaura*. Rio de Janeiro: Nova Fronteira, 2010.

ANDRADE, Mário de. *Aspectos da literatura brasileira*. São Paulo: Martins, 1974.

ANDRADE, Mário de. Do desenho. *Aspectos das artes plásticas no Brasil*. Belo Horizonte: Itatiaia, 1984.

ANDRADE, Mário de. *Poesias completas*. São Paulo: Editora da Universidade de São Paulo, 1987.

ANDRADE, Mário de. *O losango cáqui* (Semana de Arte Moderna: 100 Anos). São Paulo: Editora Serra Azul, 2021.

ANDRADE, Oswald de. Manifesto da poesia Pau Brasil. *Correio da Manhã*, 18 de março de 1924.

ANDRADE, Oswald de. Manifesto Antropófago. *Revista de Antropofagia*, n. 1, maio de 1928.

ANDRADE, Oswald de. Schema ao Tristão de Athayde, *Revista de Antropofagia*, n. 5, setembro de 1928.

ANDRADE, Oswald de. *Do Pau-Brasil à antropofagia e às utopias*. Rio de Janeiro: Civilização Brasileira, 1970. (Obras completas, 6).

ANDRADE, Oswald de. *Poesias Reunidas*. Rio de Janeiro: Civilização Brasileira, 1971. (Obras completas, 7).

ANDRADE, Oswald de. *Serafim Ponte Grande*. São Paulo: Globo, 1997.

ANDRADE, Oswald de. *Primeiro caderno do alumno de poesia Oswald de Andrade*. São Paulo: Companhia das Letras, 2018.

ANDRADE, Oswald et al. *O Perfeito cozinheiro das almas deste mundo*. Rio de Janeiro: Biblioteca Azul/Globo, 2014.

APOLLINAIRE, Guillaume. *Calligrammes. Poèmes de la Paix Et de la Guerre*. Paris: Mercure de France, 1918.

ARANHA, Luís. *Cocktails*, ed.: Marie-Christine del Castillo. Sevilla: La Isla de Siltolá, 2012.

ARRUDA, Marta. *Wlademir Dias-Pino e a crítica nacional*. Cuiabá: Edições do Meio, 1998.

ASSIS, Machado de. *Memórias Póstumas de Brás Cubas*. São Paulo: Companhia das Letras, 2014.

ASSUNÇÃO, Ademir; FREIRE, Marcelino. *Lula Livre/Lula Livro*. Edição de Autor, 2018.

BADIOU, Alain. *"De la Vie comme nom de l'Être"*, *Rue Descartes*, n. 20, Presses Universitaires de France, mai 1998.

BADIOU, Alain. *Court Traité*. Paris: Éditions du Seuil, 1998.

BAKHTIN, Mikhail. *A Cultura popular na Idade Média e no Renascimento. O contexto de François Rabelais*, trad.: Yara Frateschi Vieira. São Paulo-Brasília: HUCITEC/Editora da UnB, 1987.

BARBARA, Julieta. *Dia garimpo*. São Paulo: Círculo de Poemas, 2022.

BARRETO, Jorge Lima; VAZ, Mário. *Rock/Trip*. São Paulo: Edições Rés Limitada, 1975.

BARROS, Lenora de. Poema, *Zero à esquerda*. São Paulo: Nomuque Edições, 1982.

BARROS, Manoel de. *Memórias inventadas*: a infância. São Paulo: Planeta, 2003.

BARROS, Manoel de. *Poesia completa*. Lisboa: Caminho, 2010.

BARROS, Manoel de. *O Guardador de águas*. Lisboa: Caminho, 2010.

BARROS, Manoel de. *Escritos em verbal de ave*. São Paulo: LeYa, 2011.

BARTHES, Roland. *"La mort de l'auteur"*, Le Bruissement de la langue. Paris: Seuil, 1984.

BASTOS, Jorge Henrique. *Antologia de poesia brasileira do século XX*: dos modernistas à actualidade. Lisboa: Antígona, 2002.

BAUDELAIRE, Charles. *Le Spleen de Paris*. Paris: Gallimard, 2012.

BAUDELAIRE, Charles. *Le Spleen de Paris*. Paris: Le Livre de Poche, 2003.

BAYNES, Cary F. *The I Ching or Book of Changes*: The Richard Wilhelm Translation rendered in English by Cary F. Baynes. New York: Routledge/K. Paul, 1968.

BENEDETTI, Mário. *Preguntas al azar*. Buenos Aires: Ediciones La Cueva, s/d.

BENSE, Max. *Pequena estética*. São Paulo: Perspectiva, 2003.

BERGER, John. Drawn to That Moment, *How To Lose a War*. London: New Society, 1976.

BESSA, Antonio Sergio. *Paulo Bruscky*: poesia viva. Rio de Janeiro: APC/Cosac Naify, 2016.

BEY, Hakim. *Caos*. Terrorismo poético e outros crimes exemplares, trad.: Patricia Decia e Renato Resende. São Paulo: Conrad Editora, 2003.

BLANCHOT, Maurice. *L'Espace littéraire*. Paris: Gallimard, 1955.

BOAVENTURA, Maria Eugênia. *O salão e a selva*: uma biografia ilustrada de Oswald de Andrade. Campinas: UNICAMP/Ex Libris, 1995.

BONILLA, Juan. *Aviones Plateados*. 15 poetas futuristas latinoamericanos. Málaga: Diputación Provincial de Málaga, 2009.

BOPP, Raul. *Cobra Norato*. São Paulo: José Olympio/Grupo Record, 1994.

BORTOLOTI, Marcelo. Mostras resgatam a história de um grupo que radicalizou a poesia, *Época*, 19 abril de 2016.

BOSI, Alfredo. *História concisa da literatura brasileira*. São Paulo: Cultrix, 1994.

BOSI, Alfredo. Jorge de Lima. Poeta em movimento. Do "menino impossível" ao *Livro de sonetos, Estudos Avançados*, n. 30, (86), Universidade de São Paulo, 2016.

BRENNER, Miriam. "Código": leitura de um poema de Augusto de Campos, *Magma*, n. 2, Universidade de São Paulo, 1995.

BRESSANE, Julio. *Miramar*. 1997. 1'22".

BRESSANE, Julio. *Tabu*. 1982. 1'19".

BURKERT, Walter. *Mito e mitologia*. Lisboa: Edições 70, 1991.

CADÔR, Amir Brito. *Eu nunca leio, só vejo as figuras*. São Paulo: Lote 42, 2024.

CAGE, John. *Indeterminacy*. 190 Zen Stories, ed.: Eddie Kohler. Budapeste: Terebess Collection, 1997-1998.

CAGE, John. *De segunda a um ano*, trad.: Rogério Duprat e Augusto de Campos. Rio de Janeiro: Cobogó, 2013.

CAGE, John. *The Selected Letters of John Cage*, ed.: Laura Kuhn. New Haven: Wesleyan University Press, 2016.

CAMARGO, Maria Lucia de Barros. Dos poetas e/em suas revistas, *Subjetividades em devir*. Estudos de poesia moderna e contemporânea, org.: Celia Pedrosa e Ida Alves. Rio de Janeiro: 7Letras, 2008.

CAMBIANO, Giuseppe. *Scienza greco-romana*. Nascita delle scienze e relazioni tra discipline, Treccani, 2001.

CAMENIETZKI, Eleonora Ziller. Ferreira Gullar e seu último combate, *Texto Poético*, v. 13, n. 23, Universidade Federal de Goiás, julho/dezembro de 2017.

CAMPOS, Álvaro de. *Livro de versos*, intr.., trans., org. e notas de Teresa Rita Lopes. Lisboa: Estampa, 1993.

CAMPOS, Álvaro de. *Poesias de Álvaro de Campos*. Lisboa: Ática, 1993.

CAMPOS, Augusto de. "Poesia e/ou pintura", *Suplemento literário* do *estado de São Paulo*, 12 de fevereiro de 1966.

CAMPOS, Augusto de. *Música de invenção*. São Paulo: Perspectiva, 1998.

CAMPOS, Augusto de. *Não*. São Paulo: Perspectiva, 2003.

CAMPOS, Augusto de. *Poesia da recusa*. São Paulo: Perspectiva, 2011.

CAMPOS, Augusto de. *Paul Valéry*: a serpente e o pensar. São Paulo: Ficções Editora, 2011.

CAMPOS, Augusto de. Dois poemas, *Errática*, 2013.

CAMPOS, Augusto de. Painel do leitor, *Folha de S.Paulo*, 17 junho de 2014.

CAMPOS, Augusto de. *Viva Vaia 1946-1976*. São Paulo: Ateliê Editorial, 2014.

CAMPOS, Augusto de. *O outro*. São Paulo: Perspectiva, 2015.

CAMPOS, Augusto de. *Poesia antipoesia antropofagia & Cia*. São Paulo: Companhia das Letras, 2015.

CAMPOS, Augusto de. Um neocordeiro superconcreto e um expremio, *Folha de S.Paulo*, 2 julho de 2016.

CAMPOS, Augusto de. *Despoesia*. São Paulo: Perspectiva, 2016.

CAMPOS, Augusto de. Oswald, livro livre, *Primeiro caderno do alumno de poesia Oswald de Andrade*. São Paulo: Companhia das Letras, 2018.

CAMPOS, Augusto de. *O anticrítico*. São Paulo: Companhia das Letras, 2020.

CAMPOS, Augusto; Campos, Haroldo de; Pignatari, Décio. *Teoria da poesia concreta*: textos críticos e manifestos 1950-1960. São Paulo: Ateliê Editorial, 2006.

CAMPOS, Haroldo de. Oswald de Andrade, *Jornal do Brasil*, 1 de setembro de 1957.

CAMPOS, Haroldo de. Uma poética da radicalidade, Oswald de Andrade, *Poesias reunidas*. Rio de Janeiro: Civilização Brasileira, 1971. (Obras Completas, 7).

CAMPOS, Haroldo de. *A arte no horizonte do provável*. São Paulo: Perspectiva, 1977.

CAMPOS, Haroldo de. Arte pobre, tempo de pobreza, poesia menos, *Novos Estudos*, v. 1, n. 3, São Paulo, Centro Brasileiro de Análise e Planejamento Área: Ciências Humanas, 1982.

CAMPOS, Haroldo de. *Metalinguagem & outras metas*. São Paulo: Perspectiva, 1992.

CAMPOS, Haroldo de. *O arco-íris branco*. Rio de Janeiro: Imago, 1997.

CAMPOS, Haroldo de. *Morfologia do Macunaíma*. São Paulo: Perspectiva, 2008.

CAMPOS, Haroldo de. *Galáxias*, ed.: Trajano Vieira. São Paulo: Editora 34, 2011.

CAMPOS, Haroldo de. *Transcriação*, org.: Marcelo Tápia e Thelma Médici Nóbrega. São Paulo: Perspectiva, 2013.

CAMPOS, Raquel. Um exame de vista para o século XXI, *Circuladô*. São Paulo: Risco Editorial, 2017.

CAMPOS, Raquel. *Entre vivas e vaias*: a visualidade concreta de Augusto de Campos. Brasília: Universidade de Brasília, 2019.

CANDIDO, Antonio. *Vários escritos*. São Paulo: Duas Cidades, 1995.

CARRIÓN, Ulises. *El nuevo arte de hacer libros*. Buenos Aires: Imprenta Rescate, 2017-2018.

CARSON, Anne. *Men in the Off Hours*. London: Vintage, 2000.

GALÁXIAS, Joel Carvalho; Jota Medeiros. 1991. 13'48".

CASA NOVA, Vera. Os infopoemas de Wlademir Dias-Pino: considerações tecnopoéticas, *O Eixo e a Roda: Revista de Literatura Brasileira*, v. 20, n. 2, Belo Horizonte, Universidade Federal de Minas Gerais, 2011.

CASTRO, Eduardo Viveiros de. *Encontros*, ed.: Renato Sztutman. Rio de Janeiro: Azougue, 2008.

CASTRO, Ruy. Luís Aranha sai do passado como poeta do futuro, *Folha de S.Paulo*, 24 de novembro de 1984.

CAVALCANTI, Jardel Dias. Entrevista com o poeta Augusto de Campos, *Digestivo Cultural*, 24 março de 2003.

CENDRARS, Blaise. *Kodak (Documentaires)*. Paris: Stock, Dellamain, Boutelleau, 1924.

CENDRARS, Blaise. *Feuilles de Route/Sud-Américaines (Poèmes)*, Folhas de Viagem/ Sul-Americanas (Poemas). Belém: UFPA, 1991.

CÉSAR, Ana Cristina. *Caderno de Desenhos:* Portsmouth – Colchester. Rio de Janeiro: IMS, 1999.

CHAGAS, Tamara Silva. A noção de *happening* em *Arte no Aterro* (1968), *ANPUH-Brasil – Anais do 31º Simpósio Nacional de História*, 2021.

CHAMIE, Mário. *Instauração Praxis II*. São Paulo: Quíron, 1974.

CICERO, Antonio. Prefácio, *Poema sujo*. São Paulo: Companhia das Letras, 2016.

CIRNE, Moacy. *A ave*: o livro como objeto/poema, *Bibloquê*, n. 4, Órgão de divulgação da Biblioteca Central da Universidade Federal de Mato Grosso (UFMT), novembro/dezembro de 1986.

CIRNE, Moacy. *Dez Poemas para José Bezerra Gomes*. Natal: Fundação José Augusto, 1993.

CIRNE, Moacy. *Quadrinhos, sedução e paixão*. Petrópolis: Vozes, 2000.

CIRNE, Moacy. Do Poema/processo à arte postal, da arte postal ao poema--processo, *Museu de Arte Abraham Palatnik*, s/d. Disponível em: <http://www.natalnet.br/palatnik/JotaMedeiros/poeticas_visuais/poemaro-cesso/poemaprocesso.html>.

CISNEROS, Odile. Augusto de Campos's Outro: the Limits of Authorship and the Limits of Legibility, *Journal of Lusophone Studies*, v. 5, n. 1, APSA, 2020.

CLARK, Lygia. 1969: o corpo é a casa, *Lygia Clark. Textos de Ferreira Gullar, Mário Pedrosa e Lygia Clark*. Rio de Janeiro: Funarte, 1980.

CARVALHO, Flávio de. *Experiência n. 3*, 1956.

COELHO, Eduardo. Luís Aranha: a química e a crise, *Diadorim*, v. 11, 2012.

CONDE, Maite. Brazilian modernism and the movies: Oswald de Andrade's cinematic consumption, *Romance Quarterly*, vol. 67, 2020.

CORREA, Thiago Moreira. Análise de "Pós-tudo": metalinguagem na poesia concreta, *Estudos semióticos*, v. 7, n. 2, Universidade de São Paulo, novembro 2011.

CRUZ, Gutemberg. Do poema processo ao experimentalismo na linguagem, *Utsanga*, n. 12, 2017.

CUNHA, Martim Vasquez da; RABELLO, Guilherme Malzoni; MORAES, Renato José de. Na vertigem da poesia – uma conversa com Ferreira Gullar, *Dicta&Contradicta*, n. 5, Instituto de Formação e Educação, 16 de junho de 2020.

D'HARNONCOURT, Anne; MCSHINE, Kynaston. *Marcel Duchamp*. New York: Museum of Modern Art and Philadelphia Museum of Art, 1973.

DALATE, Sergio. *A escritura do silêncio*: uma poética do olhar em Wlademir Dias Pino. FCLAS, Universidade Estadual de São Paulo, 1997.

DELEUZE, Gilles; GUATTARI, Félix. *Capitalisme et Schizophrénie. L'Anti-Œdipe*. Paris: Les Éditions de Minuit, 1972.

DELEUZE, Gilles. *A Dobra* – Leibniz e o Barroco, trad.: Luiz B. L. Orlandi. Campinas: Papirus, 2009.

DERRIDA, Jacques. "*Che cos'è la poesia?*", *Points de Suspension*. Paris: Galilée, 1992.

DIAS-PINO, Wlademir. *A ave*. Livro de artista. 1953-1956.

DIAS-PINO, Wlademir. *Solida*. Livro de artista. 1956.

DIAS-PINO, Wlademir. *Processo: linguagem e comunicação*. Petrópolis: Vozes, 1975.

DIAS-PINO, Wlademir. *A separação entre inscrever e escrever*. Catálogo da exposição. Cuiabá: Edições do Meio, 1982.

DIAS-PINO, Wlademir. *Wlademir Dias-Pino*. Curadoria editorial Alberto Saraiva e Regina Pouchain. Rio de Janeiro: Aeroplano, 2010.

DIEGUES, Carlos. Exposição neoconcreta e não-objeto, *Metropolitano*, 4 de dezembro de 1960.

DIJKSTRA, Bram. *Idols of Perversity* – Fantasies of Feminine Evil in Fin-De-Siècle Culture. New York: Oxford University Press, 1986.

ECO, Umberto. *Obra aberta*, trad.: Giovanni Cutolo. São Paulo: Perspectiva, 2015.

EINSTEIN, Albert. *The Born-Einstein LETTERS*: Correspondence Between Albert Einstein and Max and Hedwig Born from 1916-1955. Nova York: Macmillan, 1971.

EISENSTEIN, Sergei; LEDA, J. *Film Form*: Essays in Film Theory. Washington: Harvest Books, 1969.

EISNER, Will. *Comics and Sequential Art*: Principles and Practices from the Legendary Cartoonist. New York: W. W. Norton & Company, 2008.

ELIOT, T. S. *Selected Essays*. London: Faber and Faber Limited, 1934.

ELIOT, T. S. *Four Quartets*. Boston/New York: Mariner Books, 2023.

ESPINOSA, César Horacio. Ciclo infinito vida-morte: los metasignos y la trayectoria de Neide Sá, *Escáner Cultural*, Santiago do Chile, maio de 2015.

ESTRADA, Joaquim Osório Duque. Hino nacional, Presidência da República, Casa Civil, 1831.

EULALIO, Alexandre. *A aventura brasileira de Blaise Cendrars*. Brasília: Quíron, 1978.

FAHLSTRÖM, Öyvind. *Manifesto para a poesia concreta*. Rio de Janeiro: Cobogó, 2016.

FAUSTINO, Mário. *Poesia-experiência*, org.: Benedito Nunes. São Paulo: Perspectiva, 1976.

FERES, Letícia; MINGOTE, Michel; NOVA, Vera Casa. Outros concretismos: desdobramentos entre Amílcar de Castro, Lygia Clark, Wlademir Dias Pino, conceitualistas e minimais, *O eixo e a roda: Revista de Literatura Brasileira*, n. 13, Universidade Federal de Minas Gerais, 2006.

FERNANDES, Anchieta. *Ler quadrinhos reler quadrinhos RN*. Natal: Sebo Vermelho, 2011.

FERRO, Ana Paula Rodrigues. Clássicos literários adaptados para história em quadrinhos: um recurso para ensinar línguas e despertar para a leitura, *Educação, Gestão e Sociedade: Revista da Faculdade Eça de Queirós, Jandira*, ano 4, n. 16, novembro de 2014.

FOUCAULT, Michel. Qu'est-ce qu'un auteur?, *Société Française de Philosophie, Bulletin* 63, v. 3, n. 73, 1969.

FRANK, Joseph. Spatial Form in Modern Literature, *Sewanee Review*, LIII (Spring, Summer, Autumn), 1945.

FREEMAN, Robin. *Tanmatras: The Life and Work of Giacinto Scelsi, Tempo*, Issue 176, University of Cambridge, March 1991.

FREIRA, Silva; DIAS-PINO, Wlademir; CUNHA, Célio. Manifesto Mosaico Cuiabano, *Diário de Mato Grosso*, Suplemento n. 3, fevereiro de 1977.

FREITAS, Anderson de Moura. O poema curto de Oswald de Andrade: surgimento de uma tendência da literatura brasileira contemporânea, *Revista de Letras*, n. 37, Universidade Federal do Paraná, 2020.

FREITAS, Guilherme. Wlademir Dias-Pino contra o alfabeto, *O Globo*, 19 de novembro de 2011.

FREUD, Sigmund. *Os Chistes e sua Relação com o Inconsciente*, v. VIII. Rio de Janeiro: Imago, 1980.

FUNKHOUSER, Christopher. *Prehistoric digital poetry*: an archaeology of forms, 1959-1995. University of Alabama Press, 2007.

GABOR, Dennis. Holography, 1948-1971, *Physics 1971*. London: Imperial Colleges of Science and Technology, 1971.

GALVÃO, Dácio. *Da poesia ao poema*: leitura do poema-processo. Natal: Zit Gráfica e Editora, 2004.

GALVÃO, Patrícia. Várias tiras. *O Homem do Povo*, n. 2, março de 1931.

GALVÃO, Patrícia. Álbum de Pagu. Nascimento vida paixão e morte, *Código*, n. 2, 1975.

GALVÃO, Patrícia. *Croquis de Pagu, e outros momentos felizes que foram devorados reunidos,* ed.: Lúcia Maria Teixeira Furlani. São Paulo: Editora Unisanta, 2004.

GÂNDAVO, Pero de Magalhães. *A primeira história do Brasil*: história da Província Santa Cruz a que vulgarmente chamamos Brasil. Trans. e notas de Sheila Moura Hue e Ronaldo Menegaz. Rio de Janeiro: Jorge Zahar, 2004.

GARCIA, Angelo Mazzuchelli. *A Literatura como design gráfico*: da poesia concreta ao poema-processo de Wlademir Dias-Pino. Belo Horizonte: Universidade Federal de Minas Gerais, 2008.

GARNIER, Pierre. Manifeste pour la poésie – visuelle et phonique, v. 8, Issue 29 of *Les Lettres*, A. Silvaire, 1962.

GENETTE, Gérard. *Palimpsests*: Literature in the Second Degree. University of Nebraska Press, 1997.

GIBSON, Rory. *Poetry for Animals, Machines and Aliens*: the art of Eduardo Kac, Furtherfield, 2018. 06'19".

GLISSANT, Édouard. *Pour l'opacité, poétique de la relation (Poétique III)*. Paris: Gallimard, 1990.

GOLDSMITH, Kenneth. *Uncreative Writing*. Managing Language in the Digital Age. New York: Columbia University Press, 2011.

GRÜNEWALD, José Lino. Um marco esquecido, *Correio da Manhã*, 28 de fevereiro de 1972. Edição 24194.

GRUPIONI, Luís Donisete Benzi. *Índios no Brasil*. Brasília: Ministério da Educação e do Desporto, 1994.

GRUPO GANG. Manifesto de Arte Pornô, *Perder la forma humana*. Reina Sofia, 2012.

GRUPO NEOCONCRETO. Como construir um não-objeto, *Catálogo da Exposição Neoconcreta*, 1959.

GUEDES, Luiz Roberto. *Paixão por São Paulo*. São Paulo: Terceiro Nome, 2004.

GULLAR, Ferreira. Lygia Clark, *Suplemento Dominical do Jornal do Brasil*, 14 de março de 1959.

GULLAR, Ferreira. "Diálogo sobre o não-objeto", *Suplemento Dominical do Jornal do Brasil*, 26 março de 1960.

GULLAR, Ferreira. *Etapas da arte contemporânea*: do Cubismo à Arte Neoconcreta. Rio de Janeiro: Revan, 1999.

GULLAR, Ferreira. *Toda poesia*. Rio de Janeiro: José Olympio, 2000.

GULLAR, Ferreira. *Experiência neoconcreta*. São Paulo: Cosac Naify, 2007.

GULLAR, Ferreira. *Autobiografia poética e outros textos*. Belo Horizonte: Autêntica, 2015.

GULLAR, Ferreira. Teoria do não-objeto, *Poesia Neoconcreta*, org.: Luiz Guilherme Ribeiro Barbosa, Renato Rezende, Sergio Cohn. Rio de Janeiro: Azougue Editorial, 2021.

GULLENTOPS, David. *Poétique du Lisuel*. Paris: Editions Paris Méditerrané, 2001.

GULLINO, Daniel. Bolsonaro muda discurso e passa a defender vacina e compra por empresas, *O Globo*, 26 janeiro de 2021.

HATHERLY, Ana. *A reinvenção da leitura*: breve ensaio crítico seguido de 19 textos visuais. Lisboa: Futura, 1975.

HATHERLY, Ana. *A Casa das Musas*. Lisboa: Editorial Estampa, 1995.

HEARTNEY, Eleanor. O *Telescópio Interior* de Eduardo Kac, *Eduardo Kac em Órbita: Telescópio Interior*. Rio de Janeiro: Luciana Caravello Arte Contemporânea, 2017.

HEINTZ, Kurt. *How do You Read Your Text?* Eduardo Kac and hypermedia poetry, hyphen magazine, n. 12, 1996.

HENRIQUE, Guilherme. Augusto de Campos, 90 años del poeta icono del concretismo brasileño, *El País*, 21 de febrero de 2021.

HOLANDA, Sérgio Buarque de. *Visão do paraíso*. São Paulo: Brasiliense, 2007.

HOLLANDA, Heloísa Buarque de. *Esses poetas:* uma antologia dos anos 90. Rio de Janeiro: Aeroplano Editora, 1998.

HUTCHEON, Linda. *A Theory of Adaption*. New York: Routledge, 2012.

HUILLET, Danièle; STRAUB, Jean-Marie. *Toute Révolution Est Un Coup de Dés*. 1977. 35 mm. 10".

JACKSON, David Kenneth. A View on Brazilian Literature: Eating the *Revista de Antropofagia, Latin American Literary Review*, v. 7, n. 13, Fall/Winter 1978.

JACKSON, David Kenneth. *Augusto Fingers:* dacto, grypho, grama, clip, Circuladô. Leminski e a prosa da invenção. São Paulo: Risco Editorial, 2014.

JACKSON, David Kenneth. Desenho e disfarce em Augusto de Campos, *Revista Brasileira De Literatura Comparada ABRALIC*, v. 21, n. 37, 2019.

JAMESON, Fredric. *Postmodernism, or, The Logic of Late Capitalism* (Post-Contemporary Interventions). Duke University Press, 1992.

JAMMER, Max. *Concepts of Space*: The History of Theories of Space in Physics. New York: Harper Torchbooks, 1960.

JAUSS, Hans Robert. Tradição literária e consciência atual da modernidade, *Histórias de literatura*, org.: Heidrun Kreiger Olinto. São Paulo: Ática, 1996.

JUNIOR, Arlindo Rebechi. Entre o marco histórico e a dialética da maledicência: a polêmica entre Roberto Schwarz e Augusto de Campos em torno do poema "Póstudo", *Poesia brasileira, Diadorim*, v. 5, n. 1, Universidade Federal do Rio de Janeiro, 2009.

JUNIOR, Arlindo Rebechi. O poeta da experimentação: Augusto de Campos e a crise do verso, *Comunicação & Educação*, Ano XX, n. 2, UNIRIO, julho/dezembro de 2015.

KAC, Eduardo. Manifesto pornô. *Gang*, n. 1, maio de 1981.

KAC, Eduardo. *Escracho*. Livro de Artista. 1983.

KAC, Eduardo. Poesia holográfica: as três dimensões do signo verbal, *VII Salão Nacional de Artes Plásticas*. Museu de Arte Moderna do Rio de Janeiro, 1984.

KAC, Eduardo. A teia do desconhecido: entrevista de Luís Aranha, Folhetim, *Folha de S.Paulo*, 30 janeiro de 1987.

KAC, Eduardo. *Holopoetry and Fractal Holopoetry:* Digital Holography as an Art Medium, *ELMCIP*, v. 22, n. 3 & 4, 1989.

KAC, Eduardo. *Luz & letra*: ensaios de arte, literatura e comunicação. Rio de Janeiro: Contra Capa, 2004.

KAC, Eduardo. Poesia espacial, *Alea*, v. 10, n. 2, julho/dezembro de 2008.

KAC, Eduardo. *Aromapoetry*. Enghien-les-Bains Art Center, Enghien-les-Bains, "*Invisible & Insaisissable /Elusive & Invisible*", 2011.

KAC, Eduardo. O movimento de arte pornô: a aventura de uma vanguarda nos anos 80, *ARS*, ano 11, n. 22, 2013.

KAC, Eduardo. *Olfactory art*, Galerie Charlot, Paris, 2014.

KAC, Eduardo. Entrevista com Wlademir Dias-Pino, poeta revolucionário, *ARS*, v. 13, n. 26, julho/dezembro de 2015.

KAC, Eduardo. Movimento de arte pornô, Canal de Youtube da Galeria Leme, 2021. Disponível em: <https://www.youtube.com/watch?v=x5HDxtIuxTI>.

KHOURI, Omar. Lenora de Barros: uma produtora de linguagem transpondo fronteiras, *Revista Gama, Estudos Artísticos*, julho/dezembro de 2017.

KOPKE, Carlos Burlamaqui. *Antologia da Poesia Brasileira Moderna*: 1922-1947. São Paulo: Clube de Poesia de São Paulo, 1953.

LAFORGUE, Jules. *Litanias da Lua*, trad.: Régis Bonvicino. São Paulo: Iluminuras, 1989.

LAUTRÉAMONT, Comte de. *Les Chants de Maldoror*. Québec: La Bibliothèque Électronique du Québec, s/d.

LEITE, Marli Siqueira. *Ronaldo Azeredo*: o mínimo múltiplo (in)comum da poesia concreta. Vitória: EDUFES, 2013.

LEMINSKI, Paulo. *Catatau*. São Paulo: Iluminuras, 2012.

LEMINSKI, Paulo. *Toda Poesia*. São Paulo: Companhia das Letras, 2013.

LESSING, Ephraim Gotthold. *Laocoon*: An Essay on the Limits of Painting and Poetry. The Johns Hopkins University Press, 1984.

LÉVI-STRAUSS, Claude. *La Pensée Sauvage*. Paris: Plon, 1962.

LÉVY-BRUHL, Lucien. *A Mentalidade Primitiva*. São Paulo: Paulus, 2008.

LÉVY, Pierre. *O Que é o Virtual?* São Paulo: Editora 34, 2003.

LIMA MENDONÇA, Antonio Sergio; SÁ, Álvaro de. *Poesia de vanguarda no Brasil*: de Oswald de Andrade ao Poema Visual. Rio de Janeiro: Edições Antares, 1983.

LIMA, Jorge de. *O mundo do menino impossível*. Rio de Janeiro: Typographia, 1927, s/p. Exemplar da Biblioteca do Instituto de Estudos Brasileiros da Universidade de São Paulo.

LIMA, Samuel. *Do Barroco à Antropofagia*. Natal: Universidade Federal do Rio Grande do Norte, 2016.

LIMA, Yone Soares de. *A ilustração na produção literária São Paulo – década de vinte*. São Paulo: Instituto de Estudos Brasileiros, Universidade de São Paulo, 1985.

LINO, Patrícia. *Manoel de Barros e a poesia cínica*. Belo Horizonte: Relicário Edições, 2019.

LINO, Patrícia. O prazer rigoroso e a leitura *pós verso, Cibertextualidades*. Porto: Universidade Fernando Pessoa, 2020.

LINO, Patrícia. Augusto de Campos, as farpas virtuais e os cibercéus do futuro, *Santa Barbara Portuguese Studies*, v. 5, Center for Portuguese Studies, University of California, Santa Barbara, 2021.

LINO, Patrícia. Contra a anestesia, a gargalhada corrosiva: o processo de escrita d'*O Kit de Sobrevivência do Descobridor Português no Mundo Anticolonial, Texto Poético*, v. 17, n. 32, Universidade Federal de Goiás, 2021.

LIPPARD, Lucy. *Six Years:* The Dematerialization of the Art Object from 1966 to 1972. New York: Praeger Publishers, 1973.

LOPES, Adília. *A pão e água de colónia*. Lisboa: Frenesi, 1987.

LORENZ, Edward N. Deterministic Nonperiodic Flow. *Journal of the Atmospheric Sciences*, v. 20, Issue 2, March 1963.

LYS, Edmundo. João-corta-pau e outras observações (Sobre *O mundo do menino impossível*, poema de Jorge de Lima), *Correio de Minas*, 30 de dezembro de 1927.

MACHADO, Antônio de Alcântara; Carvalho, Flávio de. *Pathé-Baby*. São Paulo: Convenio IMESP/DAESP, 1982.

MACHADO, Maria Regina Jaschke. Manuscritos do modernista Luís Aranha, *Manuscrítica*, n. 10, 2001.

MACHADO, Maria Regina Jaschke. *O modernismo dá as cartas*: circulação de manuscritos e produção de consensos na correspondência de intelectuais nos anos de 1920. São Paulo: Universidade de São Paulo, 2012.

MACHINSKI, Júlio Bernardo. *Uma Leitura de* Cocktails: justaposição de imagens e associação de ideias na poesia de Luís Aranha. São Paulo: Universidade Estadual de Campinas, Instituto de Estudos da Linguagem, 2016.

MAIA, Mônica. Poetas comemoram 442 anos de São Paulo com festa no centro, *Folha de S.Paulo*, 25 janeiro de 1996.

MALLARMÉ, Stéphane. *Le mystère dans les lettres, Divagations*. Paris: Éditions Fasquelle, 1897.

MALLARMÉ, Stéphane. *Un Coup de Dés Jamais N'Abolira Le Hasard*. Paris: Librairie Gallimard, 1914.

MANZONI, Filipe. Memes, poemas e algumas suspeitas sobre o não original, hibridismos na poesia moderna e contemporânea, *ELyra: Revista da Rede Internacional Lyracompoetics*, n. 13, 2019.

MARCO, Tony de; FERNANDEZ, Niko. Augusto de Campos e as fontes tipográficas de Tony de Marco, *Contrast*, 2018-2020.

MARGUTTI, Mário. *Do poema visual ao objeto-poema*. A trajetória de Neide Sá. Rio de Janeiro: Lacre, 2014.

MARIMON, Marianna. A poesia infinita de Wlademir Dias-Pino, *Cidadã(o)*, 5 agosto de 2021.

MARQUARDT, Eduardo. Código – uma apresentação, *Boletim de Pesquisa Nelic*, v. 1, n. 2, 1997.

MARQUES, Ivan. Joaquim Pedro de Andrade e o modernismo, *Itinerários*, n. 49, UNESP, julho/dezembro de 2019.

MATOS, Gregório de. *Poemas Escolhidos*, org.: José Miguel Wisnik. São Paulo: Companhia das Letras, 2010.

MCCLOUD, Scott. *Understanding the Invisible Art of Comics*. New York: HarperCollins Publishers, 1994.

MEIRA, Silva. "A Negra" de Tarsila do Amaral: escuta da condição da afro-descendente na formação do povo brasileiro, *Anais do Colóquio XXXVIII do Comitê Brasileiro de História da Arte*. Santa Mônica: CBHA, 2018.

MELVIN, Jo; SKREBOWSKI, Luke. *Introduction to Hélio Oiticica's "The Senses Pointing Toward a New Transformation"*, *ARTMargins*, v. 7, n. 2, 2018.

MENDES, Murilo. *Poliedro*. Rio de Janeiro: José Olympio, 1972.

MENEZES, Philadelpho. *Poesia intersignos*. São Paulo: Timbre, 1985.

MENEZES, Philadelpho. *Poética e visualidade*. Uma trajetória da poesia brasileira contemporânea. Campinas: Editora da UNICAMP, 1991.

MERQUIOR, José Guilherme. A criação do *Livro da criação*, *Suplemento Dominical do Jornal do Brasil*, 3 de dezembro de 1960.

MILLIET, Sérgio. Tarsila do Amaral. *Revista do Brasil*, n. 100, XXV, ano VIII, abril de 1924.

MILTON, John. Augusto de Campos e Bruno Tolentino: a guerra das traduções, *Cadernos de Tradução*, n. 1, Universidade Federal de Santa Catarina, 1996.

MITCHELL, W. J. T. Spatial Form in Literature: Toward a General Theory, *Critical Inquiry*, v. 6, n. 3 (Spring), University of Chicago, 1980.

MONTAIGNE, Michel de. *Les Essais*.

MONTEIRO, Valéria Jacó. Por ocasião da descoberta da poesia Pau-Brasil, *Fronteira Z – Revista Digital do Programa de Estudos Pós-Graduados em Literatura e Crítica Literária*, n. 12, PUC-SP, junho 2014.

MONTEIRO, Vicente do Rego. *Légendes, Croyances et Talismans des Indiens de l'Amazone*. Paris: Tolmer, 1923.

MONTEIRO, Vicente do Rego. *Quelques Visages de Paris*. Paris: Imprimerie Juan Dura, 1925.

MOODY, Tom. Criptocardiograma remix, 2011. Animated GIF file. 758 x 616.

MORAIS, Frederico. Poema no Atêrro: ato coletivo, NÓBREGA, Gustavo. *Poema/Processo*: uma vanguarda semiológica. São Paulo: Galeria Superfície/Martins Fontes, 2017.

MORGAN, Harry. *Principes de Littératures Dessinées*. Liège: Éditions de l'na 2, 2003.

NETO, João Cabral de Melo. *Obra completa*. Rio de Janeiro: Nova Aguilar, 1994.

NÓBREGA, Gustavo. *Poema/Processo*: uma vanguarda semiológica. São Paulo: Galeria Superfície/Martins Fontes, 2017.

NOVARINA, Virgile. *Inner Telescope, A Space Artwork*, Observatoire de l'Espace, 2017. 35".

NUNES, Benedito. A antropofagia ao alcance de todos. In: ANDRADE, Oswald de. *Do Pau-Brasil à Antropofagia e às Utopias*. Rio de Janeiro: Civilização Brasileira, 1970 (Obras Completas de Oswald de Andrade, v. 6).

NUNES, Bene. Antropofagia ao alcance de todos, *A Utopia Antropofágica*,. São Paulo: Editora Globo, 1990 (Obras Completas de Oswald de Andrade).

NYFFELER, Max. *Interview with John Cage About Music and Politics*, *Beckmesser*, 2020.

OITICICA, Hélio. "*The Senses Pointing Towards a New Transformation*", December 22, 1969. PHO 0486/69. Manuscrito.

OITICICA, Hélio. *Aspiro ao grande labirinto*. Rio de Janeiro: Rocco, 1986.

OLIVEIRA, Eduardo Jorge de. O poema e a margem de recusa – notas de leitura sobre Augusto de Campos, *Augusto de Campos, 90 Anos, Revista Rosa*, org.: Marcela Vieira e Lucas Figueiredo Silveira, fevereiro de 2021.

OLIVEIRA, Maria Cristina de. *A arte dos "quadrinhos" e o literário*. São Paulo: Departamento de Letras Clássicas e Vernáculas da Faculdade de Filosofia, Letras e Ciências Humanas da Universidade de São Paulo, 2008.

OLIVEIRA, Vera Lúcia de. *Poesia, mito e história no modernismo brasileiro*. São Paulo: Editora Unesp/Blumenau, SC: FURB, 2002.

OV. *Met. The Latin Library*.

PAES, José Paulo. O surrealismo na literatura brasileira, *Folha de S.Paulo*, 30 de dezembro de 1984.

PACHECO, Agenor Sarraf; SOUZA, Renato Vieira de. Grafismos em varinhas: memórias e estéticas afro-indígenas em margens amazônicas, *BOITATÁ – Revista do GT de Literatura Oral e Popular da ANPOLL*, n. 15, janeiro/julho de 2013.

PADÍN, Clemente. Poesía electrónica: dos precursores latino-americanos, Eduardo Kac y Ladislao Pablo Györi, *Texturas*, n. 7, 1997.

PADÍN, Clemente. Álvaro de Sá: de la estructura al proceso, *Blocos Online*, 2001.

PADÍN, Clemente. Poema/proceso: 40 años, *Revista Virtual de Arte Contemporáneo y Nuevas Tendencias*, 8 de abril de 2007.

PAPE, Lygia. Livro: poemas-xilogravuras, *Poesia neoconcreta*, org.: Luiz Guilherme Ribeiro Barbosa, Renato Rezende, Sergio Cohn. Rio de Janeiro: Azougue Editorial, 2021.

PARRA, Nicanor. *Artefactos visuales*. Concepción: Universidad de Concepción, 2002.

PAULINO, Ana Maria. *O Poeta insólito*: fotomontagens de Jorge de Lima. São Paulo: Instituto de Estudos Brasileiros, Universidade de São Paulo, 1987.

PAULINO, Ana Maria. *Poesia e Pintura*. São Paulo: Edusp, 1995.

PEDROSA, Mário. A obra de Lygia Clark, *Acadêmicos e modernos. Textos escolhidos III*. São Paulo: Editora da Universidade de São Paulo, 1998.

PEREIRA, Maria Helena da Rocha. *Estudos de história da cultura clássica*, v. 1, Fundação Calouste Gulbenkian, 1964.

PEREIRA, Rômulo. O livro voa: do poema concreto à *Ave* de Wlademir Dias Pino, *Revista Ciclos*, v. 2, n. 3, Ano 2, Universidade do Estado de Santa Catarina, dezembro de 2014.

PERLOFF, Marjorie. *O Momento futurista*, trad.: Sebastião Uchoa Leite. São Paulo: Edusp, 1993.

PERLOFF, Marjorie. Collage and poetry, *Encyclopedia of Aesthetics*, v. 1, ed.: Michael Kelly. New York: Oxford University Press, 1998.

PERLOFF, Marjorie. *Differentials*: Poetry, Poetics, Pedagogy. The University of Alabama Press, 2004.

PERLOFF, Marjorie. Writing as Re-writing: Concrete Poetry as Arrière-Garde, *Ciberletras*, n. 17, 2007.

PERLOFF, Marjorie. *Unoriginal Genius*: Poetry by Other Means in the New Century. The University of Chicago Press, 2010.

PERLOFF, Marjorie. Linguaviagem: Corresponding with Augusto de Campos. Augusto de Campos, 90 Anos, *Revista Rosa*, org.: Marcela Vieira e Lucas Figueiredo Silveira, fevereiro de 2021.

PERRONE-MOISÉS, Leila. *Flores da Escrivaninha*. São Paulo: Companhia das Letras, 1990.

PERRONE, Charles. Pau-Brasil, antropofagia, tropicalismo e afins. O legado modernista de Oswald de Andrade na poesia e canção brasileiras dos anos 60/80, *Tropicália*, s/d.

PERRONE, Charles. Viva vaia: para compreender Augusto de Campos, *Sobre Augusto de Campos*, org.: Flora Süssekind e Júlio Castañon Guimarães. Rio de Janeiro: 7Letras/Fundação Casa de Rui Barbosa, 2004.

PETRIC, Vlada. *Constructivism in film*. Cambridge University Press, 2012.

PICOS, Maria Teresa Vilariño. Redefiniendo la poesía experimental: la holopoesía de Eduardo Kac. In: *Eduardo Kac*: El Creador de Seres Imposibles. Universidad de Caldas, 2010.

PIETROFORTE, Antonio Vicente. Os enigmas das imagens, *Semiótica visual* – percursos do olhar. São Paulo: Editora Contexto, 1983.

PIGNATARI, Décio. Nova poesia: concreta, *Ad Arquitetura e Decoração*, n. 20, São Paulo, novembro/dezembro de 1956.

PIGNATARI, Décio. A ilusão da contiguidade, *Semiótica e Literatura Icônico e Verbal Oriente e Ocidente*. São Paulo: Editora Cortez & Moraes, 1979.

PIGNATARI, Décio. Marco zero de Andrade, *ALFA: Revista de Linguística*, v. 5, Unesp, 2001.

PIGNATARI, Décio. *Informação linguagem comunicação*. São Paulo: Ateliê Editorial, 2002.

PIGNATARI, Décio. *Semiótica e literatura*. São Paulo: Ateliê Editorial, 2004.

PIGNATARI, Décio. *31 Poetas, 314 Poemas*. São Paulo: Companhia das Letras, 2007.

PIGNATARI, Décio; PINTO, Luiz Ângelo. Nova linguagem, nova poesia, *Invenção*, n. 4, São Paulo, 1964.

PIQUEIRA, Gustavo. *Mestiços*. Primeiros cruzamentos entre texto, imagem e objeto nos livros do modernismo brasileiro. São Paulo: Gráfica Particular, 2019.

PITMAN, Thea. *(New) Media Poetry, The Cambridge Companion to Latin American Poetry*, ed.: Stephen M. Hart. Cambridge University Press, 2018.

PIVA, Roberto; DUKE, Wesley. *Paranóia*. São Paulo: Massao Ohno, 1963.

PLAZA, Julio. *I Ching Change*. São Paulo: Edições STRIP, 1978.

POEMA/PROCESSO. Apresentação. Pirapora 1.º de junho de 1969, *Poema/Processo*: uma vanguarda semiológica. São Paulo: Galeria Superfície/Martins Fontes, 2017.

PONDIAN, Juliana Di Fiori. *Et Moi Aussi Je Suis Peintre*. São Paulo: Syrinx Editora, 2018.

PONTUAL, Roberto. O não-objeto verbal como síntese, *Suplemento Dominical do Jornal do Brasil*, 17 de dezembro de 1960.

PROENÇA, Danyella. *Braxília*. Cor Filmes. 2010. 17'30".

RAMOS, Paulo. *A leitura dos quadrinhos*. São Paulo: Contexto, 2010.

REHERMANN, Carlos. *El hacha de dos filos, Revista Insomnia*, n. 76, 1999.

RIBEIRO, Anderson Francisco. A pornografia brasileira e a memória esquecida: revistas eróticas e pornográficas na ditadura militar (1964-1985), *Patrimônio e Memória*, Unesp, v. 12, n.1, janeiro/junho de 2016.

RIO, João do. *Cinematographo*: chronicas cariocas. Porto: Livraria Chardron, 1909.

RIO, João do. *A Alma Encantadora das Ruas*. Prefeitura da Cidade do Rio de Janeiro, 1995.

RODRIGUES, Nelson. *A Cabra Vadia*. Novas Confissões. São Paulo: Companhia das Letras, 1995.

RÖELS JR., Reinaldo. "Inteligência e High Tech", Eduardo Kac, *Holopoetry*. Essays, Manifestos, Critical and Theoretical Writings. Lexington: New Media Editions, 1995.

ROLNIK, Suely. *Molding a Contemporary Soul:* The Empty-Full of Lygia Clark, Catálogo da exposição *The Experimental Exercise of Freedom.* Los Angeles: MOCA, 1999.

ROSE, Frank. A Space Odyssey: Making Art up There, *The New York Times,* March 23, 2017.

S/A. Pão poema-processo com 2m é comido por 5 mil pessoas na Feira de Arte de Recife, *Jornal do Brasil,* 7 de abril de 1970.

S/A. Entrevista com Anchieta Fernandes, *Brouhaha,* ano III, n. 10, setembro/outubro de 2007.

S/A. Brasil registra 1.971 novas mortes por Covid em 24 horas e vítimas passam de 460 mil, *G1,* 29 de maio de 2021.

SÁ, Álvaro de. Alfabismo, *Processo 1,* 1969.

SÁ, Álvaro de. *Vanguarda* – produto de comunicação. Petrópolis: Vozes, 1975.

SÁ, Álvaro de; CIRNE, Moacy. *A origem do Livro-Poema.* Petrópolis: Vozes, 1971.

SALOMÃO, Waly. *Babilaques.* Caderno original. 1979.

SANDERS, Julie. *Adaptation and appropriation (The New Critical Idiom).* New York: Routledge, 2005.

SANTOS, Alckmar Luiz dos. *Leituras de nós*: ciberespaço e literatura. São Paulo: Itaú Cultural, 2003.

SARDAN, Zuca. *Ás de Colete.* Campinas: Unicamp, 2014.

SARDAN, Zuca. *Ximerix.* São Paulo: Cosac Naify, 2014.

SCHWARTZ, Jorge. *Vanguardas Latino-Americanas.* Polêmicas, manifestos e textos críticos. São Paulo: Edusp, 2008.

SCHWARTZ, Jorge. *Fervor das vanguardas*: arte e literatura na América Latina. São Paulo: Companhia das Letras, 2013.

SCHWARZ, Roberto. *Que horas são?* São Paulo: Companhia das Letras, 1987.

SENADO FEDERAL. *Constituição da República Federativa do Brasil.* Brasília: Secretaria de Editoração e Publicações, 2016.

SGANZERLA, Rogério. *O bandido da luz vermelha.* 1967. 92'.

SHAAN, Pahl. *A Linguagem iconográfica da cerâmica marajoara.* Porto Alegre: Edipucrs, 1997.

SHELLHORSE, Adam Joseph. The Verbivocovisual Revolution: Anti-Literature, Affect, Politics, and World Literature in Augusto de Campos, *The New Centennial Review,* v. 20, n. 1, Spring, Michigan State University Press, 2020.

SILVA, Falves; MATIAS, Marcel. *Olho por Olho*. Natal: Instituto Federal de Educação, Ciência e Tecnologia, 2015.

SILVA, Renato Rodrigues da. *New Perspectives on Brazilian Constructivism*. Cambridge Scholars Publishing, 2021.

SILVEIRA, Paulo. *A página violada*: da ternura à injúria na construção do livro de artista. Porto Alegre: Editora da Universidade Federal do Rio Grande do Sul, 2016.

SILVEIRA, REGINA. *Pulsar*. 2001/2003.

SILVERSTEIN, Michael. *Talking Politics*: the Substance of Style from Abe to "W". Chicago: Prickly Paradigm Press, 2003.

SISCAR, Marcos. A cisma da poesia brasileira, *Sibila*, ano 5, n. 8-9, Ateliê Editorial, 2005.

SOARES, Marcos Vinicius. A simultaneidade cinematográfica nas *Memórias Sentimentais de João Miramar*, de Oswald de Andrade, *Centro, Centros – Ética, Estética*, XII Congresso Internacional da ABRALIC, julho de 2011.

SONTAG, Susan. Against Interpretation, *Against Interpretation and Other Essays*. New York: Dell Pub. Co., 1969.

SPANUDIS, Theon. Espaço na poesia concreta, *Suplemento Dominical*, 5 de abril de 1959.

STERZI, Eduardo. Todos os sons, sem som, *Sobre Augusto de Campos*, org.: Flora Süssekind e Júlio Castañon. Rio de Janeiro: 7Letras/Fundação Casa de Rui Barbosa, 2004.

SUTTON, Walter. The Literary Image and the Reader: a Consideration of the Theory of Spatial Form, *The Journal of Aesthetics and Art Criticism*, v. 16, n. 1, September 1957.

TELES, Gilberto Mendonça. *Vanguarda europeia e modernismo brasileiro*. Rio de Janeiro: Vozes, 1985.

THÉVET, André. *Les singularitez de la france antarctique*. Paris: Chez les Héritiers de Maurice de la Porte, 1558.

TINOCO, Bianca. Eduardo Kac e a escrita do corpo no espaço, *Revista Concinnitas*, n. 17, 2010.

TOMKIN, Calvin. *Introduction, Marcel Duchamp:* The Afternoon Interviews. New York: 2013.

TOPOR, Roland. *A cozinha canibal*. Trad.: Júlio Henriques. Lisboa: Antígona, 2019.

TOSIN, Giuliano. Sim/Oui e Poubelle: transcriando poesia com animação digital, *Anais do Congresso Brasileiro de Ciências da Comunicação*, n. 39, Universidade de São Paulo, 2016.

TSCHUMI, Bernard. *Uma nova agenda para a arquitetura*: antologia teórica (1965 – 1995), org.: Kate Nesbit. São Paulo: Cosac Naify, 2006.

VÁRIAS AUTORAS. Poesia sempre. *Revista da Biblioteca Nacional do Rio de Janeiro*, Ano 1, n. 1, Fundação Biblioteca Nacional, Ministério da Cultura, janeiro de 1993.

VASCONCELOS, José. *La raza cósmica*. Johns Hopkins University Press, 1997.

VEIGA, Edison. "Concreto, sim, mas não tanto...", pede Augusto de Campos, *Estadão*, 3 de outubro de 2010.

VERTOV, Dziga. *Man with a Movie Camera*. 1929. 1'06"50"'.

VERTOV, Dziga. NÓS – variação do manifesto, *a experiência do cinema*, org.: Ismail Xavier. Rio de Janeiro: Edições Graal/Embrafilme, 1983.

VERTOV, Dziga. We: Variant of a Manifesto, Kino-Eye. *The Writings of Dziga Vertov*, ed.: Annette Michelson, trad.: Kevin O'Brien. Berkeley: University of California Press, 1984.

VILLA-FORTE, Leonardo. *Escrever sem escrever*. Literatura e apropriação no século XX. Belo Horizonte: Relicário Edições, 2019.

WERTHEIMER, Max. *Experimentelle Studien über das Sehen von Bewegung, Zeitschrift für Psychologie und Physiologie der Sinnesorgane*, 61, 1912.

WILHELM, Richard. *The I Ching or Book of Changes*. Princeton University Press, 1967.

WISNIK, José Miguel. A multiplicação dos sentidos, Caderno Mais!, *Folha de S.Paulo*, 8 de dezembro de 1996.

WISNIK, José Miguel. *Caetano Veloso*. São Paulo: Publifolha, 2005.

WODAK, Ruth. *The Politics of Fear*: What Right-Wing Populist Discourses Mean. London: Sage, 2015.

ZHOU, Inez. A palavra-valise de Augusto de Campos, *Circuladô. Augusto de Campos. Parte 2*, ano V, n. 8. São Paulo: Risco Editorial, 2018.

ZUMTHOR, Paul. *Performance, recepção, leitura*. São Paulo: Cosac Naify, 2014.

11. AGRADECIMENTOS

Almandrade
Álvaro Dutra
Ana Luísa Reina
André Capilé
Angela Quinto
Anna M. Klobucka
Augusto de Campos
Círculo de Poemas
Conceição Lino
Cristhiano Aguiar
Daniel Hernández Guzmán
Eduardo Kac
Fernanda Diamant
Filomena Chiaradia
Gabriel Borba Filho
Ivan Marques
Jeremy Lehnen
Jerónimo Pizarro
Joana Matos Frias
Jorge Marturano
José Luiz Passos

Julio Mendonça
Kenneth David Jackson
Laura Assis
Leila Lehnen
Leonardo Gandolfi
Luiz Guilherme Barbosa
Lygia Azeredo (*in memoriam*)
Maíra Nassif
Mariano Marovatto
Marjorie Perloff (*in memoriam*)
Mário Margutti
Miguel Monteiro
Miguel-Manso
Otávio Campos
Pedro Eiras
Pedro Meira Monteiro
Raquel Campos
Rosa Maria Martelo
Todas as estudantes e orientandas que fizeram infraleituras comigo durante 10 anos de ensino

12. ANEXO

To Augusto de Campos

May 31, 1977 | 107 Bank Street, New York

Thank you for everything and now for the pentahexagram. Just recently a very beautiful Brazilian lady brought me presents from Décio Pignatari. The plexigram I have given you is one of eight different plexigrams, and in addition there are two lithographs. I no longer have copies of the lithographs, so that I could only send the one plexigram.

Nowadays I am busy with the proofreading of *Quartets for Orchestras* (24, 41 and 93). Only four musicians play at a time. Plus the color and position in space of the sounds is always changing. And a new book, and I am studying the violin (not to play it, but to write for it) with Paul Zukofsky. Also biological music (cactus; now sea shells and pine cones).

◉

Para Augusto de Campos

31 de Maio de 1977 | 107 Bank Street, New York

Obrigado por tudo e pelo pentahexagrama também. Não faz muito tempo que uma senhora brasileira muito bonita me trouxe presentes do Décio Pignatari. O plexigrama que te dei é um de oito plexigramas[589] e duas litografias. Não tenho mais cópias das litografias, por isso só pude enviar o plexigrama.

Agora estou ocupado com a revisão dos *Quartets for Orchestras* (24, 41 e 93). Só quatro músicos tocam à vez. A cor e a posição no espaço dos sons estão, além disso, sempre a mudar. E um novo livro e estou a estudar violino (não para o tocar, mas para escrever para ele) com o Paul Zukofsky. E música biológica também (cactos; agora conchas do mar e pinhas).

13. SOBRE A AUTORA

Patrícia Lino (1990) é poeta, ensaísta e professora associada de poesia e artes visuais na UCLA. Entre os seus livros, videopoemas, traduções e experiências sonoras constam, por exemplo, *A ilha das afeições* (2023), *Barriga ao alto* (2023), *Aula de música* (2022), *O kit de sobrevivência do descobridor português no mundo anticolonial* (2020), *I Who Cannot Sing* (2020), *Manoel de Barros e a poesia cínica* (2019) ou *Vibrant Hands* (2019). O seu trabalho foi publicado e apresentado em mais de 8 países. http://patricialino.com.

© Patrícia Lino, 2024
© Relicário Edições, 2024

Dados Internacionais de Catalogação na Publicação (CIP) de acordo com ISBD

L758i

Lino, Patrícia

Imperativa ensaística diabólica: infraleituras da poesia expandida
brasileira / Patrícia Lino. – Belo Horizonte: Relicário, 2024.
332 p. ; 15,5 x 22,5cm.

ISBN 978-65-5090-007-6

1. Poesia brasileira – História e crítica. 2. Poesia brasileira – Crítica e
interpretação. I. Título.

CDD: 801.951
CDU: 82-1

Elaborado pelo bibliotecário Tiago Carneiro – CRB-6/3279

CONSELHO EDITORIAL

Eduardo Horta Nassif Veras (UFTM) Ernani Chaves (UFPA) Guilherme Paoliello (UFOP)
Gustavo Silveira Ribeiro (UFMG) Luiz Rohden (UNISINOS) Marco Aurélio Werle (USP) Markus
Schäffauer (Universität Hamburg) Patrícia Lavelle (PUC-RIO) Pedro Süssekind (UFF) Ricardo
Barbosa (UERJ) Romero Freitas (UFOP) Virginia Figueiredo (UFMG)

COORDENAÇÃO EDITORIAL Maíra Nassif Passos
EDITOR-ASSISTENTE Thiago Landi
PROJETO GRÁFICO Ana C. Bahia & Tamires Mazzo
CAPA Ana C. Bahia
DIAGRAMAÇÃO Cumbuca Studio
PREPARAÇÃO Lucas Morais
REVISÃO DE PROVAS Cristiane Fogaça

/re.li.cá.rio/

Rua Machado, 155, casa 4, Colégio Batista | Belo Horizonte, MG, 31110-080
contato@relicarioedicoes.com | www.relicarioedicoes.com
relicarioedicoes   relicario.edicoes

1ª EDIÇÃO [2024]

Esta obra foi composta em Minion Pro e Resist Sans e impressa
sobre papel Chambril Avena 80 g/m² para a Relicário Edições.